中国经济2020

百年一遇之大变局

王德培◎著

中国友谊出版公司

图书在版编目（CIP）数据

中国经济．2020 / 王德培著．-- 北京 ： 中国友谊出版公司，2020.1
ISBN 978-7-5057-4858-3

Ⅰ．①中… Ⅱ．①王… Ⅲ．①中国经济—研究 Ⅳ．①F12

中国版本图书馆CIP数据核字(2019)第244868号

书名 中国经济2020
作者 王德培
出版 中国友谊出版公司
策划 杭州蓝狮子文化创意股份有限公司
发行 杭州飞阅图书有限公司
经销 新华书店
制版 杭州真凯文化艺术有限公司
印刷 杭州钱江彩色印务有限公司
规格 710×1000毫米 16开
18.75印张 260千字
版次 2020年1月第1版
印次 2020年1月第1次印刷
书号 ISBN 978-7-5057-4858-3
定价 58.00元
地址 北京市朝阳区西坝河南里17号楼
邮编 100028
电话 （010）64678009

目 录

03 中美贸易战走向何方

04 中国5G"弯道超车"

05 货币"变天"

06 牛市还将姗姗来迟

07 产业之变

08 房地产 S 形走势

09 汽车产业大洗牌

10 文化产业进入长周期

11 寻找中国经济新亮点

12 城市发展大调整

13 地方经济变局

14 东北振兴拐点

15 企业 N 次迭代

经济学：算命、预测、脑洞？
——社会需要第一性原理

经济学“科学中毒、量化成风”，走火入魔，竟将人的面相也与业绩挂钩进行量化分析。顶尖杂志《经济学人》曾刊登一篇文章，研究的是基金经理面部宽高比对业绩的影响，得出的结论是基金经理的脸越大，业绩越差。“大脸猫”们震惊之余，纷纷表示“躺着也中枪”，网友调侃《经济学人》成了《神学人》。本以为这只是一次严谨的玩笑，谁承想，沿着这个套路，竟又有了新的“研究成果”。《行长的面部宽高比影响银行绩效的路径研究》——南开大学和天津外国语大学的学者研究发现，银行行长面部宽高比通过体现出的权力感影响银行内部绩效；高面部宽高比的分析师，预测准确度更高——西南财大、上海财大、南洋理工的学者合作论文被顶级会计期刊*JAR*接受；更有《窄脸当道，宽脸当家》一文红爆网络，该文声称窄脸在全世界都更受欢迎，甚至凭借画作就得出结论：就连悲悯的耶稣都是巴掌脸，而宽脸的人则被形容为攻击性、统治力都更强，并因此得以掌控世界，例子竟几乎都是影视化的文学形象。从论点到论据，无一不令人瞠目结舌、哭笑不得。本属科学的经济学，为何一夜之间竟异化成了算命、相面的行当？

直观来看，人类本身就是一种感性与理性并存的生物。感性是人类区别于其他生物及机器的最大不同之处，感性也铸成了人的性格与行为的多变与不确定性。然而，刻意忽视人类思维方式中的非理性成分，将人的外貌与成绩全盘量化、强行挂钩，并以此分析人类的做法，毫无疑问是“为了科学而科学”，内里却是“算命”一般的套路。殊不知“前半生风波坎坷，后半生飞黄腾达”的算命公式，恰恰是“顺毛摸”式的主观臆断、信口开河。诚然，科学需要量化分析，然而科学与量化之间从来不能简单地画上等号。若经济学仅需相面就可以预测，那么通过固定的面相模板筛选从业人员，是否就能够规避金融危机、经济危机了呢？忽略资本原罪（逐利性）与政府原罪（超发货币）而将责任归咎于命理学、面相学，强行将科学“迷信化”，无疑是荒谬的。具体到中国，曾几何时，多少在A股封神的“股神”们，趁着特殊国情的东风扶摇直上，却热衷于披上科学的外衣，信誓旦旦地为其股市神话构建一整套“科学体系”以赢得“韭菜”们拥趸。但最终，所谓的“股市科学”却如大厦轰然倒下，“大神”们被撕下画皮现了原形，徒留鸡毛满地。如今，更是连经济学家都“下海”做起了神棍，也就难怪英国“神剧”《是，大臣》中讽刺经济学家“恐怕他更不可能懂经济”了。

现代经济学虽脱胎于古典政治经济学，但开始于20世纪30年代凯恩斯主义的产生，其核心即是研究工业经济时代人们生产生活中的经济规律。殊不知，任何经验、知识一旦落纸成文，不可避免地会带有天然的滞后性。社会政治和经济发展已经从工业文明快步进入信息文明乃至更新的时代，然而不仅经济学，当前诸多学科的逻辑与理论却仍然停留在工业经济时代，滞后的理论难以对当下做出解释与预判，以致阴谋、阳谋、道德甚至算命等诸多论调甚嚣尘上。披着科学、政治、人性的外衣，“脑洞”一个赛一个的大，语不惊人死不休，今天“马云实际上是发国难财”，明天“特朗普内阁全员‘通共’”，后天“某某明星又如何如何”。只是苦了“吃瓜群众”，今天看这个，明天看那个，甲说“贸易战中国赢了”似乎有理有据，乙说“美国还有后招不可轻敌”似乎也很有道理，缺乏自身观点与判断的人，最终要么彻底沦为某一论调、某一作者的信徒，要么在爆炸式的信息与观点中惶惶度日。

究其根本，当前正处于时代和社会的大拐点时期，世界前所未有地复杂混乱。从世界范围看，国家、企业、资本、科技四大象限搅得天翻地覆。一方面，第四次金融危机正式展开，中美贸易摩擦持续，世界经济普遍陷入低迷，叠加债务危机、难民问题，再加上特朗普这位“朝三暮四”、到处惹祸的美国总统，全世界的国家都没了方向；另一方面，科技发展日新月异，AI（人工智能）取代人工、生命科学的“上帝之手”等都成为正在进行时，底层人民的被剥夺感日渐加重，不安全，很慌张。从国内社会看，改革开放40多年，发展成果斐然，社会生产力得到极大解放，主要矛盾也已经转化，但中国的发展具有非典型性，时代、互联网、地域、贫富等因素切割出太多群体。从耄耋老人、“失落的一代”到“垮掉的一代”，再到身为互联网原住民的新生代青少年，其中的代沟有如天堑，更不必说群体内部也是千差万别。一线城市高企的房价是赶上顺风车的“70后”、“80后”“平步青云”成为千万富翁的助力，却被“90后”、“00后”视为“豺狼猛虎”，就连在北上广深“蜗居”都成为遥不可及的奢望。再加上移动互联网和社交平台颠覆了信息的单向线性传播，变为网格式甚至病毒式传播，渲染不安，营销焦虑。大拐点时期内外急剧变化，社会经历系统性的震荡，人们愈发看不懂形势，由此带来内心的不安全感也在所难免。人们急需一套方法和理论加以收敛安定，对现实做出合理解释。

事实上，越是拐点时期，越要穿透复杂混沌的表象，摆脱认知归因偏差，回归事物本质去探索其中的真实联系，社会迫切需要第一性原理。第一性原理本义是一个计算物理或计算化学专业名词，通俗地讲，即破解复杂、回归本质，对一系列现象与问题进行收敛。打破知识藩篱，回归事物本质，去思考最基础的要素，从事物本源出发寻求突破口，才能快速、直接地寻找到答案，不致落入窠臼。另一方面，第一性原理也促使人类疾速创新，带来科技革命。

特斯拉创始人埃隆·马斯克就对第一性原理思考法极为推崇：“通过第一性原理，我把事情升华到最根本的真理，然后从最核心处开始推理。”第一性原理可以说是马斯克在网络支付、电动汽车、航天运输、新能源应用等诸多领域取得颠覆式创新的方法论源泉。另一方面，第一性原理的本质导向性在学科理论创新中颠覆了原有的认知，带来了认知革命。地缘政治学先驱麦金德以地缘为国际关系的核心本质，从空间革命的角度考察地理对人类历史的影响，开启“麦金德时代”，其基本理论范式在1900年后的人类历史中一次次被印证；美国未来学家托夫勒更是洞穿人类文明更迭的本质，早在20世纪90年代就“神预言”特朗普将成美国总统；在物理学领域，人类对世界本质的探索脚步从未停歇，从分子到原子，从原子到量子，再到暗物质，每一个“微乎其微”的发现都掀起科学狂潮；生物学界对胆固醇、垃圾基因等的刻板印象，也在一次次寻根溯源的认知探索中逐渐改变。

当科技革命与认知革命齐发，原本工业文明的规律与逻辑下的许多学科基础面临被釜底抽薪的局面，现有的学科壁垒将被打破，迎来跨学科的交融发展时代。经济学也许将挣脱“经济活动规律”的桎梏，与心理学、人类学、伦理学、历史学等领域相互交融，洞穿人性或将成为经济学的重要分支。毕竟，在未来的体验经济时代中，“人”作为体验的主体，将成为时代主题词，破解人性的复杂也将成为体验经济时代的关键。当然，这绝不意味着披上科学的外衣玩迷信的一套。相反，以第一性原理洞穿事物本质，是一种科学理性的思维，可帮助人们坦然面对大拐点，迎接大时代的到来。

01

“百年一遇之大变局”

市场经济、世界贸易、资本金融、科技创新这四大变量极大释放了正面推动力，也逐渐释放出负面效应，造就当下看似穿越不了的迷雾，也酝酿了这百年一遇之大变局。其意味着对之前百年格局的“打破—洗牌—重构”的过程，而当下恰恰是破碎化的初级阶段。

谁开启了破碎化的序幕？

“当前，我国处于近代以来最好的发展时期，世界处于百年未有之大变局，两者同步交织、相互激荡。”[1]国际场上，美国一言不合就“退群”，中美贸易战激烈交锋，英国“脱欧”骑虎难下，第四次金融危机在新兴市场国家率先爆发，民粹主义高涨……一桩桩、一件件大事层出迭现，揭开世界格局的风云突变。国内经济领域冰火两重天，产业领域正面临大洗牌，社会领域焦虑感蔓延，香港以“反修例”为名掀起非法示威和暴力活动……几乎没有哪个国家的高层不焦头烂额，也不知有多少投机分子趁火打劫，更不知有多少曾经的金科玉律出尽

[1] 2018年6月23日，习近平在中央外事工作会议上的讲话。

洋相，不止于看不懂、看不透，亦无法用经典理论解释这个世界，更陷入了失去方向的群体性焦虑中。

从1919年到2019年的百年沧桑，有太多的疑问号与感叹号：既有美国借助第二次世界大战大发战争财的崛起，又有美苏“冷战”的冰火对峙，还有苏联的解体，更有中国经济的奇迹般崛起。透过这些表象，我们可以看到，决定这百年走势的，恰恰是以下四大变量。而这四大变量在这百年里走到了正面的巅峰，并在近年走向了反面。

第一，市场经济万马狂奔，却也造成全球性产能过剩。正如米塞斯在《人的行动》一书中所言：“市场经济不负众望，它每天增加产品的数量、改进产品的质量，产生了空前的财富。”企业就成了组织生产的载体，而市场以价格机制进行资源配置的优化，以致从分工合作到效率提升，全球GDP（国内生产总值）增长迅猛。要知道，1961年全球GDP才达到13659亿美元，但到2018年已高达85.79万亿美元，67年翻了近63倍。尤其是欧美，极力推行自由市场经济，尽管危机如影随形，却不可否认它极大地释放了生产力。仅是石油、土地等资源的市场化，就带来了经济繁荣——从沙特到委内瑞拉，靠石油“变现”养活一个国家的比比皆是。但成也石油，败也石油，不单中东成了争夺石油的火药桶，就连委内瑞拉等也在透支完石油红利后“折戟沉沙”。于是，市场经济一边创造财富，一边也在制造过剩，尤其当中国成为世界工厂，生产更是快马加鞭。从钢铁到煤炭，从造船到化工，乃至某些新兴产业等，都纷纷出现全球性产能过剩。即便有OPEC（石油输出国组织）等组织来调节供给、稳定价格，也终究难以抵挡市场经济陷入越生产、越过剩的原罪中。

第二，世界贸易如火如荼，却遭遇贸易战乃至全球去WTO（世界贸易组织）化。全球化和生产外包实际上都是从GATT（关税及贸易总协定）开始的，在GATT签署前，跨境贸易成本非常高。尤其是“二战”后各国经济凋零，更倾向于以贸易保护的方式实现本国经济增长，反让各国各自为政，无益于经济发展。因此，经济学家倡议自由贸易，GATT的目标就是减少贸易壁垒、缩减关税，这恰恰有效地刺激了经济增长。自1947年GATT签署到20世纪70年代末，全球GDP年增幅高达7%。到了20世纪80年代的“无关税时代”，如何刺激全球经济继续增长成为新话题，因为即使一种进口商品本身没有关税，进入一国也要和当地的政府补贴抗争。因而，1995年世贸组织的诞生，其意义并不仅仅是一个国际组织，而是一个国际贸易的标准制定、各方对话甚至是争端裁决和解决的平台。2008年全球经济危机之前20年，世界贸易年均增长6%。2008年后世界贸易增速降到3%左右，勉强和世界经济增长的速度持平，此时，对世界贸易的各种质疑又出现了。因为在全球化全面铺开的同时，每一个国家和地区自身的保护主义、民粹主义从来没有消失过，只是被忽略了而已。且不说WTO自身出现仲裁程序冗长、争端机制几乎瘫痪等问题，仅是美国四处挑起贸易战，就惹得全球化遭遇前所未有的挑战，贸易保护主义抬头。WTO正逐步被边缘化，甚至于马云警告：贸易结束之时，就是战争开始之际。这似乎有些危言耸听，却也意味着世界无法放任单边主义的肆意妄为！

第三，资本金融前所未有地“爆炸”，却也暴露了前所未有的风险。毕竟，金融已是经济的核心，其初心是以资金融通为实体服务，却在资本逐利本性下愈发自我繁殖。据国际清算银行（BIS）统计，全球金融衍生品市场交易规模高达613万亿美元，约为债券市场的7倍、股票市场的12倍，其中场外衍生品市场1998年至2007年的年复合增长率约26%，名义本金增长约8倍，约是场内衍生品规模的8倍。美国在华尔街的推动下走到了市场经济的最高形态——金融衍生的巅峰，以致金融业为主的服务业占比超7成，实体经济大量向发展中国家迁移，产业空心化严重。截至2019年2月，美国国债已高达22.5万亿美元，意味着美国人均负担政府债务6.8万美元，若加上50个州和市县地方政府的5万多亿美元债务，总量接近27.5万亿美元，全美政府债务占GDP比重达130%左右。美国金融体系的最大风险就是高风险企业债务增加，一旦引爆债务违约潮，或可引发美国经济衰退及全球性危机。想当初，2008年华尔街惹祸，不单“城门失火，殃及欧洲”，而且在美元耍赖中让全球背了黑锅，其间更不乏“金融大鳄”四处游弋，唯恐天下不乱。在1998年东南亚金融危机中，泰铢一夜间贬值一半，竟让泰国耗尽所有外汇储备，一半国家财富瞬间蒸发，引得泰国时任总理大骂索罗斯是强盗。虽然索罗斯最终兵败香港，但资本的贪婪与金融的空转，都让风险前所未有地被放大——美国救了华尔街，却让金融变本加厉，不救又将引发危机，以致全球都对金融的肆无忌惮束手无策。

第四，科技创新加速迭代，却也走向了难以跨越的瓶颈期。就拿人类的速度突破为例，人类在历史上大部分依靠的是牛、马等畜力，最高保持在每小时40公里左右，直到蒸汽机和内燃机出现，增加到每小时160公里左右；而飞机的出现让人类逐步接近音速。火箭是巅峰，迄今达到的最高速度是每小时4万公里，是由1969年“阿波罗10号”创造的。但一切到此为止，20世纪70年代，从伦敦到纽约的飞行时间是8个小时，现在仍然是8个小时。更快的协和式超音速客机也出现过，但因技术不成熟在2003年退出航运市场。人类梦想冲出太阳系，为什么做不到？说到底，还是因为化学燃料的火箭发动机不可能把人类送出更远，而且成本也太高了。甚至可以说，如果不对基于化学燃料的火箭推进做范式革命，人类将会被永远困死在太阳系内。因为一场科学革命，本质上不是简单的技术进步，而是从基础假说到科学方法乃至人类共同信念上的彻底转换。但当下的科技创新，信息技术是单兵突进的，即便信息技术发展超乎想象，也都建立在几十年前图灵、冯·诺依曼那代人奠定下来的范式基础上。电脑技术更新换代，CPU（中央处理器）从单核到双核，内存从640K到了4G内存；手机从小屏幕到大屏幕，甚至没有边框，唯独范式没有变。这就意味着不会有真正革命性的颠覆。过去，莱特兄弟可以单枪匹马造出飞机，但是今天的波音747飞机已包括数百万个零部件。如今的技术系统已复杂到超出任何一个人的理解能力，但当分工细化到这种程度，就有点到了强弩之末的感觉。换句话说，在前人栽的果树下面，把所谓"低垂的果实"全摘完了，人类的大科学革命也就到了一个瓶颈期。

由此，这四大变量的正面性在这百年里得到了极大地释放，但当全世界都接受了市场经济，市场经济的原罪——"过剩就要平仓"——反而搅乱了世界，让经济危机如影相随。而当人们习惯了世界贸易，在全球化中优化资源配置，这种做法反而碰触了个别国家的利益，以致世界"老大"美国带头筑起了围墙，民粹主义横行。更别提金融衍生品的"走火入魔"，各国开动印钞机抵御危机，却挡不住金融自说自唱，形成黑洞虹吸各行各业。即便科创的强劲动力——不管是人工智能还是物联网等革命，技术进步的加速迭代，正在改变世界，让每个人都无法逃离，却依然难以掩饰摩尔定律的失效，碰壁原有范式的"天花板"。也正因这四大变量无不在走向其反面，人们惯有的常识与经典的理论自然纷纷失效，造就了当下看似穿越不了的迷雾，也酝酿了这百年一遇之大变局。

中国崛起是最大的变量

百年一遇之大变局的画卷徐徐展开，其中一个重要变量就是中国崛起。其规模之大、体量之巨、速度之快，令全球愕然。

第一，1978~2018年，中国GDP从3679亿元增长到90万亿元（13.6万亿美元），增长了243倍，GDP平均增速高达9.8%。继2010年超过日本之后，中国经济总量开启"坐二望一"。2018年中国GDP总量占全球的16.1%，约相当于美国的66%，有望在10年后超越美国成为全球第一大经济体。

第二，2018年中国人均GDP高达9900美元，其中我国内地共有15座城市人均GDP已超过了2万美元。按世界银行标准，发达国家人均GDP门槛约为1.25万美元，这意味着中国将成功跨过中等收入陷阱，在2022年前后跨入发达国家行列。

第三，中国中等收入群体超过4亿人，比美国全部人口数量还要多，预计10年之后，中国半数人口将成为中产阶层，形成的消费规模将无其他市场可匹敌。仅2018年全年，中国社会消费品零售总额就折合57551亿美元，相当于美国同期的95.34%。

第四，截至2019年6月，中国网民达8.54亿人，这一庞大的规模优势，支撑中国“互联网+”一骑绝尘，颠覆商业模式。中国拥有全球最大的电子商务市场，占到全球电商交易总额40%以上，而在10年前这一比例还不到1%。移动支付交易额是美国的11倍，且拥有全球1/3的“独角兽”企业，这使得中国成为塑造全球数字化格局的重要力量。

第五，中国还是名副其实的交通大国。截至2018年年底，全国铁路营业里程达到13.1万公里，其中高铁营业里程2.9万公里以上，成为世界上高速铁路运营里程最长、在建规模最大、拥有动车组列车最多、运营最繁忙的国家。中国公路里程在40多年间从89万公里发展到484.65万公里，其中高速公路从无到有，里程达14.26万公里，稳居世界之首；全国约99.2%的乡镇和98.3%的建制村通上了沥青路、水泥路。颁证民用航空机场达235个，到2020年将新建500个通航机场，到2030年全国通用机场预计达2058个；民航局还提出“县县通”蓝图，即全国2800个县“一县一机场”。

第六，中国在大通信领域话语权逐渐提高。中国在通信系统、设备制造、基站、产业链、编码领域的标准立项等方面略胜一筹，在5G的标准制定上，华为开始崭露头角。未来，信息服务业与AI、AR、VR技术结合，将释放巨大的增长潜力，为中国经济发展提供重要动能。

尽管早在一个世纪之前，地缘政治大师麦金德就穿透历史的迷雾洞悉了21世纪的真相，在《历史的地理枢纽》一书中预测未来将由中国引领世界；历史学家汤因比也在其撰写了半个世纪的著作《历史的研究》中，指出21世纪的文明主旋律将是中华文明与西方文明的糅合。但当百年之后“东方睡狮”果真醒来，引发的“颤动”还是比预想中来得强烈。

一方面，中国登上历史政治舞台，不仅表明世界经济中心向东转移，还意味着世界权力出现“东升西降”的倾斜趋势。这使得百年来由西方国家主导国际政治格局的情况正在发生根本性改变，世界主导权在少数几个西方国家之间“倒手”的局面走向终结。而这难免让美国的世界“领导权”失色，也不可避免地掉入“修昔底德陷阱”，美国在中美贸易谈判中的反反复复即是明证。

另一方面，建立在中国如此大基数的人口，如此大规模的物质消费、工业发展和能源消耗基础上的中国体量，也是一把双刃剑，先天决定了碳排放和污染的大当量，让世界格局难以调整与适应。中国连续18年稳居全球能源消费增长榜首，2017年全球石油接近1亿桶的日消费中，中国单日就贡献超1300万桶，占比超13%；中国还是木材消耗大国，而40%以上消费总量依赖进口，以致世界其他国家相继出台政策，禁止或限制原木的出口。此前有中国出境游客抢空当地婴幼儿奶粉被抵制，后来又有全球三大邮轮品牌之一的诺唯真邮轮公司为中国市场打造的豪华邮轮“喜悦号”，不到1年就宣布退出中国市场。有关报道显示，在5天的航程里，“喜悦号”上共消耗了约60吨肉类及禽类、20.5吨鱼类、7吨西瓜、1吨香蕉、11吨土豆、5.2万个鸡蛋及750加仑牛奶，是其他地区同一级别邮轮的5倍，而这些食物中有很大比例被浪费掉。如果中国“影响全球市场的生力军”继续壮大，而生产方式又未及时调整，甚至生活方式和消费模式向美国看齐，那么量变终将引发质变。

即便如此，一个14亿人口的超大型经济体从起飞、转型到跨越，不能不说是人类经济增长史上的奇迹。中国的崛起对“一带一路”上的国家和地区已经产生了示范作用，“第三世界”国家纷纷探寻中国崛起的奥秘，试图觅得一鳞半爪以解发展之愁；而欧洲国家则在对比之中，深深地怀疑自己。其实，就近14亿人口和960万平方公里的国土面积（位居世界第三，有效国土面积第二）而言，已经决定了中国就是大国。从地缘而言，所谓世界体系就是一种全球分工与产业价值链体系，它是由“中心—半边缘—边缘”组成的一种结构，同时也是一种规则和机制，决定资本、资源、人才和财富的流向、循环与分布。所以位置不同，国家的命运也不同。按照麦金德的地缘理论，中国同时拥有陆权和海权，处于亚欧“世界岛”中央，具有巨大的地缘政治、地缘经济、地缘战略的优势，即战略纵深。从人口方面来看，以春运为例，每年春运的旅客发送量在30亿人次左右，也就是说40天内，大概要把相当于整个北美洲、南美洲、俄罗斯、日本、非洲和欧盟28国人口加在一起，从一个地方挪到另外一个地方。对于拥有超大型的人口规模、超广阔的疆域国土、超悠久的历史传统、超丰富的文化积淀，又叠加多重文明的复杂化中国而言，能将各种资源禀赋要素组织起来并发挥最大化效能的，非举国体制莫属，即集中力量办大事，“集中优势兵力各个击破”。这一策略在园区、高铁、5G方面皆有应用。

信息文明进入高级阶段

以“未来引领今天”的视角来看，互联网和人工智能引爆的数字化生存，正将人类带入一个科幻世界！超级计算机SDP（科学数据处理器）的运算速率就已高达25亿亿次浮点运算，全球5G商用部署开始了，索菲亚美女机器人也已经可以和男友“谈情说爱”了。基于各类技术的时间线推演，“预言帝”们更是迫不及待地提前解锁未来：最早在2022年，将有1万亿个传感器接入互联网；2023年，全球80%的人都将拥有在线数字化身份；2030年，50%以上的人类工作将被AI所取代；2050年，农业物联网将粮食产量增加70%，能够养活96亿人；2070

年，人类整个身体或被机器人部件所替代，人人具备超能力……未来，任何物体都将内置芯片联网，整个世界都将被数字化，机器彻底融入人类生活乃至身体之中，人与物“对话”，物与物交流。一个个预言令人心驰神往，无论何时成真，都不过是在强化、验证一个事实，即信息文明将如八爪鱼一般以超链接乃至万物互联为特征，将整个世界原有的架构都打翻，以便进行全方位格式化的重塑。

如今信息文明向高级阶段突进的掣肘正在多点突破，具体表现在：

第一，算力上的突破。农耕文明能走多远，取决于欧几里得几何。蒸汽技术革命的文明高度，取决于微积分和解析几何如何影响牛顿力学。电气技术革命的文明高度，取决于概率论和数理统计对建模技术的影响。计算机及信息技术革命的文明高度，取决于集合论和布尔代数如何影响电子计算机技术。可以说，算力在某种程度上决定了人类文明的高度。眼下，从华为麒麟980到IBM的20量子位的量子计算机，算力的指数级突破也意味着信息文明进入高级阶段的未来可期。

第二，地址足够多。到了人工智能、万物互联的物联网时代，大到云计算、大数据、工业物联网中的设备，小到人体内置的芯片、智能家居等，都需要一个专属的位置身份标识符。因为有了独立的IP（网际协议）地址才能保障网络安全、稳定、不会出现卡顿，能够无干扰、更高速地连接到物联网。IPv4（网际协议版本4）是之前为了解决互联网拥挤而提出的网络协议，但问题在于32位的IPv4提供的IP地址十分有限，全球范围内共有43亿个，现在已经消耗殆尽。然而，从IPv6（IP地址是128位）到IPv9（IP地址长度扩展到256位）的渐次进阶，就能很好地解决高级信息文明时代IP地址不稳定、不够用的问题。

第三，网络的速度足够快。万物互联的高度信息文明时代，将接入各类终端设备，这势必会对网络的速度和稳定性提出更高要求。但如今5G商用，不单将通信波长缩短至毫米级，还能实现1平方公里内同时连接100万个传感器。这使得超大规模的数据采集和处理成为可能，进而增强了随时随地“万物互联”的科幻体验。

第四，不只会连接，还在向深度学习递进。众所周知，人工智能和人之间不过是隔着“机器学习和深度学习”的距离，唯有突破“意识”，机器才能具备像人那样“风情万种”的感知，进而才可能形成思想，产生通用的强人工智能和如神灵般的超级人工智能。如今谷歌（Google）已经在谷歌翻译服务中添加了神经网络，机器在翻译水平上正逐步逼近人工翻译；哥伦比亚大学打造了一个“从零开始”认知自己的机器人，这个机器人在物理学、几何学或运动动力学等方面都没有事先输入，但经过35个小时的“初步学习”后，它创建了一套自我模拟，还利用自模拟器来考虑和适应不同的情况，处理新任务，甚至能检测并修复机体损伤，继续处理任务。

一旦信息文明进入高级阶段，AI+交通、AI+医疗、AI+教育、AI+养老等以技术驱动的人工智能将格式化各行各业，万物网的时代将开启。物的壁垒被打破，人本身也会成为其中的一个节点，万物网不仅将连接人、机器、程序，还将连接服装、家电、道路交通等，最终世界上的所有一切都将“万网归一”。彼时，万物网将让人工智能如当下的互联网一样成为空气般的存在，变成信息文明时代的一种基础设施，融化在社会的底层架构之中。

当然，凡事都有两面性，信息文明在奔向高级阶段的过程中，同样也将呈现两面性。一面让人类对奇幻般的未来无限憧憬，一面又会让人对未知中潜藏的危机感到惴惴不安。就拿人工智能最难破译的人类大脑来说，大脑究竟是如何思考、如何记忆的？人类复杂的爱恨情仇、四大皆空等感情到底是来自大脑还是心脏？这些难题科学家们还无法攻克。有研究认为，人的大脑约有10000亿个脑细胞，其中有1000亿个脑细胞具有记忆和存储功能。而每个细胞的信息存储量相当于一个40G的硬盘，1000亿个脑细胞可以存储40000亿G的数据。以脑细胞的连接数来看，人脑的容量可能超过世界上所有云计算存储的总和，达到万亿PB的级别。在处理信息上，人脑的运算速度也大到无法形容，大约在1026～1030次之间，而2019年运算速度最快的计算机Summit，也才达到每秒12.3亿亿次浮点运算。按照现在计算机运算速度的升级速度推算，计算机还要100年才能达到人脑的计算速度。就此来看，脑科学的奥秘还未摸清楚，大脑的运作模式、所有细节都还搞不明白，就贸然推进人工智能，机器出错的概率岂不是很大？更恐怖的是，出错了还不知道错在哪儿，一点纰漏就可能引发多米诺骨牌似的连锁反应，其破坏性将前所未有，人类甚至还可能被人工智能反操控。彼时，整个人类社会都可能受到威胁，“覆巢之下，安有完卵”。由此也就不难理解，为何连那些短期受益于人工智能提升效率、节约成本的企业家们也站出来反人工智能了。说到底，一方面是由于不断涌现的技术早已超出了人类知识的处理范围和速度，这恰恰是人类对不确定性的恐惧和对掌握控制权的向往；另一方面则在于科学技术的发展过程中还有太多未解之谜。

但是纵观信息文明的所有发展拐点，几乎都带有偶然性。第二次世界大战时，战火在全世界蔓延，各国局势非常紧张，都在研制自己的武器。尤其是在战争后期，具有威慑性质的武器一般都是导弹等大规模的杀伤性武器。为了能提高导弹发射的精确度，人们对具有高速计算能力的计算机需求迫切，世界上第一台计算机方才诞生。而且，很多前沿科技有了新突破后常常表现为跳跃式前进，省略渐进式步骤。当初塞班、安卓牢牢掌控着手机操作系统，以为这样自己就能江山永固，谁知苹果突然拿出了一套自家独立的iOS系统，彻底颠覆了人们关于手机的认知，也让塞班操作系统如过眼云烟一般消失在历史中。无独有偶，iPhone的问世和智能手机的爆炸式增长，还直接干掉了掌上游戏机、MP3、照相机等各个领域的行业翘楚，蓝魔死了、尼康衰败了，甚至电视机都处于危险的边缘。新技术以偶然、跳跃式方式突然到来，其他技术连迭代升级的机会都没有，就直接被淘汰了。依此逻辑，未来会不会“灵光一现”，突然蹦出来一个新的颠覆性、突破性的技术，一举打破信息文明的僵局，将其直接带入最高阶段呢？

一旦信息文明到达巅峰，新的文明就将出场。其实，在信息文明奔向高级阶段的过程中，已经开始酝酿新的文明了。比如，瑞典芯片公司BioHax正与多家公司洽谈，为这些公司的员工提供微芯片植入服务，以取代目前使用的身份认证卡，每个芯片的价格为70～260英镑。目前瑞典已经有4000多人使用植入芯片，通过近场通信技术，这些芯片可以用作门禁卡、买票坐车、听音乐会、交换个人社交信息。如果模块化仿生技术、3D打印器官与身体内置芯片等几大技术全部融入人的身体，“人机合一”之时，或许也是信息文明被生物文明等新的文明替代与升级之日。正如农业文明不是被工业文明所打败，而是以创意农业、田园综合体等新的形式出现，信息文明被新的文明替代后，也并不会就此消失，而是将与新的文明嫁接，以新的形式继续存在。

跨国企业全面脱离国家

进入21世纪，以跨国企业为代表的企业集团获得前所未有的扩张机会，其影响力与渗透力突破传统国家的边界，形成所谓的“新兴帝国”，对传统国家的边缘化将达到史无前例的程度。

从时代背景看，跨国企业和国家的矛盾冲突之所以在21世纪被放大，有其深刻的时代背景，即信息文明、金融文明取代了工业文明，企业因此获得极速发展，短短的几个年代里便出现多次版本升级。而国家机器则在制度、体制等结构上进展缓慢，且逐渐落后于企业的发展速度。因此，企业自然面临着冲破国家边界，寻找更广阔的生存土壤，甚至构建“新兴帝国”的内在诉求。信息文明促使企业全球化、去边界化及意识形态模糊化，个体在利润指引下汇聚，其交流速度远远超过政治活动。从这个意义上讲，当企业组织更贴近生产力与生活时，其在与传统国家的竞争中脱颖而出便不足为奇了。

如果说19世纪以英国东印度公司为代表的帝国主义企业堪称“新兴帝国”的先例，那么美国的通用、沃尔玛，日本的丰田、索尼等企业则为其后继者。与昔日的罗斯柴尔德家族通过投靠与效忠国家权力获取资源不同，21世纪“新兴帝国”的崛起要普遍与强势得多。一方面，全球化的运作模式可能真正遍及全球每个角落。由于资本的本质是逐利，哪里有市场机会、有利润，就流向哪方。发展中国家劳动力资源丰富、价格低廉，市场空间巨大，由此导致跨国资本汹涌流入。在一定程度上，经济全球化的链条越深入、越完备，跨国企业在国外越枝繁叶茂。另一方面，主权国家对其约束降低，对其依赖反而加大。也就是说，早年英法金融机构尾随国家的坚船利炮，攫取殖民地及落后国家财富的方式，已经转换成国家尾随跨国企业对政治对手进行各种渗透。如果说传统帝国通过海洋贸易进行劫掠，那么“新兴帝国”的阻击则以离岸金融、海外并购为主要手段。尤其是跨国企业具有一种“强者愈强”的逻辑，并对本国的GDP、税收、就业、综合国力产生巨大的漏出效应。其一，当今世界的主流是市场经济，而市场经济内置马太效应，“凡有的，还要加给他，叫他多余；凡没有的，连他所有的也要夺过来”。占据行业优势的跨国公司，更容易凭借品牌、规模、成本、垄断地位等取得更大成功，并构筑起强大的“经济护城河”，高壁垒“封杀”几乎所有竞争者的生存空间。可以说，产业越成熟，集中度越高。其二，快速迭代的高科技为企业赋能，新科技不仅改变生产方式、带来新商业模式，更颠覆了旧经济的估值体系。与实体经济相比，高科技企业盈利曲线更为陡峭、成本曲线相对平缓，两者之差形成巨大的想象空间，并在资本市场上被极度放大，屡屡推高这些公司的估值。

以上两方面因素推动出走的跨国企业特别是高科技大公司越做越大。表现在：如果把国家也视为经济体，将所有国家的财政收入与全球跨国企业的经营收入作为比较基础，全球前100大经济体，只有30个是主权国家，其余都是跨国企业。全球营收最高的沃尔玛，只有8个国家的财政收入超过它。作为一个经济实体，沃尔玛的规模远超西班牙、韩国、澳大利亚等国家。再看高科技跨国公司，全球公司最新市值排行榜前10名里就有7家是互联网科技公司，苹果市值超过180个国家的GDP，谷歌的市值相当于瑞士的GDP，亚马逊市值跟比利时相当，腾讯市值超过菲律宾，阿里巴巴市值则抵得上马来西亚……把业务延伸到国外的跨国企业越做越大，对母国的损害也就越大。

首先，这意味着母国将丧失财富“大蛋糕”。跨国资本突破母国控制建立自己的商业帝国，导致母国流失部分GDP；并且，倘若跨国企业寻找的是低成本的生产地点，母国的国际收支经常项目也会因为产品返销而受到冲击，进而深陷在逆差的泥潭里打转。

其次，税收也将脱离原来的国籍。跨国公司是一种避税动物，它游弋于各个政治、经济、文化、社会状况不同的国家间，进行着旨在将全球利润最大化的事业，其跨出的每一步都伴生着足够的税收考虑。美国企业所得税税率较高，最高税率可达35%，于是汉堡王全球公司收购加拿大最大的咖啡和零食连锁企业蒂姆·霍顿斯，并将企业总部从美国迁至加拿大，使美国财政部损失税收达195亿美元。

再者，跨国企业也会减少母国的就业机会。企业出走挤压母国的就业空间，哈雷将部分摩托车生产移至泰国，将使美国堪萨斯州缩减4000个就业岗位。跨国企业越强大，无边界化布局对母国的漏损也将倍增。相反，流入国反倒会因投资、技术、管理技能、就业、税收、消费等注入而增添“家底”。流入国与流出国国力此消彼长就不可避免了。

美国因跨国企业的发展和出走领先一步，率先遭到“报应”。然而吊诡的是，今日的中国却亦步亦趋地陷入与美国同样的困局。一方面，中国的超级大公司对美国形成赶超之势。成长中的市场经济、14亿消费者日益膨胀的胃口、无与伦比的区域纵深、超稳定的政局，赋予中国厂家爆发式的生产能力；中国市场高度复杂、高度离散，满足高端市场、迎合低端市场的各类企业都能获得前所未有的机会；尤其是新经济的成长空间远超美国，庞大的互联网用户基数、丰富的应用场景、迭代的硬核科技、成熟度较低的部分行业市场、存在许多市场需求无法被传统产业满足的痛点等，这些有中国特色的“秘笈”成就了有中国特色的互联网“武林”。全球市值排名前10的互联网科技公司中，5家中国公司入列，阿里、腾讯、百度孕育着不同细分行业的领头羊，华为手机销量超过苹果、5G专利全球排名第一，另有“独角兽”企业数量占到全球的近三成、市值占比则高达四成。照此趋势，只要中国经济保持目前的增长，超级大公司就将越来越多地诞生在中国。

另一方面，中国的超级大公司也势在必行地通过全球化游离在外。上一轮全球化尽管由西方资本发动，但中国从来就是其内在的部分，毕竟，市场经济的内在机制决定了全球一体化是降低成本、实现利润最大化的必然之路。换言之，全球化是市场经济运行逻辑的内在要求，中国忤逆不得。新一轮全球化，中国成为“领跑队长”，要为世界经济增长提供强劲动力。超级大公司及资本冲破国界束缚是全球化的题中之意，看在市场、利润的份上，一定会全球游荡。从现实看，海尔、海信、万向、首钢等企业早已远征海外，联想并购IBM的PC（个人电脑）业务、吉利并购沃尔沃、TCL并购施耐德、京东方收购韩国现代显示技术株式会社，都预示着中国企业超越一国范围配置资源。新科技公司中，小米印度分公司计划到2019年年底在印度开设5000多家“小米之家”；华为不仅在欧洲、非洲设立分公司，还打造供应链中心。中国企业翻越国界的实例和玩法不胜枚举。中国大批超级公司加速涌现，“出走潮”或许将因此显得更加波涛汹涌。

同样，中国跨国企业出走的连锁反应也是可预测的。跨国企业全面脱离国家，在全球参与投资、商业等活动，富可敌国的同时，也将重新改造世界，社会或将会变得越来越不公平。并且，由跨国资本制定的游戏规则将可能替代人们习以为常的、以国家为利益与竞争单元的游戏规则，社会也将越来越难以治理。但比这更严重的是，跨国企业出走将无法例外地导致“美国式后果”（对经济滑向新常态、企业税占比较大、就业任务压倒一切的中国而言，GDP、税收、就业等漏损将更加棘手），因为GDP、税收、就业三大“漏斗”意味着国家将被掏空。就此意义而言，跨国企业突破国家边界，是足以让美国醍醐灌顶、更能引起中国警醒的大变局。

全球坠入环保“陷阱”

有“地球之肺”之称的亚马逊热带雨林发生大火，古老的北极冰川正以前所未有的速度消融，北极地区变暖速率是全球平均水平的两倍以上，地球的紊乱在全球不同地区以各种不同的方式表现出来，地球之殇正愈演愈烈。

地球之殇与工业化、全球化脱不了干系。工业革命驾到，污染也就随之而来。第一次工业革命，能源动力是燃烧煤炭产生的蒸汽，随着工厂主用蒸汽取代畜力和水力，各行各业对煤炭的需求迅猛上升，一座又一座烟囱耸立，带来了副产品——雾霾，如伦敦就曾多次出现严重雾霾天气。第二次工业革命，能源动力变成了石油和天然气，碳排放激增，气候变暖，美国墨西哥湾近3万座废弃油气井存泄漏风险。第三次工业革命，能源动力则出现了核能发电，核裂变的产物有超强放射性。福岛核泄漏后，有人自我安慰说：“泄漏的核污染再多，也比不上原子弹吧？美国人可扔过两颗原子弹啊！”但后来发现没那么简单，核反应堆里的燃料几年才换一次，里面积累了好几年的裂变产物。仅福岛1号堆，里面就有78吨二氧化铀，够造40～50颗广岛原子弹的。这些燃料随着爆炸四处飘散，多座城市遭殃。而今，三次工业革命的成果叠加在一起，穹顶之下，污染无穷。

随着工业化进程，环保问题愈加突出，而全球化又进一步加剧了这一问题。全球贸易之下，“中国制造”不仅只为中国制造，“越南制造”也不仅只为越南制造，美国人可能定制“中国制造”的手机，英国人可能购买“越南制造”的运动鞋，中国人也在“海淘”欧美化妆品。如此一来，一场“蝴蝶效应”正在发生，并席卷世界。有美国人称：“在美国销售的玩具往往是在中国制造的……我们正有效地外包生产该产品的污染物。”然而，生产这些商品排放的细小颗粒物并不会困于一时、一地，它们会经大气输送漂洋过海，最终威胁远在万里之外的消费地的居民。并且，商品贸易途径也会将一些贱金属制品、塑料橡胶等污染物输送到国外。可见，以产业转移、产业外包、商品贸易为特征的全球化，放大了环境问题。

环境污染日趋严重，毋庸置疑，其危害将是致命的。它破坏人类健康甚至造成死亡，饮用不洁净的水会导致心脑血管硬化、高血压、心脏病；燃煤排放的粉尘和二氧化硫会诱发和加重呼吸疾病，1952年伦敦烟雾事件中，5天内有4000多人死亡；铅、汞等重金属超标会引发肾病、神经中毒症、精神紊乱等，1986年，磷化物与含有水银的化工产品污染莱茵河，莱茵河因此而“死亡”20年……联合国前秘书长潘基文曾说：“全球因污染而死亡的人数总和已经超过了战争及一切暴力死亡的人数总和。”污染之害令人生畏，无论是“群体之死”还是“群体之乱”，皆表明环境污染已逼近临界，倒逼政府、企业等有关方做出调整。

然而，在生死攸关的灾难面前，有的政府和企业却囿于经济利益而展现出自私和贪婪的本性。《联合国气候变化框架公约》于1992年经150多个国家共同签署，在1997年缔约方第三次大会上又达成了《京都议定书》，其中规定了2008年到2012年主要工业发达国家温室气体排放量在1990年的基础上平均减少5.2%的义务。2007年联合国气候变化大会通过的《巴厘路线图》又明确了下一步的议程，即规定2009年年底的哥本哈根大会将诞生一份新的《哥本哈根议定书》，取代2012年到期的《京都议定书》，以对2012年后的减排做出新安排。但是，发达国家缔约方对第一期（2008～2012年）的承诺尚未切实履行，矛盾就在哥本哈根会议上集中爆发了。分歧集中在8个字：责任划分、计量单位。以美国为首的西方发达国家忽视自己过去百年间工业化进程中，累计碳排量远超发展中国家（其碳排放量占到全球总量的80%）、人均排放是发展中国家7.54倍的历史，也看不到“美国消费、美式习惯是污染源”的现实（美国这个仅有3.3亿人的国家，资源消耗总额占全球的35%），只抓住将“三高”工业转移到第三世界后、以中国为代表的发展中国家碳排放量激增的事实，指责中国是“气候变暖罪魁祸首”“白色污染最大责任国”，要求包括中国在内的发展中国家多承担些责任，反映在碳排放额划分上，就是：对联合国气候委员会给出的全人类还能向地球排放8000亿吨二氧化碳这个生态承受极限设定值，以美、英、德为代表的G8国家坚持以“国”为计量单位，27个发达国家瓜分掉44%份额，剩下56%的份额留给发展中国家。换句话说，总人口不过10亿人的27个发达国家有资格与55亿人口的发展中国家平分碳排放权。并且，由限量碳排放衍生出国际碳交易市场，中国等发展中国家若还要发展工业、改善国民生活，额度不够的话可以去碳交易市场购买，说白了，西方不仅要多吃多占，还要把多占了之后用不完的部分，再打包卖给发展中国家！碳额度不够的话也可以采取节能减排措施，但节能减排的环保设备专利多在欧美国家手上，发展中国家难逃被欧美国家“再宰一笔”的命运。

碳排放份额之争事关国家发展和国家利益，西方主导下的“碳分配”将其自我利益至上的自私和不公暴露无遗。所以，以中国为首的发展中国家提出以“人口”为计量单位的碳排放划分原则，人多就多分点，人少就少分点！这些国家近几十年才开始工业化，还有大量人口处于绝对贫困状态，有权力继续增长，加上替西方购买者进行着大量碳密集型的生产制造，增加碳排放将不可避免。眼下阶段“共同但有区别的责任”放在整个人类工业史及中西“生产—消费”结构中，是相对公允的。然而，美国坚持己见、绝不让步。纠纷进一步延续至2010年的坎昆会议和2011年的德班会议，美国按照自己的碳额度划分原则，依据比例要求中国2020年压缩50%的碳排放量，得到中国45%的承诺之后，竟拒绝向世界承诺自己仅仅4%的缩减份额。眼看协议达不成、2012年之后将可能出现减排的断档期，中国代表团团长顾念大局，表示愿有条件地接受2020年后量化减排目标，条件就是发达国家要兑现《哥本哈根协议》中为发展中国家提供每年100亿美元的快速启动资金和到2020年之前每年1000亿美元资金支持的承诺。中国让出了一步，推动了2015年《巴黎协定》的签订。不过，正如美国国务卿克里抱着孙女签署《巴黎协定》那样随意，特朗普上任后直接撕毁了这一环保遮羞布。按照特朗普的说法，“美国为什么要去贡献绿色气候基金？这显然是将美国的财富与其他国家进行再分配！我们要再工业化，外国官员凭什么控制我们自己使用多少能源，这绝对不行！”特朗普“退群”意味着美国有关减排量和对穷困国家支持资金的承诺将落空，全球环境形势将更加严峻。

特朗普推掉美国在世界环保上的责任，不顾工业经济已经走到极限的事实，沉迷于再工业化，以让美国再次伟大，突出地展现了其“自我利益优先”“民族自私主义”的价值取向。倾向全球达成共识的环保，一旦涉及自身利益，又马上陷入了撕裂。人类的进化总是一方面包含着进步，另一方面又包含着退步，国际解决环境欠账的共同行动遭遇美国冷对，国内环保风暴遭遇某些政企废熄，都在表明“既要金山银山，又要绿水青山”的当下，实质上正跌入“环保陷阱”，并预示着环保工作的艰难。当环保遇到经济利益巨兽的对冲，就造成了环境问题“拖而不决”。而环境灾害线性发展下去，吞噬的将是整个人类。这预示着眼下的“环保陷阱”足以成为引起世界各国警惕并力争突围的变数。对于中美两国而言，谁将拥有未来，很大程度上就看谁能够以博大的格局跨越“环保陷阱”。

02

中国经济向何处去

我国面临导致经济形势下沉的“空头 6+1”——去产能、去商能、去红利、环保风暴、第四次金融危机、中美贸易冲突 + 政策波动。在中国经济面临较大压力的同时，“多头 6+1”——二次城市化、大交通、大消费、大通信、大文化、金融大发展 + 外部空间，让中国经济孕育、积蓄并释放着新的上行动力。拉动经济下行的“6+1”变量和推动经济向上走的“6+1”力量相互交织、叠加，加剧和放大了 2020 年中国经济的复杂、多变之势。

多空“6+1”变量博弈

中国经济面临下行压力。从增速来看，中国经济增速从2007年14.2%的新世纪峰值一路下降已有10余年，从2010年10.6%下降也已有8年。从中国宏观经济周期波动史角度看，近年经济减速不仅是改革开放时代，也是新中国宏观经济波动历史上的最长下行调整。而经济下行现象并非中国独有，2019年9月，经济合作与发展组织（OECD）将2019年、2020年世界经济增长预期分别下调至2.9%、3%，在全球经济大环境恶化的情况下，难以有经济体可以独善其身。中国经济下行压力从何而来？

我国面临导致经济形势下沉的“空头6+1”——去产能、去商能、去红利、环保风暴、第四次金融危机、中美贸易冲突+政策波动。

第一，从2015年提出供给侧改革开始，行政与市场共同“出清”产能。这一行动持续至今，在短期内对经济增速产生了下行影响。改革开放40多年来，中国产能“潮涌”，不仅因为世界产能云集中国，还可归因于国内经济刺激政策。更有地方政府投资冲动促成，以及“经济人”基于人性使然，这些决定了中国式的一哄而上，使得产能过剩成为近年来经济发展中难以摆脱的顽疾，中国政府与市场“联手”去产能之路也一波三折。这厢，钢铁、煤炭等传统产业早已被“扒皮削筋”，那厢，产能过剩却“按下葫芦浮起瓢”，例如汽车行业如今便“深陷泥潭”。2019年上半年我国汽车制造业产能利用率为77.2%，已突破产能利用率的“安全线”（79%～83%）。连代表着新兴产业的新能源车也难以幸免，根据当下已公开的新能源汽车产能规划，到2020年新能源汽车将超过2000万辆，是《汽车产业中长期发展规划》销量目标（200万辆）的10倍！供求关系已突破临界点，一旦“过剩出清”，势必会使汽车市场哀鸿遍野，相关产业链也将随之动荡。据估算，2016～2020年将去除粗钢产能1亿～1.5亿吨，占总产能的8.3%～12.5%；去除煤炭产能8亿吨，占总产能的14%。按照这两个行业平均计算，2016～2020年预计削减12%的产能，将拉低GDP增速1～1.5个百分点，如果分摊至5年，则平均每年影响0.2～0.3个百分点。

第二，伴随新经济喷涌而来的还有去商能。一些商业模式、特色小镇、创业工厂、商业地产等在钱“烧”完之后，纷纷成为“从风口掉下来的猪”。典型如共享经济，作为曾被资本热捧的风口，如今全面陷入大溃败，“死走逃亡伤”成为当下共享经济的主基调。又如2016年提出发展特色小镇以来，目前至少有9个特色小镇（共投资110亿元）破产。再如随“万众创业”而红火的众创空间，也面临着过剩平仓的局面。

第三，推动中国经济和企业40多年来迅猛发展的传统红利时代已渐行渐远。

改革开放以来，中国在迅猛发展的过程中确实有一些特有的经济模式可追溯。国家层面，靠对外开放、招商引资造就了中国的“世界工厂”地位；地方政府一手招商引资，一手土地财政，带来地方经济百舸争流、万马奔腾的景象；企业层面，先是靠制度红利、人口红利完成原始累积，后有商业模式红利、互联网红利叠加，不断裂变出新的应用空间和商业机会。但如今随着发展坐标的改变，过往的发展法宝——招商引资、土地财政等经济模式皆已趋于失灵。对外，“以市场换技术”所带来的外资垄断、技术依赖等负面因素不断凸显，汽车行业即为明证。对内，个别地方为招商引资无所不用其极，引发恶性竞争不说，还埋下了地方政府债务危机的隐患。《中国县域经济发展报告（2018）》显示，中国有15%的县级政府存在债务危机！而随着调控政策深化和棚改退潮，土地财政这个曾经的“万能药”也难再奏效。企业更是步履维艰，不仅各项传统红利消散，就连商业模式红利也成了“过期的兴奋剂”，风口来得快、去得更快。在去红利时代，中国经济发展难免出现不适应性反差。

第四，自2017年开始的环保风暴不同于以往的“一阵风”，呈现长期化、常态化、制度化特征。如环保生态考核纳入地方政绩考核、环保督察“回头看”、“打赢蓝天保卫战”等，环保硬约束使中国经济发展方式再也回不到从前。而对于习惯了粗放式发展的诸多中小企业来说，要补上环保历史欠账、转变发展方式，谈何容易。君不见，近几年环保风暴轮番轰炸，成为无数企业的“催命符”。经济承压之大，可想而知！

第五，从金融过度到去金融化。金融内置“自我膨胀、自我蒸发”的原罪宿命，让它极易陷入“钱生钱”的癫狂阶段。尤其是2008年后，从美联储到欧日央行都铆足了劲儿开动印钞机，以致货币泛滥。金融资本化作危机传导器，借由跨国企业之手在全世界范围内流窜，从外围的资源型国家、新兴市场到中美等核心国家。自2018年起，第四次金融危机已开始不断传导、扩散，中国也难逃此劫。过去几年，由于对金融本质、金融危机本质认识不清，中国的金融业一度疯狂扩张，实体产业的发展资金和空间不断被挤压；高度集聚的金融风险也在不断寻找爆破口，P2P（点对点网络借款）“爆雷”潮所带来的震荡已经有目共睹。因此，中国又开启了金融去杠杆、大出清的“去金融化”阶段。然而，人为挤泡沫又使得杠杆在金融和实体间传导，债务违约泛滥。结果便是：不论是金融过度还是去金融化，危机在传导、转嫁，却从未消失。

第六，中美之间的贸易冲突时间长、范围广、程度深，让中国外贸、科技、制造等企业承受了“原形毕露”之苦楚。自2018年3月22日起，美国对中国发起“301贸易调查”，打响中美贸易摩擦第一枪，这场世界最大的两个经济体之间的商战犹如一场旷日持久的马拉松，还看不到尽头。至今，中美贸易摩擦已持续了近两年的时间，前前后后经历了12轮磋商。关税也在层层加码，从500亿美元、2000亿美元到3000亿美元，步步紧逼。直接出口下行、产业链转移、投资和就业受影响等问题随之而来。在中国经济面临较大压力的同时，“多头6+1”——二次城市化、大交通、大消费、大通信、大文化、金融大发展+外部空间，让中国经济孕育、积蓄并释放着新的上行动力。

第一，如果说一次城市化将乡村变成城市，那么二次城市化则是将城市变成都市，二次城市化浪潮将进一步释放中国经济增长潜力。中国城市化率从1978年的17.9%提高至2018年年末的59.6%，近6.6亿人口从农村进入城市，尤其是1998年住房市场化改革之后，几乎所有城市的基础设施建设都在“大干快上”，城市化进入“超车道”，构成中国经济增长的底色。如今中国进入二次城市化阶段，从特大城市外围到大型城市功能迭代，从县市区域联动到特色小镇以点带面，从湾区经济大行其道到超级都市圈、城市群发展，二次城市化将依然是中国经济增长的引擎。

第二，到“十三五”末，高铁营业里程将达到3万公里，高速公路总里程将达到15万公里，并将建成500个以上通航机场，新增沿海港口万吨级以上深水泊位约180个……大交通最能彰显中国“基建狂魔”本色，撬动GDP增长也最为“简单粗暴有效”。

第三，大消费时代来临。2013～2017年，最终消费支出的年均贡献率为56.2%，2018年，消费对GDP贡献率则达到了76.2%。消费成为拉动经济增长的“三驾马车”之首。不仅如此，消费还将改变中国——消费升级带动制造业升级，实现从出口大国到消费大国转变，消费驱动的外贸逆差加速人民币国际化。

第四，大通信“弯道超车”。鉴于在通信系统、设备制造、基站、产业链、编码领域的标准立项等方面，中国都胜出一筹，中国抢占全球5G主导权的胜算颇大。而5G网络的横空出世不仅能提高数据传输速度，还将推动互联网进入万物互联时代。物联网、云计算、AI、VR、AR等新技术和5G相结合，将催生更多新应用、新业务，革新各行各业。

第五，文化将成为21世纪国家战略。进入21世纪，文化的重要性又进一步上升到国家战略层面。从需求角度来看，物质主义时代已过，转向精神至上。从供给角度来看，传统工业经济似乎到头了，文化产业兴起是后工业社会的客观需要。从国际竞争来看，文化扮演着愈发重要的角色。一边是文化产业化，另一边是产业文化化，各行各业被文化格式化，大文化发展将成为新的经济增长点。

第六，金融大发展，金融大开放。中国已引爆“第四次金融大爆炸”，但“十二五”末的“8·11”汇改[1]、“人造牛市”、互联网金融“冒进”等，制造了一系列金融乱象。不过以2017年金融工作会议为标志，在政策层面上开始“去杠杆”，给伪市场金融戴上枷锁，矫正了中国金融业此前“脱实入虚”的发展方向，避免中国金融走上华尔街的道路。此外，“一带一路”倡议、人民币国际化趋势及中国进一步对外开放等，都为中国经济打开了未来外部发展空间。

经济下行六大压力，既有国际上的，也有中国特有的，既有历史遗留问题，也有新时代发展的不适应症，而且还相互影响、相互交织，带来叠加效应与复合效应，这使得单一领域的经济提振政策总是很难奏效。2020年或是空头与多头

[1] 2015年8月11日，央行宣布调整人民币对美元汇率中间价报价机制，做市商参考上一日银行间外汇市场收盘汇率，向中国外汇交易中心提供中间价报价。

的对峙和相持时期，进入倾斜与破局还需时日。但新经济进入动能释放期、新技术产生爆炸效应、新模式层出不穷、区域经济一体化加速等“轻舟已过万重山”，中国经济依然处于相对较高增长的大趋势并未改变。也正是因为拉动经济下行的“6+1”种变量和推动经济向上走的“6+1”种力量相互交织、叠加，加剧和放大了2020年乃至更长时间里中国经济的复杂多变之势。

中国经济面临四大拐点

2020年开年在即，适逢“百年一遇之大变局”，无论是国际背景还是产业发展，或是区域经济及商业模式，都面临着大拐点、大切换。

第一，中美关系面临大转折。自1972年2月尼克松访华、1978年12月中美发表建交公报，中美关系走过了风风雨雨的40余年。其间有蜜月、有合作、有竞争、有博弈，却未尝有当下贸易战之持久与激烈。其根本原因是中美双方实力对比发生了巨大变化，建交之时中国GDP仅是美国的5%，如今中国GDP已达美国的66%。而美国在维护其当代世界霸主地位的过程中，存在一个“60%定律”——当另一个国家经济规模达到美国的60%，并保持强劲的增长势头，甚至有快速赶超美国的可能之时，美国就一定会将其定为对手，千方百计地遏制对手的成长。不管是当年的苏联、日本，还是现在的中国，概莫能外。可以说，60%这个数字已成美国心中的“魔障”。如果中国经济继续以6%的速度增长，美国经济按照最好的光景3%计算，到“十四五”末的2025年，中国GDP将是美国的80%，中美“打架”的局面或将逐步显现。

由此可见，当下谈谈打打的中美贸易战，不过是未来中美关系大转折的肇始。中美从朋友到对手，将导致我国自改革开放以来已经熟悉的发展“套路”发生转折性变化。其一，鉴于美国是我国最大的出口国，其对我国商品征收高关税，在无法找到完全可替代市场的情形下，外需紧缩将成新常态，中国外向型经济必然面临全面调整。其二，美国对我国引进技术进行封锁，警惕中国对外投资，这将给我国利用国外技术、品牌等造成更多障碍，科技创新成为当务之急。其三，在与美国的“一对一”谈判中，我国在降低关税、开放市场、保护知识产权、削减国有企业补贴等诸多方面，面临美国的高标准压力，倒逼中国从红利经济阶段进入规则经济阶段。

第二，产业（行业）进入大洗牌。从国际上看，国际产业发展和分工格局出现变化，美国实施“再工业化”战略，推动制造业回流；低收入国家凭借成本优势，加速吸引劳动密集型产业转移；而发展中国家一直以来依靠的廉价劳动力不再构成其参与全球分工的核心竞争优势。从国内来看，中国进入工业化后期，走上政府与市场“联手”去产能之路，去产能从钢铁、煤炭、汽车等传统行业蔓延到消费、科技、媒体等新兴产业。与此同时，进入以5G为标志的新一轮技术突破期，信息产业、智能产业、生物生命产业、绿色产业等新经济产业全面登堂入室。政府、市场、技术三股力量叠加，使行业洗牌路上充满血腥。彼得·德鲁克口中的“工业中的工业”——汽车产业，正在遭遇前所未有的行业性的“天塌地陷”。2018年，我国汽车产销量出现28年以来首次下滑；截至2019年6月，汽车产销量已连续12个月出现同比下降，而那些在2017年汽车产业巅峰时刻“杀入”的企业无不被高位套牢。在中国纵横驰骋多年的国外汽车巨头也没好到哪里去，有着80年历史的大众经典车型“甲壳虫”于2019年7月10日正式停产。1955年“甲壳虫”总产量达到100万辆，1962年第500万辆下线，1967年第1000万辆下线，1972年“甲壳虫”打破福特T型车生产纪录，成为世界上产量最高的单款车型。如今时移势易，“甲壳虫”销量一路萎缩，2014年、2015年、2016年全球销量分别为9.1万辆、6.4万辆、2.5万辆。在销量与情怀面前，企业终将以利润为导向。

不仅是传统产业，就连近两年新兴的“新零售”在跑马圈地之后也频踩刹车、收缩战线。如盒马鲜生于2019年5月底关闭位于苏州市昆山吾悦广场的门店，超级物种因业绩亏损被永辉剥离出财报，苏宁的苏鲜生和京东的7FRESH也各自面临着开店放缓的质疑。再如曾经“唯快不破”的快时尚行业也正在集体溃败，Forever 21退出中国的消息还没多久，紧接着就传来美国总公司寻求破产保护的噩耗；Topshop母公司Arcadia集团也申请破产；ZARA母公司Inditex2018年全年净利润创5年新低；New Look则在2018年全年亏损了7430万英镑；H&M放缓开店速度。而快时尚的“中国门徒”们的日子也与全球同此凉热，本土快时尚品牌如美邦服饰、拉夏贝尔等，都面临着线下渠道缩减、净利润下降的困境。由此看，实现新旧动能转换建立在惨烈的产业洗牌基础之上。

第三，区域发展大联动，由单打独斗转向协同发展。在过去40多年改革开放进程中，中国经济快速发展的原因曾被解释为“地方竞争”，即地方政府为吸引资本、技术和人才等生产要素而在税收、土地、销量等招商引资方面开展跨区域竞争，堪称“八仙过海，各显神通”，甚至被经济学家张五常称赞为“历史上最好”的制度。复旦大学经济学院院长张军教授也认为，“没有什么因素可以比地方政府之间的竞争更能解释中国经济的奇迹”。但长期的单打独斗，导致地区之间出现画地为牢、各自为政、以邻为壑、产业同构、资源浪费、千城一面等现象，并在更大范围内加剧了区域发展不平衡，如愈来愈大的南北差距。尤其是在当前二次城市化、区域一体化（初级阶段）、交通便捷化和信息光速化的共同作用下，“抢人”、“抢钱”、抢产业在各地白热化。然而，物极必反，当地区同构化走到极端，必将倒逼地方竞争回摆。同时，基于政治上的推进和户籍制度上的安排，如长三角一体化上升为国家战略等，地方竞争优势被大范围消解。加之中国城市化进入城市群、都市圈演进阶段，目前规划发展“19+2”个城市群，以及提出34个都市圈建设，导致地区小圈子被打破，最终将趋向区域协调联动式发展。鉴于此，无论是主动选择还是被动接受，地方政府在“十四五”期间与其坚守“竞争”思路，不如调整为寻找新地缘。

第四，商业模式大变革。一边是“红利时代”的逐渐消解，一边是“科技时代”的遽然开启，工业文明已然到头，以互联网、移动互联网、人工智能、物联网、生物生命科技等为代表的新技术，正在给世界带来全新的变化，商业模式也将面临大变革。笔者曾将商业模式概括为5个层次，从低到高依次为抢风口、抓红利、贸工技、技工贸[1]、事业情怀，没有任何一种模式能够长期独占鳌头，能否迭代和进化，决定着其是否能延续和涅槃重生。抽象而言，商业模式的变革方向在于链接与生态，从“白桦林”时代演进到一个“热带雨林”的时代。所谓“白桦林”，是指原来的商业模式大多是高度同质化，一眼望去，大家都是同样的物种，高高低低一起奋力生长。而“热带雨林”是一个生态圈的概念，这个生态圈里，各物种是共生共存的，即便是一片苔藓，也是不可或缺的。

莎士比亚在戏剧《暴风雨》中写道，“凡是过去，皆为序章”。无论是闪耀辉煌，还是惨淡经营，中国经济面临的四大拐点将至，地方与企业还须不畏将来，不念过往，顺应时势，把握趋势。

GDP 发生“颜色变革”

一方面，中央在倡导“不能简单以GDP论英雄”；另一方面，全国各地却在为GDP增长而“喜大普奔”，为GDP下滑而黯然神伤。如此悖论，难道中央真的

[1] 贸工技：依次走贸易销售（流通环节）——加工生产（生产环节）——技术研发（创新环节）路线。技工贸：指先开发新技术、新产品，加工生产以后进行销售，实现新技术、新产品所带来的丰厚利润。

只是喊喊口号的吗？殊不知，关键还在于参透那句“既要金山银山，又要绿水青山”。GDP犹在，只不过在“悄然换色”而已。

看看我国各省区市GDP的色谱图就能一目了然。从宏观的三产占比来看，产出相对高、能耗低的第三产业增速，正在赶超建材、煤炭、电力等高耗能的第二产业。我国第三产业增加值占GDP的比重已稳定在50%以上，而且第三产业占比还在以每年1个百分点以上的速度持续上升。从中观的城市产业格局来看，一二线城市已经普遍向服务经济、体验经济等低耗能的新经济方向猛调头。如2018年北京GDP中，新经济增加值占比约三分之一；上海第三产业增加值占GDP的69.9%，比上年提高了0.7个百分点；合肥的服务业占GDP比重首次超过5成，其中战略新兴服务业增长25.9%、科技服务业增长20.6%、现代服务业增长18.7%；还有，浙江的服务业增速已经连续15年快于GDP增速。从微观的能源结构转型来看，山东、江苏、天津、山西等都在向重化工产业发难。江苏2018年关闭高耗能高污染及“散乱污”规模以上企业3600多家，关停低端落后化工企业1200家以上。山西也在由“一煤独大”向“多柱承天”逆转，2018年山西非煤工业增加值增长8.2%，化解煤炭过剩产能3090万吨。与其说GDP下来了，不如说是颜色变了。这些地方正将绿水青山与金山银山“画等号”，蓄势待发。

事实上，去产能、调结构，GDP由黑变绿的“颜色变革”也正在全球上演。当世界都将目光聚焦于欧洲“三驾马车”集体失速，却不知欧洲早已在碳排放领域的技术和规则制定上先人一步，未来无疑将借此获得更大的政治经济规则话语权。要知道，全球四分之三以上的碳交易量在欧洲，交易价值超过30亿美元。也难怪作为欧洲第一大经济体的德国继弃用核电之后，近来又对煤电发出“驱逐令”，试图将38座煤电厂在2038年年底全部关闭，在2020～2023年停止运行超过12吉瓦的发电装置（相当于24个大型煤电厂）。而自2007年起，德国绿色行业占GDP的比例就不断增长，到2016年对德国GDP的贡献率达到了15%，预计2025年将增加到19%。无独有偶，英国、法国和日本的环保意识也是世界有目共睹的，这几国的环保科技和环保产业在GDP中占据着绝对优势。然而，当其他诸国在不遗余力地推动GDP由黑变绿时，印度、美国却在开历史倒车。

一方面，印度GDP的色彩离黑更近了。全球前20大污染城市中，印度独占13席。印度恒河飘满排泄物和死尸，焚烧垃圾、牛粪做燃料产生大量硫元素，超过一半的河流被工业废水或生活污水污染，一半以上人口开放式排便——印度污染早已臭名远扬。如今，基于人力、土地、制度性交易等综合要素的成本考量，大量高耗能、重污染的低端制造还在向印度迁移，这些无疑将为印度的黑色GDP再添一抹黑。

另一方面，在全球变暖日益严重的情况下，特朗普竟然宣布美国退出《巴黎协定》。要知道，美国可是能源超级消耗大国和碳排放大国。国际能源署（IEA）发布的全球能源和二氧化碳状况报告显示，2018年全球能源消耗的二氧化碳排放量约为331亿吨。美国二氧化碳排放量位居第二，占比15%。而且美国人均二氧化碳排放量为17.4吨，是中国人均的2.4倍，欧盟人均的2.5倍，印度人均的8.7倍。倘若特朗普“再工业化”战略继续推进，煤炭、石油、天然气等传统能源、高碳产业大面积恢复，无疑将是全球气候变暖问题的大灾难。显然，即便有欧洲、日本、中国等诸国在绿色GDP问题上劳心劳力，问题仍然存在。中国如此大体量的经济结构，GDP颜色转变是需要时间的；其他国家在GDP颜色变革中释放的能量，又根本无法化解世界人口第二的重化工污染大国印度，以及超级能耗大国美国所造成的污染。中、印、美这3个超大体量、超大能耗的国家“合三为一”，无疑又将人类向“世界末日”推进了一步。

2019年，数以百万计的美国人就经历了最低达零下52摄氏度的极寒天气，南半球的澳大利亚也出现了直逼80年来最高纪录的49.3摄氏度的高温天气，北极熊大规模入侵俄罗斯小镇，挪威世界末日种子库进水，类似的极端天气如同电影般频繁上演。2018年全球约6000万人的生活受到极端天气影响，1万多人死于飓风、山火、地震、干旱等各类自然灾害。不单如此，美国宣布在核领域放弃伊朗核协议，导致核军备竞赛氛围渐浓；伴随美国退出《巴黎协定》，全球温室气体排放于2017年和2018年恢复向上攀升；政府间的信息战及由此导致的电子污染与日俱增……多重威胁使当今世界处于一个非常危险的状态，堪比“冷战”最紧张时期。2019年1月24日，芝加哥大学《原子科学家公报》杂志公布了最新的年度“世界末日预测”，宣布将当初用以标示世界受核武及各种灾害威胁程度的“末日时钟”指向晚上11时58分，距离末日仅剩2分钟，时钟再一次回到了“最接近零点”的位置。而所有这些都明示了人类对大自然无节制的巧取豪夺，已经到了灾难性的程度。

然而面对灾难，中美两国却呈现两种截然不同的态度：中国努力修正，反复调整经济结构，坚持绿色、低碳、可持续发展，力图使GDP颜色由黑转绿。又是退耕还林给补贴，又是环保风暴大整治，还大力发展新能源，控制、减少甚至不批准燃油车生产线扩建，要求现有汽车厂商将纯电或混电汽车生产比例提高到30%～50%。美国航天局卫星数据表明，2000年至2017年全球新增绿化面积中，约四分之一来自中国，贡献比例居全球首位，中国已成为全球绿化速度最快的国家。同样，2017年中国单位GDP二氧化碳排放比2005年下降了46%，相当于减少二氧化碳排放40亿吨，已经超过了对外承诺的到2020年碳强度下降40%～45%的上限目标。2018年，中国因自然灾害造成的损失，更是与近5年同期均值相比大幅降低。

中国GDP颜色越来越绿，可是美国却突然反悔，退出《巴黎协定》，GDP颜色一条道走到黑。2018年，美国能源碳排放竟然增加了3.4%，造成自2010年美国经济复苏以来的最大增幅。过去美国肥田沃土，现在极端自然灾害却越来越严重，山火、飓风、零下52摄氏度极寒等。2018年，美国自然灾害造成的直接损失达910亿美元。“放飞自我”退出《巴黎协定》后的美国，不但饱尝极端气候反噬之苦，还降低了美国的国家信用。如此一来，体制优势、信用优势将使得中国对外政策的延续性越来越强于美国。更关键的是，以“未来引领今天”的视角来看，美国这是在自断手脚，这样做将直接限制其未来的发展。就拿未来汽车行业来说，欧盟、日本等国家和地区，由于政府的支持和人们对绿色出行的认同，新能源汽车市场将进一步扩大，即便美国主导的传统能源汽车能获得短时的繁荣，但未来终将是新能源引领全球。毕竟，无论是基于新经济、新科技、新能源超摩尔定律发展的大趋势，还是基于大消费时代人类对绿色消费、健康消费版本升级的必然需求，即便是从人类自身最基本的生存需要来考量，全球性的GDP“颜色变革”也势在必行。换言之，碳排放权本质上就是未来发展权，未来谁掌握了清洁能源技术、拥有更大的市场，谁就将掌握更多的话语权。

中国形成“三个世界”

当年，毛主席面对超复杂的国际形势，高瞻远瞩地提出“三个世界”理论，将中国定位在“第三世界”。于是中国不但在第三世界国家的帮助下进入联合国“五常”，更与美国、日本等国建交，这才奠定了改革开放、韬光养晦的良好外部环境。在集中精力发展经济的政策之下，中国从计划经济的半道拐上了市场经济的高速公路，率先以沿海开放打开局面，按照邓小平同志所言，“让一部分人先富起来，带动大部分地区，然后达到共同富裕”。中国社会由此拉开了距离，中国的高增长首先在于消灭贫困。按世界银行每人每天1.9美元的国际贫困标准看，中国的贫困人口从1981年的8.78亿人减少到2013年的2511万人，减贫人口8.53亿人，占全球减贫总规模的7成多，贫困率从88.3%下降至2013年年末的1.9%。到2018年，中国农村贫困人口只剩下1660万人。其次是3亿人先富起来，人均GDP达到5万美元左右。据相关媒体统计，2018年中国有15个城市的人均GDP突破2万美元。伴随北京和上海的新加入，北上广深4个城市首次集体跻身发达经济体水平。而遥遥领先的当属香港和澳门，2018年分别以4.88万美元、8.14万美元排名世界人均GDP榜单的第15位和第2位。但是撇开两头，中间还有10亿人仍在嗷嗷待哺，这10亿人口作为中国人口主体，仍处于刚刚满足衣食住行的温饱阶段。照国泰君安总经济师、首席经济学家李迅雷所言，中国还有5亿人没用上抽水马桶，10亿人没坐过飞机，奔小康的欲望和潜力极其强大。就连美国，都惊诧于中国的消费能力和富裕速度。在特朗普看来，美国薄弱的基建尚不如中国，中国哪像第三世界国家？由此看，正与“第三世界”说再见的中国，恰恰客观上在内部形成了“三个世界”：“第一世界”是人均GDP达到2万美元以上的3亿人口，这部分正步入发达国家行列；“第二世界”有10亿人口，人均GDP在四五千美元，仍处于中等阶层；另有1000多万人处于绝对贫困的“第三世界”。

于是，中国一边贫困人口下降，一边富人越来越多——人均GDP与西方发达国家相当的3亿人已重重惊醒世人。因为仅仅这3亿人的先富，就造就了庞大的中国需求。《2018胡润财富报告》显示，中国（大陆及港澳台）拥有600万元资产的富裕家庭已达488万户，总财富高达133万亿元，同比增长6.4%。中国千万资产高净值人群平均年消费182万元，越来越多的中国人到发达国家疯狂购物，仅2018年就以7700亿元买走了全球三分之一的奢侈品。2012～2018年，全球奢侈品市场有超过一半的增幅来自中国。要知道，美国也只有3亿多人，却造就了全球最大的消费市场，而中国正向美国学习，努力成为下一个消费强国。3亿先富者买房买车，实现了现代化的富裕；最关键的是，正处于“第二世界”的10亿中国人正在一路狂奔，试图加入“第一世界”。从社会公平公正角度看，这是理所当然的，但从现实约束看似乎难以逾越。毕竟中国有近14亿人口的当量。

从21世纪开始，全球人均电力消耗年增长仅1.1%，中国却高达7.3%，6年贡献了全球电力消耗增量的57%。2016年中国消费的石油、铁矿石和大豆分别占全球消费量的15%、50%和70%，而这还是在人均汽车、电力、肉类分别仅是美国20%、30%和50%的前提下。3亿先富人群的需求就将中国汽车产销顶到了天花板，中国汽车自2009年产量突破千万辆，连续10年产销世界第一，但中国千人汽车保有量还只有170辆，汽车行业就开始“掉转直下”。2018年汽车行业出现28年来首次负增长，2019年前4个月产销分别下降11%和12.1%。试想，若未来还有10亿人想拥有汽车，按千人400辆计算，就将新增4亿辆车，加上2018年年底的2.4亿辆存量，6.4亿辆汽车将让城市瘫痪、污染更严重。最关键的是，若每辆汽车年均耗油2吨，仅是中国的汽车就将耗油12.8亿吨。如果从人均石油消耗来看，日本每人2吨，美国每人3吨，若按日本人的标准来算，14亿中国人每年就得消耗28亿吨石油，而中国石油每年自产总量才2亿～3亿吨，余下的25亿吨去哪里找？全球所有石油都给中国还嫌不够，更别提如何安全运到中国了。此外，环保问题又要如何解决？面对如此“宏大”的前景，全世界都惊恐不已。

2010年5月，奥巴马在接受澳大利亚媒体采访时就警告：如果十多亿中国人口也过上与美国和澳大利亚同样的生活，那将是人类的悲剧和灾难，地球根本承受不了！面对中国如此庞大体量的崛起，作为世界老大，美国卧榻之旁岂容他人酣睡？贸易战只是刚刚掀开了中美全方位冲突而已，仅是华为在5G上的领先，就逼着美国绞尽脑汁棒杀它。说到底，地球只有一个，但中国对资源的消耗已对美国的生存空间产生严重挤压，这才是当下美国高官歇斯底里的真正原因。可不管外部压力如何，仅从国内看，3亿人进入“第一世界”意味着“让一部分人先富起来”已经超额完成。但当初的辉煌——从深圳画圈到浦东开放，皆以侧重东部沿海地区为主，现在，这种国策倾斜的态势已经结束，从中部崛起、东北振兴到西部大开发，已经到了“先富带动共富”的阶段。只不过，这3亿人和10亿人的需求存在很大差异，自然无法让3亿人的市场去带动10亿人，即便能带得动，套路也无法延续。因为若把10亿人的消费水平提升到和这3亿人相同的水平，仅社会消费品零售额就将从2018年的40万亿元增加到120万亿元，就是全球商品只供应中国、耗尽地球资源，也供应不了14亿人高涨的欲望。世界容不得中国经济线性发展，在通往发达国家的道路上，中国显然无法回避选择新的道路。

可从现实看，富人纷纷向国外转移资产相当严重，仅2018年，就有1.5万高净值富人移民海外。中国产生富人最多，富人向外迁移的却也是最多的。后者，从金融扶贫到精准扶贫，中国千方百计“消灭”贫困人口，6年脱贫8239万人，到2020年确保现行标准下农村贫困人口实现脱贫，消除绝对贫困；确保贫困县全部摘帽，解决区域性整体贫困。显然，解决几千万绝对贫困人口相对容易，维持3亿富裕人口也不难，中间10亿人的“第二世界”，才是国策的基本路线。为此，面对“三个世界”的中国从国策轻重选择上，似乎只能“抓中间、带两头”。毕竟，奥巴马之言并非危言耸听！美国如今又把中国当作最大对手，整个西方都对14亿中国人的全面崛起忧心忡忡，就看中国如何让“三个世界”做到“一个世界”化。正所谓量变决定质变，所有的生产方式、生活方式、交换方式一碰到10亿人口，都得换种方式，这是中国未来20年国策之根本，也是前无古人的伟业。如果中国“第二世界”的10亿人进入发达国家水平行列，还能保持能源环保等方方面面界面友好，那就意味着中国为世界提供了一条可复制、可推广、可持续发展的模式，这亦是检验“中国模式”最有效的标准。

从上述意义看，改革开放的语境在中国正版本升级，未来，创新转型将成为时代主旋律，而这将成为各行各业发展方式的基本坐标。为此，中国应早早地向全世界展示10亿人转型方案，才能让世人尽早地安静下来。只不过，中国是否准备好为世界贡献“中国智慧”了呢？

03

中美贸易战走向何方

美国已将中国视为最大竞争对手，这意味中美将发生全方位的摩擦。贸易冲突只是中美经济结构及总量规模逐渐换位的过程，这只能是一个“伟大的痛苦”，而不是觥筹交错、皆大欢喜的过程。中美之间的争端是超级大国之间命中注定的矛盾和摩擦，对此要做好攻守、文武的两手战略准备，做好打持久战的思想准备。

贸易冲突既是终极也是过程

中美贸易战最直接、最浅显的原因是贸易不平衡。美国维持比较优势及中美经济结构互补的重要产物就是中美贸易逆差，过去一二十年，中国人力成本低、资源成本低、环境成本低，顺差一直保持上升趋势。2016年，美国对加拿大、墨西哥、中国和日本的出口额分别为2659.6亿美元、2309.6亿美元、1157.8亿美元和632.6亿美元；自中国、墨西哥、加拿大和日本的进口额分别为4628.1亿美元、2941.5亿美元、2780.7亿美元和1322.0亿美元；美国的前四大逆差来源地依次是中国、日本、德国和墨西哥，逆差额分别为3470.4亿美元、689.4亿美元、648.7亿美元和631.9亿美元。而到了2017年，美国对中国的出口额为1303.7亿美元，自中国进口的总额为5056.0亿美元，美国对中国的贸易逆差达到3752.3亿美元，同比增长8.1%。商人出身、特别看重利益的特朗普，怎么能够容忍贸易失衡状况越来越严重地持续下去？

中美贸易是结构性失衡，不是中国不想弥补贸易逆差，而是中国想要的高科技产品，美国根本不肯卖，更别提在服务贸易、金融贸易上，美国对中国是远远顺差的。对此美国心知肚明，只是拿贸易平衡当作针对中国的借口罢了。不管是对中兴、华为的刻意打压，还是在科技前沿领域对中国“封锁”，都已透露出美国对中国科技赶超和实力崛起的恐慌。毕竟中国GDP一年上一个新台阶：2016年74.36万亿元；2017年82.17万亿元；2018年突破90万亿元，按年平均汇率折算已达13.6万亿美元，稳居世界第二。美国在GDP上依然是老大，2018年GDP为20.5万亿美元，但美国的全球占比已从20世纪最高时的40%降至24%。相比30年前美国GDP是中国的17倍，1995年缩减到10倍，2005年不足6倍，到2012年，中国GDP占美国GDP的比例已超过50%，2018年追到了66%。照此速度，市场普遍预测到2028年中国GDP就将首次超过美国。而且从历史看，美国两次被对手（苏联和日本）赶超的焦虑都是以GDP的60%为临界，这让崛起的中国被顶在杠头上。即便美国内部急剧撕裂，可在对华态度上，竟连分歧的两党都形成统一战线，当下美国社会唯一高度统一的意见就是遏制中国。从贸易冲突到产业之争，从国家战略到经济模式之争，从超级大国到生存空间被挤压，中美本质上的六大冲突积累了这么多年，终究走到了中美经济由规模到质量全面换位的历史岔口。

既然中美势必狭路相逢，那么贸易冲突既是终极也是过程。因为中美之于世界是全球经济增长的发动机，2018年中美GDP的增量合计达2.58万亿美元，约为全球增量的62%。一旦双方发生争端，不仅对全球局势不利，仅对中美来说，2018年两国货物贸易额和双向投资分别超过6300亿美元和2400亿美元，每天平均1.4万人往来中美之间，每17分钟起降一次航班，早已是你中有我、我中有你。正所谓“合则两利，斗则俱伤”，20世纪末中美曾就中国加入WTO进行了长达13年的谈判，到如今中美建交40周年再度寻找共识，双方都是有原则、有底线的。再加上中国倡导命运共同体，带着朋友共同发展，遏制中国等同于遏制各国发展的共同机遇，就连美国都“杀敌一千、自损八百”，自然难以快刀斩乱麻。从国家战略角度看，美国已将中国视为最大竞争对手，这意味着中美将发生全方位的摩擦，贸易冲突只是中美经济结构及总量规模逐渐换位的过程，这只能是一个“伟大的痛苦”，而不是觥筹交错、皆大欢喜的过程。

进一步说，中美之间的争端是超级大国之间命中注定的矛盾和摩擦，不止于贸易，更不只有竞争，两国在太多领域有重合的利益和合作的需求。正因“相互需要”，中国还没实力与美国硬碰硬，而在目前政经格局下，美国也不会轻易动手。因而中美爆发全面战争的概率极小，大概率是以战略挤压的方式逐渐逼近，或在分歧长期存在的情况下相互牵制着寻找均衡。

贸易战折射美国困境

贸易战越演越烈，注定是一场没有硝烟的持久大战。特朗普强硬地盯上了中国，实际上折射的是大国困境。美国靠工业生产立国，第二次工业革命和两次世界大战为其提供了特殊机遇，制造业飞速发展。然而，第三次工业革命（信息技术）之后，制造业的国际分工逐渐由之前的发达国家生产资本密集型、技术密集型产品，发展中国家生产原材料、初级产品，过渡到发达国家主要从事技术创新、设计和制造核心高端技术部件，而发展中国家则负责中低端部件的生产及最终制成品的组装。巨大的经济落差使发达国家和发展中国家的劳动力、原材料、社会资源存在巨大的成本差异。在利润的驱使下，美国的制造业企业纷纷向发展中国家转移，形成了“制造业空洞”，美国国内仅保留了一小部分极高端制造业和庞大的金融行业。“二战”后，美国第一、二、三产业占经济规模的比例分别从大约8%、47%、45%发展到2017年的1%、19%、80%，制造业严重萎缩。由于美国农业不但自给，而且出口居于世界前列，结合美国经济所处的阶段，可以认定美国的第一产业非常发达。这就使美国这个巨人的身材变得相当畸形——有着硕大无比的脑袋（高科技核心技术）、粗壮的下肢（农业）和太过瘦弱以至于无法支撑头部的躯干（制造业）。物质消费作为一切的基础决定了货物贸易仍然是当前世界贸易的主要构成部分，逆差的产生和持续扩大就不足为奇了。

产业结构改变还促使体系内的固有矛盾赤裸裸地暴露出来。作为“二战”的最后赢家，美国主导了战后国际货币体系的重建，确定了以黄金—美元本位为基础的布雷顿森林体系，美元直接和黄金挂钩，其他国家的货币又和美元挂钩。美元虽然取得了国际核心货币的地位，但是各国为了发展国际贸易，必须用美元作为结算与储备货币，这样会导致流出美国的货币在海外不断沉淀，美国国际收支就会发生长期逆差；而美元作为国际货币核心的前提是必须保持币值稳定，这又要求美国必须是一个国际贸易收支长期顺差国，这个悖论就是有名的“特里芬难题”。“二战”后至第三次工业革命结束，美国工业的市场扩张不自觉地起着缓解“特里芬难题”的作用。但是由于之后工业外流，顺差缩水，尤其是在布雷顿森林体系瓦解之后，美元汇率进入自由浮动时代，美元保持稳定和顺差的要求及机制限制（也就是特里芬难题的第二条）自行消失了。而与此同时，由于美元仍然是世界核心货币，也就是说特里芬难题的第一条仍然在起作用，于是美国的贸易逆差就如脱缰野马一发而不可收拾。

同时，美元体系和美国贸易逆差使大部分充斥全球的美元必须回流到美国的金融资产，这就令美国政府可以长期无所顾忌地发行国债和大搞赤字财政。美国企业和居民也可以轻易得到廉价贷款进行投资和消费，加速信贷消费型经济的形成。这令美国整体债务激增并达到占GDP 300%的比例。制造业空洞和大量的廉价美元，使美国经济在20世纪90年代后进入房地产带动的过度金融化时代，次贷危机爆发前，金融、保险、房地产行业的产值占GDP比例高达33%，金融泡沫催生债务飙涨并反过来强化金融泡沫，最终引发次贷危机。制造业空洞、经济金融化、债务攀高等这些美国经济中结构性、常态性的问题，是各大公司“土豪”式逆回购推动的股市走牛等表面上、非常态的繁荣所无法掩盖的。并且，这些问题还挤压就业，导致中产阶级返贫，美国社会快速地由橄榄型变成哑铃型。1971～2015年，美国中产阶级的收入占比从62%减少到43%，社会明显分为富裕层和贫困层两极，占总人口0.1%的最富有家庭和占总人口90%的普通家庭拥有的财富不相上下。民众的抱怨声越发高涨，特朗普这位带有民粹主义、民族主义色彩的总统候选人适逢其时地出现了，民众和时代选择了特朗普上台。另外，次贷危机后，美国拼命量化宽松，过剩货币爆仓推动了第四次金融危机的多米诺骨牌，全面引爆股市、债市危机。

由此可见，美国经济结构性颓势的原罪在其内部，但特朗普却赖上了逆差的最大来源国——中国。

贸易战触及中美技术经济之根

中美矛盾冲突已经触碰到技术经济之根。这主要表现在3个层面：

一是芯片之根。芯片素来有“高科技王冠上的宝石”的美誉，在这个领域美国堪称世界霸主，手握信息技术的撒手锏。大家都知道，中美冲突直戳中国芯片软肋，暴露出中国的“芯”痛。而芯片之根，即生产芯片的光刻机更是中国的痛中之痛。目前，荷兰阿斯麦（ASML）公司是生产光刻机技术的霸主，其工艺使得芯片已经达到了7纳米，还在研发5纳米工艺。全球在28纳米以下的高精度芯片光刻机市场，只有ASML一家供应商。而中国光刻机技术最先进的上海微电子装备有限公司，其光刻机量产的芯片工艺是90纳米，与世界先进水平差距很大。根据美国牵头制定的《瓦森纳协定》，欧洲和美国的企业在高技术上对中国采取严格的技术封锁，一直以来ASML都拒绝向中国出售最新的光刻机产品。不过，去年ASML破天荒地接受了中芯国际的订单，计划于2019年交付一台7纳米EUV（极紫外光）光刻机。但诡异的是，2018年12月时ASML的主要元件供应商Prodrive工厂意外发生火灾，ASML的2019年订单将顺延，这将不可避免地对中国芯片产业产生影响。

二是芯片技术架构及操作系统之根。由于美国把华为列入实体清单[1]，因此华为通过购买或转让的方式获得美国技术，需获得有关许可；若未获得许可，相关企业不可以向华为供货。为此，英国芯片设计商ARM已经宣布中止与华为及华为关联企业之间的所有合作。因为ARM虽然是英国的公司，但是其芯片设计包含源自美国的技术，因此美国政府的禁令对他们也有效。这意味着什么？看看ARM是干什么的就知道了。ARM是全球领先的半导体知识产权（IP）提供商，目前全球约99%的智能手机都在使用ARM的芯片架构，可以说在数字电子产品的开发中处于核心地位。华为海思麒麟芯片就是在ARM芯片架构的基础上进行再设计的产物。由此可以看到，不单是芯片制造之根掌握在别人手里，芯片的底层技术架构也掌握在别人手里。此外，手机上的操作系统同样是别人的。虽然华为花了10年的时间打造了“备胎”，但操作系统的发展需要有相应的生态来支持，而这个生态的建设是需要时间和技术来支撑的，还有待实践的验证，需要时间来考验。

三是互联网之根。这是比前面两个更厉害的根，因为事关互联网主权。架构

[1] 实体清单：美国为维护其国家安全利益，作为出口管制的一个重要手段。一旦进入此榜单实际上是剥夺了相关企业在美国的贸易机会。

互联网必备的基础设施是根域名服务器，操控了根域名服务器就意味着操控了互联网。正因为根域名服务器极其重要，国外许多计算机科学家将其称为“真理”（TRUTH）。在IPv4体系内，全球13个根服务器中，唯一主根服务器部署在美国，其余12个辅根有9个在美国、2个在欧洲、1个在日本。多年来，中国域名解析都是依靠外国，并且美国事实上手握根服务器资源的唯一主导权，掌握着互联网中枢神经，互联网安全被美国人捏在手里。因此，近年来，国家层面明确提出坚持维护互联网主权，并已着手部署构建互联网主权，以打破互联网受制于人的局面。这无疑对美国固有的利益形成挑战，中美两国在这方面的矛盾冲突将不断显化。

贸易战前景：“上甘岭”化

中美之间上演了一场史无前例的贸易博弈。就客观形势而言，中美贸易战可能的前景无外乎以下三种：

第一种前景，速战速决。美国总统特别顾问卡尔·伊坎称“对华贸易战宜速战速决”。特朗普政府层面也抱有这样的企图——屡次扩大加征关税清单的产品规模，似乎就是想以加速升级的方式威逼中国屈服。美国人认为中国正在推动金融体系去杠杆，因此现阶段是中国最脆弱的时刻，美国的贸易大棒会迫使中国为避免风险而妥协，不得不向美国出让更多利益。但事实是，中国对金融已做了一系列整肃，已做好防范金融风险的准备；当下是国际贸易多元化的时代，多数所涉产品可以通过从他国进口和自产来解决；更何况，中国是世界第二大经济体，有任何国家都不想失去、也无可替代的庞大市场、完整的产业链条、便利的基础设施和向好的经济基本面，这是应对贸易战的最大底气、最大容量。“一阵风也许能让一个湖泊掀起巨浪，但只会让大海稍微波动几下，又恢复到它自身的节奏”，中国能够扛得住贸易战的冲击，因而不惧怕、不妥协。引用中国国际贸易谈判代表的一句话：“谈，大门敞开；打，奉陪到底。”鉴于此，美国即便摆出快速决战的架势来试图击垮中国，也会幻想破灭。更别说特朗普从骨子里就根本不是一个能消停的人。中美正在进行着“位置之争”，国际地位的一大表现就是国际贸易规则的话语权，奥巴马“决不允许中国制定国际贸易规则”，特朗普也必然走上同中国争夺贸易规则话语权的贸易战之路，这叫“势比人强”。再加上特朗普有着将逆反进行到底的性格，上任至今已把世界搅得天翻地覆，其正按照竞选的承诺，为世界展开一幅令人陌生的画面。这意味着贸易封锁不仅不会戛然而止，反将会再度风云突变。中国不会“束手就擒”，美国也不大可能“迷途知返”，这决定着中美贸易战速战速决的概率偏小。

第二种前景，走极端，彻底闹掰。即贸易博弈最大的筹码是发动战争，国内外不乏这种声音。根据政治学家布鲁斯·拉西特和约翰·奥尼尔《三角和平论》一书的理论，对任何一对国家而言，有3个变量决定它们之间爆发战争的可能性。一是经济关联度，二是民主传统，三是参与国际组织的程度。当变量值达到最佳理想值时，战争爆发的概率减少71%。一方面，中国不会轻易发动战争，一旦中美开战，西太平洋的大部分地区将会变成战场，而中国与周边邻居（日本、韩国、东南亚国家）的经济高度依存，这样的一体化在促成中国和其邻国共同繁荣的同时，也加剧了东亚经济在面对战争、贸易中断时的脆弱性。另一方面，美国也没有与中国撕破脸皮、断交甚至武斗的胆量。因为：首先，美国已经在全球发动了多次战争，眼下美国的经济和财力已不足以撑起一场中美战争了；其次，美国人生活必需的中低端制造品大多来自中国，美国跨国企业依附于中国庞大的市场，而且短时间内找不到替代，直白地讲，双方的经济依存度很高，美国彻底与中国决裂，自己也不好过；再次，特朗普遏制中国，希望让美国再次伟大，但倘若真的与中国绝交、冲突到引发战争的地步，俄罗斯或趁机发展，这又背离了美国战略利益。结合这三方面，中美关系完全破裂的概率也较小。

第三种前景，打打谈谈，谈谈打打，又打又谈。速战速决的可能性较小，断交、爆发军事冲突的可能性也较小，中和二者，战线拉长又不彻底闹掰的可能性加大，而这种“战局”的表现形式即是打打谈谈、谈谈打打、又打又谈。就美方而言，客观上，中国强硬反击，美国借贸易战打压中国的如意算盘落空，不得不坐下来和中国谈；领导人个人因素方面，特朗普谙熟做生意的艺术，并会把“提出一个远高于预期的条件让对手无从下手——反复无常的变化给对手施加压力——谈判、给出次优条件让对手急于接受了事——达到最初想要的结果”的生意经用在中美贸易博弈中，反复施压、谈判必不可少；国内政治形势上，不痛不痒地打持久战，反倒可能使已经处于分裂状态的美国社会团结一致，特朗普从而为自己政治加分。就中方而言，中国具有“后发制人、以静制动、以柔克刚”的文化底蕴，执政党善于审时度势，善打游击战、持久战、攻坚战，善于利用中庸之道化危为机。当美国挑事时，中国不会在其威胁下不战而退、俯首称臣；当美国骑虎难下、碍于面子又不能缴械认怂时，中国会争取坐下来谈。谈是为了避免打，但打也似乎不影响谈，在打和谈中有望相互妥协，推动中美关系走向新的平衡。内因和现实都揭示了贸易战“又打又谈、长期拉锯战”的趋势。而这与历史上那场上甘岭战役的打法如出一辙。1952年，在中国人民志愿军抗美援朝的上甘岭战役中，志愿军在美军绝对优势火力下，采取灵活战术、持久战术，击退敌人900多次冲锋，敌我反复争夺阵地达59次，借此牵制敌人、消耗敌人，终于迎来朝鲜战争的转折点。由此可断，本次中美贸易战的前景，“上甘岭战役化”将是最大可能。

进一步分析，中美贸易战“上甘岭战役化”，意味着中国必须做好持久投入的准备，当年的上甘岭战役是朝鲜战争中最惨烈、被称为“绞肉机”的战役，眼下的贸易战关键词也是“耗”，而中国是最不怕耗的。道理很简单，庞大的市场和资源在中国，制造业也在中国，中国企业可以摆脱对美国市场的依赖，但美国失去中国制造或从中国进口的商品有巨额税收，却必然给其国内带来恶性通胀，这样美国经济将撑不了多久。因此可以预见，中美贸易战的结果也将和上甘岭战役同样惨烈——双方谁都没讨到便宜。只不过相较之下，美国千方百计打乱中国崛起进程，而中国以拖延为主，时间更多地站在中国一边，中美国运一个向上走、一个向下走的趋势将更明显。经此贸易战，或将奠定中国在世界上与美国平起平坐的大国地位。上甘岭决战后朝鲜半岛停火，夺得话语权的中国不仅稳固了共和国重镇东北地区，还迅速解放了东南沿海绝大多数岛屿，为中国重新回到国际舞台提供了前提。这次美国不惜与全球为敌，将盟友推向中国，它与中国的贸易战打得越凶狠，那么最后妥协时中国在政治上将得利越大，并将获得巨大的战略利益。以此为基础，世界经济新规则将成形。

贸易战从深层反映了治理全球经济的新规则尚未达成，无法管理全球经济中主要经济体的差异，无法调节或消除各国内部经济民族主义或利益集团的压力。贸易战始于全球经济缺少规则，而贸易战将止于新的全球经济规则的形成。全球经济规则不可能由单一的经济体来制定，贸易战的胜方中国或将发挥引领作用，在全球经济新规则上谋求最大共识，进而开启全球经济治理的新时代。

04

中国 5G“弯道超车”

如果说在大消费、大金融、大交通方面，4G 的颠覆已经初露锋芒，那么 5G 将借助大通信全方位引爆产业革命，各行各业的运作方式都将发生革命性的变化。简言之，4G 动摇了传统产业，5G 则将直接革了传统产业的命。美国试图绕过 5G 直接开建 6G，但实现 6G 的基本条件还不成熟，以卫星做基站、捆绑式构建 6G 的形式存在着天然的局限性，显然难以成功。

4G 是颠覆，5G 是革命

4G余热未消，5G风云再起。短短几年时间，4G就释放出巨大的经济能量：根据联合国的统计，2015年全球数字经济规模还只有2.5万亿美元，可到了2017年就已攀升至12.9万亿美元。更遑论与之相关的互联网电商消费、4G智能电子产品消费、信息服务消费等，对全球各国尤其是中国GDP的拉动力也是有目共睹。而且，4G除了带来巨大的消费势能，在交通领域也初露锋芒。从手机扫码乘地铁到公交系统智能化，再到无人驾驶汽车亮相，基于4G技术支撑所带来的颠覆以肉眼可见的速度爆发。再联想到大消费、大交通、大通信盛世全开的美好前景，也难怪各国为了5G争得面红耳赤。那么，为什么说4G是颠覆呢？也许从技术角度看，具备无线接入能力的4G仅仅是3G的演进，本身的颠覆并不能带来多少直观的感受，其真正意义上的颠覆在于：正是有了4G的技术支撑，才有了移动互联网、云计算、物联网和大数据平台上的“新服务、新商业、新应用、新业态”，进而颠覆了传统的市场格局。具体表现在：

第一，在买卖领域，4G颠覆了传统商业。4G颠覆性的传输和下载速度不仅在大消费经济中取得了辉煌的成就，促进了互联网电商消费、信息服务消费、互联网金融消费等消费模式蓬勃发展，还加速了移动互联网行业对传统行业的颠覆，催生了一系列新的商业模式。典型如阿里巴巴，庞大的商业帝国孵化了无数淘宝店，以低成本、多样化选择、购物便利化等优势强势压倒实体零售店。可以说，4G助推了互联网大消费时代的到来。

第二，在金融领域，4G颠覆了银行业。随着互联网金融从概念流行到形成规模化发展的市场空间，金融领域诞生了移动支付、微信理财、二维码支付、虚拟信用卡等各种移动互联网金融产品和服务，第三方移动互联网金融平台更是“虐惨”了银行。一部手机不仅能满足所有消费场景的需求：打车、叫外卖、逛超市、乘公交等，还能存款、借钱，简直“无所不能”。曾经“躺着赚钱”的银行被第三方移动互联网支付平台联合夹击，不得不大裁员、撤网点、拆ATM机，艰难度日。

第三，在出行领域，4G颠覆了交通业。借助完善的4G网络，交通运输服务的水平得到了提升，同时更多群众享受到了交通出行的快捷和方便。放眼当下，4G无线智能公交电子站牌、用手机刷地铁乘公交，4G让公共交通更加智能化。与此同时，从滴滴打车的“随时打车”，到共享单车“扫码骑走”，4G让大交通时代更进一步。

如果说从大消费、大金融到大交通，4G在人类生活方方面面的颠覆已经初露锋芒，那么5G就更厉害了，5G不仅网速更快，而且三大应用场景还会直接将人类导入到一个更加脑洞大开、方便快捷的世界：增强版移动宽带将上演真实版的“速度与激情”；低功耗、广覆盖场景将为物联网大规模应用提供强大的技术支持；低延时、高可靠场景将大量应用于高铁、飞机、无人驾驶等各个方面。简言之，5G是产业革命的基础，“大通信”的优势将全方位引爆产业革命，继续激发大消费、大金融、大交通等方方面面的无限潜能，具体表现在：

第一，VR与AR将普及化。之前VR与AR因用户体验上出现头晕目眩等症状熄了火，这些症状很大程度上是网络延迟导致的。如今5G低延时、大宽带、大链接的突破无疑将是VR、AR体验不佳的最好解决途径，可加速VR与AR在相关行业的商业化落地。5G还可以通过VR实现体育赛事和演唱会等大型场景的现场直播。

第二，5G将开启泛娱乐高清时代。毕竟泛娱乐狂欢的背后是消费需求的版本升级，5G能完美匹配消费升级，其超高速率能力还能有效支撑8K超高清视频通过无线环境进行传播，从而让游戏更逼真，实现电子竞技零延迟。5G将从视觉到听觉带来娱乐产业的大变革。

第三，社交全景化将成为可能。多样化的智能可穿戴设备与5G融合，将使社交更丰富更立体。智能头盔将实现360度全景直播；信息不再是文字、图片或直播视频的传播形式，用户将通过360度的全景直播与明星大咖“亲密接触”。想象一下，你可以“在任何时候和朋友坐在私人影院里看电影；在世界任何地方开会或举行其他活动”，5G可以保障触觉反馈的实时性，让触觉体验几乎无延迟，“相隔万里也能感觉近在咫尺”。

第四，物联网的真正实现。人们经常说“万物互联”，但在现在的技术条件下，我们只是实现了人与人的联网，还谈不上人与物、物与物的互联互通。进入到5G时代，凭借5G技术更高的速率、更大的宽带、更强的延伸能力，人与人之间联网才能真正扩展为万物互联互通。比如应用在家庭场景中，要想使家居产品从单纯的互联转变为真正的智能，连接必须像水电一样可靠、无处不在且始终在线。5G恰恰能带来更加稳定的无线连接技术，不仅能使智能家居产品间的传输速度更快，感知更灵敏，智能家居系统也能承载更多的设备连接，智能门锁、智能监控、电器智能、服务机器人以及具有N种指标的监测系统，家庭几乎所有智能设备都能更好地连在一起。

第五，无线医疗让医疗救助更有效。且不说，漫长的挂号等待、拥挤的就医环境、稀缺的优质医疗资源，是医改长期的老大难问题，就是在道路上奔驰的救护车也可能因为拥堵而耽误最佳抢救时间。但可以预见的是，移动5G特有的网络高速率、低时延，将让远程医疗成为可能。要知道，2019年1月20日，中国已经完成了全球首例5G远程手术，为50公里外的一只小猪进行了切除肝小叶手术，且仅延时0.1秒。一旦基于5G网络的远程医疗普及化，将来的救护车将可以直接变成急诊室，医院里的各位专家也可以实时在线实施抢救和手术，“看病难”将迎刃而解。

第六，智能制造将加速推进。一来5G网络支撑柔性、自动化制造，能实现高度个性化、无人化生产，工厂不再需要超大规模，趋于迷你化、无人化，那些奔波行驶于大西洋、太平洋上的万吨轮将逐渐消亡。二则5G借助增加连接速度、云端运算能力、低延时高稳定等“特异功能”可以加速实现全过程智能物流、库存监控等智能化工业操作。

第七，车联网将让汽车行业由下滑变颠覆。无人驾驶是汽车行业未来发展大趋势，但是，如果没有5G的支撑，就无法真正实现无人驾驶。因为，无人驾驶实现的基本条件是实时更新的高精智能地图和即时高速的信息反馈，以便据此避障，确保避免任何形式的剐蹭、碰撞等交通事故和交通违规的发生。换句话说，没有交通信息超高速的传输、超高的可靠性、超低的时延，就没有开放道路上的无人驾驶。基于5G技术的操作，可将每辆汽车都连在一起，并且可以将几乎所有物体的信息精确定位在道路上。而且5G近实时的高清视频传输还能保证卡车或货车的自动编队行驶，将间距缩短至一厘米，靠得更近还节省燃油，彻底颠覆汽车行业。

第八，智能能源成为可能。可再生能源发电缺乏稳定性，导致输电网络能量波动。5G不仅能为馈线自动化系统提供超低时延的通信网络，确保遭遇瞬时故障的情况下不停电，还能快速实现换电切换，变成只需几秒钟就能满电复活。5G还能加速新能源无障碍上网，甚至将每个新能源充电桩的使用情况、运维情况全部联网。

第九，5G将加速智能城市建设。如果把智能城市比作精密的人体，遍布城市的传感器、摄像头和执行设备组成这个城市的皮肤、眼睛和手臂，5G网络则构建了城市最先进的神经网络。在5G的基础上，通过对城市海量多源数据进行收集、实时处理与快速智能计算，能够实现对城市的精细化管理，提高公共资源的使用效率。如红绿灯与电子监控匹配起来，整个城市的停车资源都能互通互联，加速城市停车“一张网”时代的到来，提高停车位的利用率。甚至连路边的路灯和垃圾桶都可能与网络相连，全方位内置的感应器让城市更懂人。

第十，5G将促进人工智能突破。从发展趋势看，当下人类社会已经进入到信息经济的最后阶段，正朝向人工智能阶段迈进，而人工智能阶段的开启也需要5G的支撑。毕竟人工智能对数据传输和处理的精度和实时性要求更高，其更智能的应用、快速响应都离不开5G超大带宽、超速传输、超低通信延时、超高可靠性的赋能。换言之，5G技术是人工智能全面格式化各行各业的关键一环。

综上，不管是推动产业革命也好，还是军事、战争需要也好，抓住了5G技术这个关键，很多问题都将迎刃而解。5G一旦全面落地，世界将进入一个大消费、大交通、大通信的爆炸时代，各行各业的运作方式都将发生革命性的变化。如果说4G动摇了传统产业，那么5G将直接革了传统产业的命。首当其冲的就是通信行业，通信行业大发展的同时将面临一波大减员。毕竟，伴随通信行业的智能化、无人化，5G云化转型为引入基于人工智能的自动化运维管理奠定了基础，在未来3～5年内或许仅需当前10%的工作人员来管理通信网络，而90%的原职工将在网络自动化的背景下面临换岗或失业。

不久的将来，也许正如沃尔沃公司哈坎·萨缪尔所预测的那样，“到了2035年无人驾驶汽车出现后，交通事故将下降80%”，汽车保险业将遭受重挫。自动驾驶、新能源共享汽车等在改变汽车供求链条的同时，也将直接冲击与之相关的汽车金融市场和传统汽车企业。5G技术的到来势必打乱原有的游戏规则，还将带来大量新经济的产出。此外，未来5G还可以形成一张区别于光缆、有线连接的新兴网络，也可以与互联网叠加形成一张复合的、疏而不漏的网。AI、5G、IoT（物联网）三种技术的叠加将构建一个车、路、人、家居等所有场景、所有物体互相联通的大体系，真正满足未来万物互联的应用需求。5G已箭在弦上，一场前所未有的革命浪潮将浩荡而来，未来你准备好了吗？

中国5G“弯道超车”凭什么

中国能在5G上弯道超车的原因，与华为这样一家公司是分不开的！要知道，手机的基带、系统、芯片技术，以及进行信息传递的基站技术，是实现5G的基本条件，据此再来看华为，简直堪称是超级能打的“全能选手”。在手机领域，2019年第一季度华为凭借着16%的全球市场占有率、34%的国内占有率跻身第一梯队。不仅专利申请、投入研发费用稳居全球第一，而且还拥有自主研发的麒麟芯片，配以领先的7纳米制造工艺和全新的AI功能等。随后还研发出华为鸿蒙生态操作系统，完美回击了美国和谷歌在手机操作系统上的技术封锁，这些都让华为成长为国内乃至全球的顶级手机制造商。而在关键的芯片研制领域，华为的核心零配件供应商竟然多达92家，在ICT（信息和通信技术）产业链上，全球与之合作的供应商超过1.3万家。其中，从华为所有供应商来看，超过30%的是芯片制造商，而芯片供应商中CPU芯片供应商又占到一半以上。不只是终端企业、芯片企业，华为在软件开发商、运营商等整个全产业链的打造与配套能力上来了个“大满贯”。就拿运营业务来说，既是华为的传统业务，也是华为的起家资本，现在仍是其营收主力，全球已有超过20亿人每天使用华为的通信设备，即使是在4G技术领先的欧洲，华为都有过半的市占率。2018年华为还发布了最新的组织架构，新成立了一个一级部门Cloud&AI（云和人工智能）产品与服务，意在加大计算与云业务等软件开发，支撑构建万物互联的智能世界。在5G的全产业链上，华为“软硬兼收”打得美国措手不及。

当然，华为能拥有如此强大的磁场，能达到如此之高的行业地位，离不开这些年华为在人财物、供产销等方面不遗余力地支持尖端领域的可持续大发展。华为每年营业额至少有约15%投入在科研上，18万职工中有45%是专门搞科研的，其中至少有700多位数学家、800多位物理学家、120多位化学家，还有6000多位专门做基础研究的专家、6万多位工程师。华为在麒麟980开发的半年中就投入了20亿元，共有1000多位高级半导体专家参与，进行了超过5000次的工程验证才最终量产成功。高素质的研发人才在高额研发投入的加持下“上山下乡”，从8000米以上喜马拉雅山的珠峰到零下40摄氏度的北极、南极及非洲的落后地区，遍布华为人的足迹，哪里需要往哪里去，拿着背包说走就走。

回过头来看看美国的苹果，苹果手机无论是在销量和创新上都再也掩盖不了华为的锋芒，芯片制裁事件中被华为自主研发的芯片“啪啪”打脸，华为以29%的研发投入增长率成为非欧盟国中增长最快的企业。从底层系统到App（应用程序）生态，从架构授权到芯片设计，从手机到5G，华为俨然一名“全优生”——全产业链布局、全产业链名列前茅。若是在过去，迫于美国的威势及3G/4G技术的长期“霸凌”，很多国家不可能会在5G的事情上轻易站边华为。可在大通信、全面智能化、数字化的信息经济时代，美国拿不出任何一家企业可以提供与华为相媲美的5G通信设备。业内人士都知道，5G频段有两段，一段是3GHz～5GHz

的厘米波波段，一段是25GHz～40GHz的毫米波波段，但毫米波电磁波频率越高，绕射性越差，需要增加5G的基站建设密度。增加密度意味着什么？意味着要花大笔资金增加建设成本和运营成本。别说美国在5G研发投入上被华为赶超，中国利用其特色的“举国体制”大批量搞基站建设，更是羡煞美国。根据工信部发布的2019年上半年通信业经济运行情况，目前中国各类移动基站（电台、微波、长波）总数达732万个，其中4G基站总数为445万个，占60.8%，预计2020年将建成100万个5G基站。截至2019年6月底，华为已在全球范围内签订了50份5G的商用合同，成为全球最大的5G设备供应商，同时5G基站的累计发货量达到了15万套。更重要的是，“全球有5G技术的只有几家，全球能做到微波的公司也只有几家，而全球能把微波和5G技术结合起来成为一个基站的，却只有华为”（出自任正非在采访中的讲话）。2019年，华为发布了业界首创的5G微波“1+2”[1]极简架构，提供最大20Gbps宽带，可节省50%以上的铁塔空间占用和安装交付花费。

至此，在5G通信链条上，从前端的芯片到中间的基站再到终端的手机，甚至到更高端的围绕无线电系统通信的各种游戏规则，如5G的极化码编制，华为都处于领先地位。以往美国是“中部塌陷”陷在基站端，如今美国“三段”全部开始落后于中国，也难怪特朗普会如此发急，对华为围追堵截，对中国总使绊子。

然而需要认识到的是，作为一个系统性的商业服务，只是能造5G还不够，能不能有足够大的消费市场去兑现5G产业链的价值和产品的价格才是关键。换言之，华为能够带着5G和芯片一往无前，除了顺应天时、地利，关键还在于人和，即中国庞大的消费人口托起的稳定且不可替代的超大规模市场。全球移动通信系统协会首席执行官洪曜庄在2018年互联网大会上称，现在全球有超过33亿人在使用移动设备访问互联网，仅在中国就有8亿人正在使用移动互联网，而美国只有1.8亿人使用互联网。以此来看，真正在应用4G/5G的消费市场，中国也

[1] “1+2”：指“1”面双频天线和“2”个任意频段（6～86GHz）射频单元组合。

要远大于美国。再者，虽然欧洲信息消费市场总量要比美国大一倍，却是一个极度碎片化的电信通信市场。在欧洲市场上，至少有26家电信运营商，洲内电信市场的碎片化必然会导致5G网络推出延迟、网速降低。反观中国，顶多“3（移动、联通、电信）+1（广电）”个通信运营商来分8亿消费者。而这“3+1”个运营商又都接连出手支持华为，腾讯、奇虎360等科技圈巨头都宣布全力配合鸿蒙系统的适配工作。中国8亿人的5G市场托起了华为鸿蒙系统互联互通的生态，也意味着谷歌将与其失之交臂。如此来看，背靠巨量信息消费市场，还有稳定完整的通信生态作支撑，不只是华为，就全球来看，中国也将处于绝对领先地位，从而可在5G时代“弯道超车”。

6G存在天然局限性

眼瞅着无力再与中国5G相抗衡，急红了眼的美国居然寄希望于埃隆·马斯克的“星链”计划，试图通过1.2万颗卫星开建太空互联网，直接跳过5G部署6G。那么，6G又是什么？对此，有人认为6G是基于太赫兹频段，有人认为6G等于“5G+AI 2.0”，还有人认为6G等于“5G+卫星网络”。若按照过去通信发展的规律推测，6G顾名思义指的就是第六代移动通信标准，其最大的作用将是促进物联网的发展，理论上最快的下载速度可达1TB/s。根据埃隆·马斯克的说法，6G就是能在5G基础上集成卫星网络来真正实现全球无死角覆盖，保证世界上的任何角落都能通信。

事实上，6G与5G的本质区别，又怎么可能仅仅只是联系空间更广？更主要的是通信方式的版本升级，解决的是社会、经济运行方式的问题。如果说5G是为了解决人与人、物与物、物与人之间的无线通信、无线上网问题，让物联网成为现实，使AI得到更广泛的应用，那么6G的sub-1THZ频谱则能够连接万亿移动设备，而不仅仅是5G网络所提供的“数十亿”。不单如此，相较于10GB/s的5G而言，6G技术理论上的通信速率至少在5G的基础上提升100倍，网络的延迟将从毫秒级降至微秒级。就此来看，6G的确是个好东西，那么6G的基础条件究竟是什么？6G若要实现100倍于5G的速率，需要做到的有：

第一，需要更“致密化”的基站与Wi-Fi迭代。6G信号的频率已经在太赫兹级别，而这个频率已经进入分子转动能级的光谱了，很容易被空气中的水分子吸收掉，而且频率越高、传播损耗越大。为了保证信号和通信体验，6G基站覆盖的密集度将无以复加。与此同时，6G要实现全息全维通信覆盖，就得做到即便遭遇沙尘暴、地震等自然灾害都能通信无阻，这就意味着要对当下不稳定的Wi-Fi进行升级迭代。

第二，得搭建一张全维的复合网。既然6G旨在实现全球所有角落的覆盖，光有地面基站还不行，还需要在太空或半空中悬浮的无人机、直升机或卫星等通力配合，新一代无所不在的蓝牙也必不可少。如此，方能实现远中近各个角落的6G全覆盖。

第三，6G至少需要15年左右的技术积累。事实上，5G的毫米波技术并不是在4G显示出局限性时才开始研究的，其理论基础早在2000年就已经完成了，但工业界毫米波技术的成熟却是在10～15年之后。到现在，毫米波5G的大规模商用部署仍然是一个难题。5G的毫米波尚且如此，更何况是6G使用的太赫兹频段呢？

很显然，美国想借6G“弯道超车”，但是实现6G的基本条件都不成熟，更何况以卫星做基站、捆绑式构建6G还存在着天然的局限性。关键的问题是，卫星的微型核动力尚无重大突破。一般卫星依靠太阳能帆板提供能量，不单无法保障能量充分供给，寿命也十分有限。倘若卫星在微型核动力上有突破，就意味着

“6G卫星”将拥有更多的能量、更强的适应能力、更长的寿命，还能搭载更多的通信设备，很大程度上也能延缓报废而带来的太空垃圾危机。然而目前的技术根本做不到，也无法承受因核动力卫星坠毁而带来的不可预估的核辐射伤害。就算核动力问题突破了，无线电通信技术还包含着各种概念下的应用突破，诸如频率、频道、信道、带宽差值、高频、短波、微波等。唯有所有技术突破均完成，方能真正实现“6G卫星”落地。

然则就“6G卫星”的技术可行性来看，单是从终端的发射频率角度来看，功耗太大吃不消，太小了卫星也收不到。目前手机与基站的距离仅几百米，最低发射功率只有毫瓦级别。但若要与3万多公里外的卫星保持100Mbps的通信速率，发射功率要非常强，除非把手机做成微波炉（加大功率）。可这样做，脑袋不就要被电磁辐射烤焦了吗？再者马斯克“星链计划”中，下行发射信号频率是11GHz～12GHz，上行频率是13GHz，而平常智能手机连接的Wi-Fi频段分别是2.4GHz和5GHz，二者根本不在一个频道上，又如何接收卫星信号？还有一点值得注意，当初马斯克提出建6G卫星，关键是因为拼不过中国“举国体制”下的大批量5G基站建设。可星链卫星的频率太高，绕过障碍物的能力更差，信号不好必然会影响用户体验感，没人用还如何圈钱？对此，马斯克想出了一招，即采用卫星地面基站辅助，并计划从2020年开始在美国本土、阿拉斯加、夏威夷等地建立100万个地面站。绕来绕去，这不又绕回到美国最头疼的基建问题上了吗？再者，5G数据传输速率可达1Gbit/s，6G要实现全息全维，传输速率就要达到4.62Tbit/s，相当于5G网速的成百上千倍。然而一颗卫星的总信道容量顶多也才20Gbps，平均到每平方公里才0.47Mbps/s，还不及5G的体验。

此外，就“6G卫星”的负效应来看，一般GEO（地球静止轨道）卫星远在3.6万公里外的高轨区域、LEO（低轨道）卫星则位于2000公里外，可以大幅度降低网络延迟、优化网络体验，然而，胆大心大的马斯克竟然要进一步降低卫星发射轨道，计划将卫星发射进340千米高的超低轨道，以完成全球全空间无死角的Wi-Fi覆盖。暂且不论他的发射能否完成，如此密集的卫星发射，从废弃卫星到大量的轨道碎片等，将累积大量太空垃圾，它们极可能形成恶循环，导致凯斯勒综合征[1]。要知道，马斯克的SpaceX才发射1个多月，就已经与3颗星链卫星失联。即便如马斯克所言，星链卫星在设计和材料上都是清洁的，一旦进入大气层就会很快解体，但问题是大多数失控后的报废卫星，需要数千年才能重新进入地球大气层，燃烧成灰烬。而在此期间，除了马斯克的星链卫星，还有成千上万颗其他企业、其他国家、其他材料的人造卫星发射升天，会制造海量的太空碎片。彼时，最浪漫的事恐怕就会由“陪你去看流星雨”变成“陪你去看太空垃圾雨”了。就此来看，“6G卫星”还只是“镜花水月”，无论是基础常识还是技术手段，都不足以支撑“6G卫星”落地。

5G让国家重新洗牌

5G标准问题必将引发谁将主导产业发展的大争斗！可是5G系统到底涉及哪些领域呢？仔细梳理可以发现，实际上5G系统包含三层：一是顶层，内含编码标准、操作系统及各种应用软件；二是中间层，主要是基站设备、光通信设备等；三是底层，囊括终端设备、各类感应器以及手机。在此产业链中，目前世界各国又是何种格局呢？

其实，在5G产业链中，美国已经陷入了“中部塌陷”。虽然美国在移动通

[1] 凯斯勒综合征：美国科学家唐纳德·凯斯勒于1978年提出的理论。该理论指出在太空垃圾过于密集的情况下，一颗卫星偏离轨道或者遭到一颗流星的撞击时会产生连锁反应，进而有大量卫星被毁，变成太空垃圾，对国际空间站等航天器的安全构成威胁。

信上下层仍然占据优势，但中间环节却正在被中国华为抢占。在网络设备提供商领域，华为是老大，美国竟没有一家公司在第一梯队；在移动设备领域，美国的苹果公司也在被华为超越。而且，比“中部塌陷”更可怕的是美国5G产业已面临全方位的挑战：前有来自外部的强势冲击，美国发展5G绕不开华为和中兴的专利、中国基建优势无人能及等现状，这些都让美国很头疼；后面又有一个“挖空心思薅羊毛”的政府，也怪不了运营商不卖力，以致自上而下拖累5G技术的发展。美国2017年600MHz频谱拍出了高达200亿美元的天价，2018年28GHz 5G频谱拍卖中标者们的5G牌照购买费用也达到了7.02亿美元，如此巨资，运营商只得将其转嫁分摊到5G消费者身上。与此同时，基于商业利润和成本回收的考虑，谁都不想到穷山恶水的落后地区建网，而这不单减弱了5G基站市场覆盖率，也限制了美国产业界未来创新的想象空间。毕竟，优质的5G网络是无人驾驶、人工智能、虚拟现实和其他尖端技术等的必要条件，这是产业界共知的事实。既没有应用市场和用户规模的优势，又缺少政府的帮衬，意味着美国在争夺全球5G主导权的竞争中将受到极大的限制。

回过头来看中国，大通信时代让中国优势从应用消费端不断延伸至生产研发。中国5G的规模优势自不必说，不单有14亿人口的5G消费大市场，而且拥有中国移动这样全世界综合实力最强、用户量最多的电信运营商，还拥有全世界第一大通信系统设备制造商华为。不仅如此，世界十大手机品牌，中国已经占据了7席，还有BAT（百度、阿里巴巴、腾讯）及大量新兴的互联网应用业务开发商。另外，在芯片领域，华为的麒麟芯片也在崭露头角。总而言之，中国不但包揽了全球最大的通信市场，还形成了一个自上而下的完整生态体系。再加上举国体制大政府模式的倾力支持，中国5G想不领先都难！看看慷慨的中国政府：自5G频谱使用许可证发放之日起，就实行了“头3年减免，后3年逐步到位”的优惠政策，给足了通信运营商“撸起袖子加油干”、大搞技术研发的动力和底气。于是中国到处都在建基站，力图5G网络全覆盖。

全球通信格局要变天了！面对逐渐丧失5G主导权的挑战，美国不管不顾地把经济问题政治化。这边华为任正非之女孟晚舟在加拿大被无端拘押事件风波未平，那边美国就以国家网络安全等理由施压、撺掇“五眼联盟”（包括美国、英国、澳大利亚、加拿大和新西兰）组团封堵华为，试图将华为排除在5G网络建设之外。但华为对此强势回应“凡杀不死我的，必将使我更强大”，反手就甩了美国一巴掌——先是起诉美国T-Mobile侵犯华为专利技术，紧接着冻结了日本“四大家族之一”安川公司的工业设备订单，继而切断了新西兰5G技术支持，还取消了两个外交活动，给加拿大造成了高达90亿元的损失。毕竟，华为在5G领域的底气是有目共睹的：作为全球最大的电信设备供应商，华为控制着信道标准，已与全球42家运营商合作开启多张5G预商用网络，且业务已遍布全球170多个国家和地区，别的国家想要更换设备，就是一笔不小的投入。因此，大部分国家无论是从经济效益还是从成本投入来看，基于商业利益问题也纷纷改口，准备与华为合作。在看到华为拿下22个5G商业合同的订单后，葡萄牙、印度、芬兰等纷纷与华为达成5G协议，就连决定要禁止华为的德国、英国、法国、捷克等也改口，表示愿意与华为达成合作协议。自此，5G通信产业已经与企业事、国事紧密联系在一起，即便美国从中作梗，也阻挡不了华为乃至中国“金戈铁马”蹄疾5G之战略步伐。

显而易见，5G大通信就像金庸武侠里的一把“屠龙宝刀”，谁能率先抢到谁就能号令天下，于是大国博弈持续加码。美国在狙击华为不成后，急着率先在美国12个城市推出移动5G服务；日本几家大型运营商纷纷开始进行5G应用测试，2019年2月9日，更是利用5G通信技术进行了国内首次公路自动驾驶试验。全球主要国家和地区竞相在5G领域“运功发力”。然则，与5G相关的产业链、产业分工，又导致各国纠葛难解难分。众所周知，深度全球化让世界变成了地球村，任何一件电子产品都会涉及全球无数国家和企业的分工合作，5G产业概莫能外。具体来看，5G系统分为6个领域，即标准主导、芯片研发与制造、系统设备的研发与部署、手机的研发与生产、业务的开发与应用，还有运营商的能力。全世界的5G发展，欧洲强在系统，美国强在芯片，中国强在综合实力，这也注定了任何国家发展5G产业，都免不了要与其他国家和企业合作。

可当各国都纠缠于5G关联的“家事”、国事之中，欣喜于5G编织的未来盛世图景时，却不知5G给整个人类社会出了一个大难题。如果说地球有大自然创造的大气层，那么随着科技、社会和经济发展，人类又创造出了一个电子层。5G全新的高能量释放，除了会激发更多的“电子污染”，新的5G智能手机还将淘汰掉大批量的旧手机，产生大量的电子设备垃圾污染。另外，伴随过度发达的，将是极度的敏感与脆弱。因为谁也无法保证太阳黑子活动不会再度发生“电磁暴”，并对地球上的现代科技诸如供电网络、通信系统和人造卫星等造成干扰，尤其是对以短波通信为主的5G产业。可是放眼当下，家居、商店、医院、火车站等到处都在实现电子化，一旦发生电磁暴，后果不堪设想。再者，5G时代倚仗的是大批量的基站建设，一旦发生强地震导致基站倒塌、网络中断，人们又没有传统的纸币用以购买生活必需品，届时或将导致社会大乱。此外，黑客攻击如何解决？尤其是伴随物联网和家庭摄像头面大量广的出现、5G全面商用来临，人们的隐私问题如何解决？显然，5G有着两副面孔，可人们对此却“只知其一不知其二”。

以此来看，人类的经济发展依然是一张“单程票”——一味追寻效率与效益，却鲜少关注负面效应。当初共享单车演变成垃圾围城如此，互联网出现隐私泄露也是如此，到了5G物联网时代，若不想因为“大面积黑客攻击、全面电子化突然集体中断、电子污染”等弊端而手忙脚乱，未雨绸缪势在必行。对此，部分企业已经开始有所行动，2019年华为1号文件提出的，就是防范网络安全，“把网络安全和隐私保护作为公司的最高纲领”。这也再度印证了一个事实，即5G时代确实需要一张应急管理的“回程票”。

事实上，以互联网行业为例，前阵子中国政府通过网联（网联清算有限公司）将第三方支付的各种“宝宝”集体收编；最近又搞了一个信联（百行征信有限公司）来进一步规范互联网金融信贷。基于此，5G时代也很有可能会采取类似“汽车驾驶执照的12分扣分”制度、“饿了么外卖骑手记分管理”制度的新规举措，对泄露隐私的企业和平台实行严格的扣分规制。与此同时，为以防万一，有必要保持电子科技与传统操作应用场景的双运行，比如保留部分传统纸币支付方式以应对突然断网的突发状况。当然，除了约束和预防，网络安全和隐私问题也将在5G物联网暴露的危机中释放出巨大的市场红利。不仅已有的网络安全维护产业将愈发兴盛，还将诞生与之相关的一批新兴产业和企业，譬如“白客”管理平台、电子垃圾污染治理回收配套产业等。若问5G的红利到底归谁？显然最终将归于那些未雨绸缪者。换言之，谁能超然于时代大格局之上提前布局，谁就将享受更多的5G红利！

05

货币“变天”

无论各国政府如何严防死守，都不过是最后挣扎——发币权从政府向数字世界转移是大势所趋。如果说农耕文明的货币是金银、工业文明的货币是纸币，那么数字货币将是信息文明的货币。货币的本质及其内置的金融衍生功能早已决定，至少当代货币形态难以随着经济的变化和文明的变迁演化出最优解。

发币权转移：从政府向数字世界

2019年6月18日，Facebook（脸书）正式推出加密数字货币Libra，让币圈沸腾。不料，美国政府以反洗钱、反恐怖主义融资为由，发信公开呼吁Facebook暂停Libra项目的开发，并对Libra举行国会听证。有议员直指“Libra对美国的伤害堪比‘9·11’”。面对Libra这一新物种及其一波三折的发币进程，是阴谋，还是阳谋，自然众说纷纭：“密码朋克”[1]大谈数字货币战争论，将其视为主流社会接纳加密货币的里程碑事件，认为终结法币统治指日可待；阴谋论拥护

[1] 密码朋克：一批“极客”的联盟，他们提倡大规模使用强加密算法来保护自身基本自由免受攻击，同时反对任何政府规则的密码系统。该联盟没有正式的领导阶层，一般情况下通过加密邮件列表进行联系。

者直指美国意图以Libra无国界货币及银行体系，击溃他国法定货币体系、外汇及金融市场，掌控数字时代的货币霸权，其心可诛；保守观点斥责数字货币欺诈，Libra与比特币等一众数字货币皆为泡沫、骗局，“新瓶装旧酒”只为割韭菜；传统金融机构战战兢兢，唯恐超大体量数字货币流动，恐扰乱金融秩序；吃瓜群众调侃扎克伯格野心论，认为Libra只不过是垄断巨头攫取“铸币税”的工具……拨开舆论的纷纷扰扰，Libra究竟是什么？为何惹得国家机器如此紧张？

Libra本质上是“中心化的钱包+联盟链的支付架构+国际化的货币”。尽管同为搭载在区块链技术上发行的数字货币，但区别于比特币、莱特币等“空心币”，Libra理论上锚定多国法定货币组成的“一篮子货币”，且是一个100%备付金的货币。也就是说，产生多少Libra币，就必须有多少稳定的等价资产进行兑换储备。Libra也因此被视为区块链思想的落地与延伸，是迄今将数字货币引入主流社会的最大胆尝试之一。在一定程度上，国家机器打击Libra正在于数字货币的通病。

一方面，利用互联网洗钱是当下跨国金融犯罪的主要手段之一，而数字货币无疑是互联网洗钱的最佳工具。数字货币没有发行银行，没有用户注册信息，没有账户及余额，甚至连发行数量也由平台后台特殊的计算模型所支配，加之点对点交易模式且跨境转移极为便利的特性，无法被有效纳入监管网络，反倒成为逃税、漏税活动的重要通道，甚至还为洗钱、恐怖主义融资等违法的跨境资金活动创造了便利。

另一方面，从防范金融风险的角度来看，数字货币愈发生猛的发展势头，也让众多国家难以淡定地袖手旁观。此前，比特币就已让我们见识过“异常金融领域的混乱”，从2009年的单价0.003美元（1万个比特币才能买两个比萨），到2017年年末一度接近2万美元，8年暴涨666万倍以上，让一切投机黯然失色。类似的故事也在莱特币、以太币等领域换个马甲上演。只可惜加密货币的基础设施其实都与其以指数级速度增长的市值越来越不匹配，如投资者需要平均支付28

美元才能进行一单比特币交易，且需要平均78分钟来确认一次交易，十足的“盛名之下其实难副”，金融投机性远超其实际价值。当数字货币游离于监管机制之外，并让整个市场处于金融游戏中，政府岂能置之不理？

而追根究底，打击Libra是国家对数字货币呈现脱离国家监管趋势的应激反应。要知道，古时货币作为国家统治的一种手段，国民只能被动接受。而在近现代，尽管封建王权已被颠覆，但国家仍牢牢掌控着货币的发行权。1844年，《皮尔条例》规定不再增加私人发币银行，现存银行的货币发行额度受到限制，成为近现代国家介入货币发行的关键节点，标志着现代意义上的央行地位被确认，即“发行的银行、银行的银行、政府的银行”。而1971年之后，美元率先挣脱黄金束缚，成为完全基于国家信用的纯粹纸币。这个先河一开，在全世界范围内实现了法币的空前解放，货币彻底实现了“国家化”，自此，国家（政府）获得对法币制造、发行和流通的绝对垄断地位。国家也在这种“唯我独尊”的地位中上瘾。毕竟，货币是金融体系的基石，而谁掌握金融，谁就掌握世界。典型如美国，用金融经济把实体经济变成自己的奴婢，也使整个世界匍匐在了美元的脚下，一手美元贬值的伎俩就能让手握美债的全球帮美国还债，一手美元升值回流全球资本就能断了新兴市场的生机。

但不料IT精英与数学高知们自立门户，携数字货币滚滚而来。10年之前比特币网络第一个区块被挖出时，中本聪嵌入文本，“《泰晤士报》2009年1月3日，财政大臣站在第二次救助银行的边缘”。[1]10年之后，Libra白皮书开篇霸气侧漏：“Libra的使命是建立一套简单的、无国界的货币和为数十亿人服务的金融基础设施。”显然，数字货币直奔取代法币地位而来，难免招致国家机器忌惮。于是乎，俄罗斯加紧推出法案，禁止加密货币对商品和服务进行结算和支付的行为；印度政府已开始就一项禁止加密资产的法案草案进行部际磋商；英国金

[1] 界面，《数字货币的信徒们：退还资金后仍寻找其他交易途径》，2017年9月25日。

融行为监管局提议，将禁止与比特币等数字货币相关的金融工具……

然而无论政府如何严防死守，都不过是最后挣扎——发币权从政府向数字世界转移才是大势所趋。首先，若遵循第一性原则，回归货币本质而言，货币并不属于国家特权。以亚当·斯密为代表的经典经济学家认为，货币源于普通商品，属于一般等价物，马克思政治经济学进一步推导“货币价值由凝结在商品中的无差别的人类劳动决定”，而非由国家决定；新制度经济学家认为，货币的本质是一组合约，是一群市场主体共同协商的一种解决市场交易的制度安排；以菲利克斯·马汀为代表的政治经济学派则认为，货币的本质就是信任，这种信任不取决于它的发行方是国家还是个人。可见，主流经济学派对货币的论述中，都直接或间接地否认了国家机器发币的唯一性。事实上，在人类历史上，曾经存在过任何个人、社区和经济实体都可以发币的历史阶段，且即使在法定货币时代，也存在大量的非法定货币作为补充。如《货币制度的世界史》一书中就讲述了大萧条之后，美国华盛顿州特奈诺集镇协商用木片充当货币的故事。[1]

其次，现行发币机制、货币体系不仅让全球陷入滔天货币洪水，也导致金融资源失衡积重难返。当政府控制发行货币的权力，这一方面就使不受约束地发行货币成为可能。自20世纪70年代开始，各国的货币供给均呈现加速状态，单是2008年全球金融危机后的10年里，中美两国就投放了27万亿美元左右的纸币。而大开印钞机最直接的负面效应就集中表现在第四次金融危机的爆发。这一危机2018年已率先在新兴市场国家登陆，2019年则蔓延至核心国家中美两国。另一方面，美元霸权下货币资源严重失衡，美国GDP占世界GDP之比约24%，美元在全球外汇储备中占比高达61%以上；世界上有160多个国家及地区占世界GDP比

[1]　1931年，受到大萧条冲击，美国华盛顿州特奈诺集镇上1055家银行全部停止兑付，一时间城中的交易瘫痪。但是，商工会议所计划发行相当于储户存款25%额度的证书，其中一部分证书以印刷了25美分等面额、明信片大小的木片形式发行，商人们同意接受这种货币，并以此渡过难关。

重约一半，但货币占全球外汇储备不到6%。在这样的货币金融生态之下，其他金融资产又岂能独善其身？事实上，全球目前有17亿人没有银行账户，占全球总人口的31%。而这些没有银行账户的人，为了参与社会金融，每个月要付出4美元以上的手续费。概言之，无论是避免为了一国之私滥印纸币，还是为了对偏态金融生态的纠偏，发币权重新分配都有其必然性。

最后，数字经济体发币也有其内在逻辑。从经济形态的内在需求看，在数字世界，货币形态必须是数字化的，在一个跨国平台上，必须有超越国家标志的一般等价物。货币是经济社会形态演变的集中体现，不同的经济社会形态往往会催生相应的货币形态与其适应和匹配。数字化与超越国家形态的货币作为一种基础设施，正是数字世界与跨国平台成长过程中的必然要求。从交易成本的维度看，在数字世界用数字货币承担支付功能简单便捷。当下，线上支付流程战线冗长，至少包括：客户提交支付信息—商家服务器把客户支付信息转发给支付网关—银行后台服务器确认—银行将资金转拨至商家银行账号。若由数字货币承担此功能，仅客户支付、商家即时收款，一步就能搞定。此外，数字经济体发币也有其私心。如Libra关于货币发放的管控问题由百人（法人）委员会（目前已经公布名单的有29家）集体决定，以区别央行、将注册地选在著名的中立国瑞士等，显然怀揣着一颗“走向世界”的野心。

席美尔在《货币哲学》中谈道：“货币经济一方面使一种非常一般性的、到处都同等有效的利益媒介、联系媒介和理解手段成为可能，另一方面又能够为个体性留有最大程度的余地，使个体化和自由成为可能。”这一席话已经预判了在货币金融领域，绝对垄断状态将逐渐被改变的趋势。事实也的确如此，法币的“一统天下”正在解构，货币战争的号角已经吹响。比特币早期不过是“星星之火”，如今摩根大通的摩根币、Facebook的Libra等正成气候。随着更多的变量加入，构成“燎原之势”，不无可能。

数字货币缘何走上历史舞台

数字货币成为未来货币的相关议题已被顶在杠头上。其实，“我们究竟需要怎样的货币”，是一个古老且悬而未决的难题，也是人类在每一次经济危机中都会追问的一个终极问题。《盐铁论·错币第四》中谈到，“故教与俗改，弊（币）与世易。夏后以玄贝，周人以紫石，后世或金钱刀布”，揭示了货币介质、载体变迁的基本规律。回溯历史长河，人类文明进步的本质，其实就是商品、信息的流通及资源和人力的有效配置，而为实现人尽其才、地尽其利、物尽其用，货币从商品世界中脱颖而出，在历史沉浮中变迁。德拉克马银币见证了古希腊文明的全盛时代，圜钱诠释了大秦帝制的演变规律，无论是上下五千年的中国史，还是上下三千年的世界史，其实都是一部货币史。

在茹毛饮血的远古时代，生产资料相对单一、生产关系过于简单，以物易物完全可以满足人们的日常需求。但随着生产力提升，人类进入农耕文明时代，效率低、成本大等以物易物的限制愈发凸显，于是部分实物从商品世界中分离出来，被人类理性赋予了货币的功能，成为社会交换的一般等价物。在此过程中，货币载体从牛羊、贝壳、盐等历经自然选择，逐渐过渡到以金银为主，其重要性从马克思“货币天然不是金银，但金银天然是货币”一句话中就足以见得。但金银并不是万能的，而是在农耕时代生产为主、交易为辅的时代背景下才能实现有效运作。彼时并未形成大规模的商品经济，货币交易需求相对有限。如我国商品经济发展始终未能突破封建主义的藩篱，长期被封建政治左右，在官营为主、私营为辅的生态中饱受牵制；再如西欧由于领主经济模式和封君封臣制度导致分裂割据，商品经济长期处于极其缓慢的发展状态。一旦面对交易量极大的市场经济，极为有限的金银货币便难以承担一般等价物的功能。尤其在经过两次工业革命后，黄金的采掘和生产早已经跟不上经济发展的步伐，金本位制度逐渐沦为束缚全球经济前进的桎梏，对黄金的迷信也因此付出了惨痛代价：20世纪初，英美德法四国的央行身体力行亚当·斯密“以纸币替代大部分金银是空中楼阁”的观念，强化金本位制度，反而使得战争赔款造成的经济创伤始终无法得到根治，最终诱发了1929年的经济危机。由此观之，工业文明背景下，纸币的出现是货币发展的必然形态。从此，货币形态从具体的贵重自然实物过渡到抽象的价值符号，货币价值基础由天然稳定的实际价值，向发行货币的主权国家的政府信用转换。而这一货币“去自然化”的过程，客观上也打开了“潘多拉魔盒”。当国家信用成为货币的“正当性”来源之际，也正生成了货币的新魔魅，无论是伯南克“直升机撒钱”论，还是“安倍经济学”，皆为例证。雪上加霜的是，纸币也为金融脱离实体自娱自乐创造了便利，成为近现代金融危机的源泉。清末1866年、1883年、1897年和1911年的4次金融风潮，就与货币存款的乘数效应息息相关。这4次金融危机更进一步见证了货币在自我交易中逐渐衍生、异化为虹吸社会财富的黑洞的事实。

在一脚踏入信息文明的当下，负面效应愈发显现的纸币，显然非理想之选，更何况信息文明太特别：一方面，相较于农耕文明、工业文明的发展演进，信息文明本质上就是一个无中生有的“突变”。前者以传统的生产要素、物质性资源为基础，比如，人类早期经济活动中的手工劳作—农耕经济下的手工业发展—工业经济下的现代加工工业，其实是一脉相承的发展逻辑。后者的诞生与发展则直接基于思想——1961年6月，克兰罗克博士的论文首提分组交换的思想，奠定了互联网的基础理论基础；而中本聪在2008年11月发布的《比特币：一种点对点式的电子现金系统》则更新了互联网的链接形式，重新定义了信息文明下的财富系统。另一方面，如果说农耕经济、工业经济表现出加速度的线性增长曲线，那么信息文明下的数字经济则是指数级增长。摩尔定律和梅特卡夫定律（即互联网的价值随着用户数量的增长而呈二次方程式增长的规则）揭示了数字经济不仅有超乎寻常的增长趋势，而且将爆炸性地向经济和社会各个领域渗透、扩张。以加密货币为例，在其诞生的第10年，总市值一度飙至8300多亿美元（2018年1月数据），论体量可进入全球前20大经济体之列，即便当下总市值缩水至3154亿美元，但仍接近新加坡、马来西亚等国的GDP。更进一步分析，若从信息文明的本质来描绘未来货币的形态，从浅层表现形式看，在互联网架构上发展的数字经济，生产与交易都以数字、比特为载体，所以一般等价物首先必须具备数字形态——通过计算机语言来表现出来的货币形态，脱离货币原本的物质和物理形态。

事实上，目前非实体或非实物化的货币形式已经初显端倪。银行电子货币、互联网巨头自行推出的百度币、Q币及加密货币等，尽管货币功能残缺不全，但也在客观上迈开了数字化的第一步。从深层机制设计看，互联网从根本上创造了一个不分国界的线上世界，数字经济是天然的无国界经济，一般等价物必然也是超国界的。互联网本身就是分布式、大众账簿式的系统，深植去中心、扁平化的基因，通过技术，肢解传统主权国家行政划分。依赖开源精神和技术，互联网的本质与开放社会不可分割。于是在云端，人类经济前所未有地形成了世界性的统一市场，资本、人力、商品、知识趋向无障碍流动，在这里创造和分配价值，本来就应该有超国家概念的、区域性乃至全球性统一的货币体系。

毋庸置疑，如果说农耕文明的货币是金银、工业文明的货币是纸币，那么数字货币则将是信息文明的货币。而当货币的形式、机制设置随着经济形态的变化而变化，货币的权力也将随着文明的变迁而转移。因此，铸币权也将不可阻挡地从以中心之最的国家为主，导向网络社会、数字世界。只不过，在金银、纸币的权力交替、转移中，往往舞刀弄枪，充满血腥与冲突，而当下伴随数字货币替代纸币的铸币权交替，则更呈现和平演变的特征。尽管Libra有七国集团反对、美国众议院叫停，加密货币交易限制政策频出，但多是不流血的厮杀与博弈，更何况市场上也涌现了诸多谨慎的“超主权”“去主权”的尝试。一种是“超主权货币”范畴，以国际货币基金组织（IMF）计划发布的eSDR[1]为代表，这些货币传承法币基因、承认主权的存在，但对信用货币进行“去国家化”操作，实现跨国利益主体的共享参与。另一种则是“非主权货币”概念，这种货币的产生与发展以一个规则、一个算法、一种技术为基础，与国家和政府不存在关联性。相较于“超主权货币”，“非主权货币”显然距信息文明下的数字货币概念更接近一步，但是应用范围相对较窄，如摩根币（JPM Coin）和IBM的加密币Verde。但无论如何，这两种概念的提出与应用都已经指出了信息文明下发币权力在润物细无声中交替的趋势。

综上，货币经历了数千年漫长的迭代和淘汰，跟随经济形态、文明发展而演进。随着信息文明滚滚而来，数字货币走上历史舞台已是大势所趋，货币权力也将从以中心之最的国家为主，转向数字世界自产自销、自我决断、自我发行。不夸张地说，这种游离在任何传统行政主权之外的货币体系，将改变自秦始皇及之后建立的基本规则，即货币发行权与政府的核心权力及责任挂钩。“在货币的冲击之下，任何社会都要脱胎换骨”。就长期趋势而言，数字货币不仅是一种交换媒介，它还将改变、催生许许多多新业态、新经济、新文明。

数字货币能否成为理想的未来货币

随着数字经济滚滚而来，信息文明兵临城下，货币的形态已显示出电子化特征。顺应此逻辑，理论上货币形态将进一步向数字化跃迁，货币的权力也将从国

[1] eSDR：即特别提款权（SDR）基于区块链技术升级为数字版的创新。

家向数字世界转移。不料，数字货币的梦想却照不进现实，反而受到方方面面的监管压制。可以说，当下货币领域的根本矛盾是公司币与主权币的博弈。

置于大时代背景中来看，这一现象由国家机器权重抬升所致。在下一个时代，无论是基于国家政权的安全考虑，还是从国家自身的经济利益出发，抑或是对跨国企业、资本及科技野蛮扩张“物极必反”的约束与收敛，国家机器的权重都将上升进入鼎盛时期。眼见数字货币超越国界，国家岂能心甘情愿地将发币权、话语权拱手相让？更何况信息技术的两面性也决定了在创造“新自由”的同时，也为国家管控提供了新工具。各类信息技术落地成基础设施，看似前所未有地拓宽了自由的边界，但又事无巨细地加强了对人的控制。

而追根溯源，货币主流形态迟迟不向数字货币靠拢，则是由数字货币的基本局限所致——难以剔除货币与生俱来的恶。货币形态可以发生颠覆式的变化，但“江山易改，本性难移”，除非金融本身退出人类经济活动，否则它一旦脱离产业、经济社会的基本需求，以“自金融”的形态存在，即成为自我循环、自我增值的行业，到最后必然会不断膨胀，成为虹吸社会一切资本与资源的“黑洞”。具体而言，数字货币的初心是为了挣脱央行垄断下货币超发带来的通胀恐惧，殊不知其总量上限的设定，反倒为单个币值如野马脱缰般狂奔提供了便利。毕竟数字货币若要回避金银时代的通缩魔咒，总市值至少要突破黄金市值7.4万亿美元，这便意味着单个比特币的价格要远高于40万美金。试问谁能抵挡如此疯狂的增值诱惑？于是，技术的作用被过度神话，通过不断被赋予更多的故事与概念，拓展了金融价值。其间，无数加密币一步步沦为“空气币”“传销币”，甚至还玩出了金融衍生的功能。从以太坊到比特币黄金，各种ICO（首次币发行）打开了类似股市IPO（首次公开募股）的融资新渠道——仅持白皮书就可先发布项目众筹，并以发行新代币作为回报。而这些新代币又能进入二级市场流通，等于变相的金融证券化。一时间，几乎所有挖矿的人都去炒币了，炒币的人都去玩ICO代币发行了，疯狂到一个寻找七龙珠召唤神龙的ICO项目也能成功发行。可谓

“韭菜庄家一相逢，便胜却人间无数荒诞”。就此意义而言，货币的本质及其内置的金融衍生功能早已决定，至少当代货币形态是难以随着经济的变化、文明的变迁而演化出最优解的。

因此，尽管信息文明下“数字化的架构+去中心的内核”看上去完满得激动人心，无奈外有国家权重抬升，内有货币金融原罪深植，数字货币难以全面落地，与现实社会实现无缝对接。不过，这并不意味着信息文明下的理想货币方程式的解法将被束之高阁、遥不可及。历史已启动，底层架构是数学、中层思想是哲学、顶层是人性的区块链，已成大众的启蒙哲学。[1]对于底层数学基础而言，区块链是有史以来第一次从技术层面建立去中心化的信任共识。其价值不仅在于为化解货币超发、泛滥问题提供了可能，也为重塑社会其他领域及运行方式提供了无限的想象空间。对于中层哲学意义而言，区块链相当于让每一个参与者都持有一把钥匙，并有效率地把权力通过点对点的网络链接分散出去。这将革新社会的运作方式，让信用公证的权力从“国王、牧师、精英、公司和暴徒们”手里转到每个个体手上，甚至可以实现马克思主义理论的理想——建立一个自由人联合体的世界，“每个人的自由个性及其全面发展”。对于顶层人性基本而言，人的天性就是去中心化。无论是“人不为己，天诛地灭”，还是赫胥黎论述人文世界的发展必须压抑人的“自营”，都揭示人不想以别人为中心、希望以自己为中心的本能。区块链正暗合人类天性，怎能不激发无限憧憬？

当下对区块链的信仰，催生了货币形态愈发契合信息文明、数字经济的动力，最终也将引导公共货币登上历史舞台。从根本上区别于数字货币。公共货币是“用于交易的，不是炒的”，将彻底逃离货币金融“入魔”的轨迹。当然，这样的一个新货币概念从形成到发展必然会经历“九九八十一难”：先在货币形式上历经“电子化—数字化—加密化”的演进，后在内容上走“武装割据”道

[1] 今日头条，《蔡文胜：区块链底层是数学，中层是哲学，最高层是神学》，2018年2月4日。

路。届时各种数字币将同时驰骋并激烈抢滩市场份额，其间还会形成币种之间的类似外汇交易的场所。当下各个国家和地区闻风而动，各数字币种争霸的锋芒已初露。近日，中国强调要加强对区块链的研究和应用，多个央行相继推出央行数字货币项目，如中国央行已稳步推进数字货币5年之久，乌拉圭也启动了相关试点项目，巴哈马群岛、东加勒比货币联盟、瑞典和乌克兰即将测试各自的系统。而在历经几番厮杀后，最终或有国际机构出面协调，形成形式上、内容上统一的公共币，即拥有加密化架构，并能承担一般等价物功能。在一定意义上，网传的IMF要发数字币的消息，正是在这条货币发展的道路上前进了一步。伴随公共货币的逐步成形、全面铺开，货币的历史将被改写，一个全新的货币原教旨时代（货币充当一般等价物）开启在即。

Libra面临八大悖论

Libra作为点燃这场数字货币热的导火索，至今还深陷在理想与现实的夹缝中。一边是美国众议院金融服务委员会、G7集团的监管狙击，7国财长与央行行长重申数字货币项目“可能会影响货币主权和国际货币体系的运行”，并要求实施最高的金融监管标准；一边是Facebook死磕到底，扎克伯格在新财报发布后的电话会议上直言，“未来几年，商业和支付是产品开发的投资重点”。但细究来看，Libra本就不是未来“建立一套简单的无国界的货币和为数十亿人服务的金融基础设施”的最佳候选人，从机制设置到公司发币的属性对冲与权力博弈，再到难以逃脱的货币原罪，Libra面临八大悖论，本就带着枷锁，也难怪落地艰难。

第一，为无银行账户客户服务与无网络智能消费能力。晋惠帝执政时有一年发生饥荒，百姓没有粮食吃，“善良”的晋惠帝对此大感疑惑：“百姓无粟米充饥，何不食肉糜？”历史总是惊人的相似，Libra的使命，即帮助没有银行账户的人享受到更公平的金融服务，有一个硬前提——用户有智能手机，有数据信息连接，随时可以使用Facebook软件。但没有银行账号的人有智能消费能力吗？目前没有银行账户的成年人超半数集中在7个国家（孟加拉国、中国、印度、印度尼西亚、墨西哥、尼日利亚和巴基斯坦）。以印度为例，Facebook在印度的用户量级只有千万，没有银行账户的印度人却多达1.9亿，大多分布在极度贫穷落后的农村地区。显然，这是“何不食肉糜”的问题再演。

第二，权力架构设计的内在性与监督权力的外在性。尽管Libra采用分权治理结构，但依旧重复Facebook“用自己的标准监管自己”的老套路。按预设计划，Libra由100名成员组成独立、非营利性的协会来负责管理，包括制定生态管理框架的规则。换言之，以后Libra具体的分配奖励都由Libra协会决定，相当于一个利益分配团体，而就目前公布的29名协会成员来看，其中多为商业公司，并不能排除协会在利益驱动下凌驾于游戏规则之上的可能。如曾经在稳定币市场上占据最高份额的泰达币，就出现过发行者多次暗中操控货币价值的现象。要知道，监督权本质上是一项不同于且外在于被监督的权力的、专门的权力。如今Libra协会相当于既是“裁判”，又是“选手”，如何能形成有效的权利监督与制约？

第三，公共网络隐私保护与个人金融“穿透”。从苹果iCloud艳照门到Facebook大规模用户信息泄漏事件，再到智能产品“海豚攻击”[1]，保护互联网用户信息数据安全已被顶在杠头上。但问题是，当下这个大数据的时代，金融监管就是对数据的监管，金融以“穿透性”监管为原则，必然强调对数字货币全行业、全覆盖的功能监管。个人隐私保护与Libra有利的金融监管，本就难以兼容。加之“一入脸书深似海，从此隐私是路人”，Facebook本就背负着用隐私

[1] 海豚攻击（Dolphin Attack）：将人类发布的语音命令频率转换成超声波频率，这些声音对于人耳来说是无法听见的，但很多智能设备能听到并执行命令。

赚钱的骂名，还因此不得不支付50亿美金的巨额罚金，如何在隐私与监管之间平衡、取舍，更成问题。

第四，公共网络的无限性与私有公司的有限性。网络世界没有物理概念里的时空界限，随时可以扩容，如互联网平均每天会新添加1亿个页面。但无论从寿命还是范围而言，公司都是相对有限的。据不完全统计，位列《财富》杂志世界500强或与之实力相当的跨国公司，平均有40年的寿命，中小企业则更短。如日本、美国、中国的中小企业平均寿命分别仅为12年、8年和3年左右。人们岂能把一个无限网络世界的货币，全然押注在一个有限的企业上呢？在Libra项目中，若以Facebook牵头的Libra协会成员停摆，投放在市场的Libra会瞬间成为一串无意义、无价值的数据。

第五，公司币与主权币。“任何平行货币都会在一定程度上削弱控制货币的主权机构。”在一定意义上来说，公司币相当于“野蛮人”敲门，不仅边缘化主权币，还将冲击国家货币主权，影响货币政策和财政政策实行。比如用Libra买东西，授信额度是由Libra协会提供的，而这是没经过央行批准而发行的“贷款”；如果商家收到钱后，用Libra给员工发工资，然后员工再用Libra消费，基本就形成了一个流通闭环，绕开了央行，而Libra也相当于在变相地发行货币。显然，私人公司发行货币与国家机器存在天然矛盾——争夺货币发行权。

第六，数字货币：去中心与再中心。货币制度天然属于垄断，铸币税来源于制度垄断，10年前，IT精英与数学高知们自立门户设计数字货币体系，本意在去中心化，肢解传统的以托拉斯垄断、集权和国家机器为中心的格局，但却在客观上为企业中心化赋能，形成了再中心化趋势。要知道，互联网时代，从衣食住行到吃喝玩乐，以FAAMG（Facebook、亚马逊、苹果、微软和谷歌母公司Alphabet）、BAT为代表的科技公司赢家通吃，如今更把手伸向了金融投资领域。Facebook坐拥15.9亿日活跃用户、24.1亿月活跃用户，若加上旗下Instagram、WhatsApp和FB Messenger，这一“应用家族”每月总用户超过27

亿人。如果Facebook是一个国家，则将是世界上人口第一多的国家。一旦Libra成为标准化的记账单位，它将是全球使用人数最多的货币，Facebook也将比任何央行都强大。何况Libra使用的是联盟链，发行决策并不是完全去中心化的，Facebook很可能在规模优势基础上形成金融垄断。

第七，一篮子主权货币的有限性与数字货币使用的迭代与衍生。“稳定”实际上是一个古老的货币概念，历史中，无数货币因币值无法保持稳定而自然地被市场所抛弃。显然，数字货币的使用与迭代也天然以稳定为前提。Libra对购买力和币值稳定的尝试，是建立在其盯住的一篮子资产稳定的基础上的，即基于锚定现实已有的货币信心而得以实现的。这就决定了它并不可能比这个篮子里的货币更加稳定。尤其是目前篮子里币种有限，美元与美元资产的比重相对较高，而包括人民币在内的其他货币资产则没有纳入，这进一步扩大了Libra的波动风险。类似回购操作，Libra相当于Libra协会对用户部门的活期负债，必须保证用户可以随时随地对Libra代币实施兑付。Libra的稳定性很有可能会因为一场美元资产价格冲击而崩溃。更进一步说，Libra不仅会因储备框架而不稳，影响货币实际的迭代使用，更会敞开价格套利的窗口，导致在信息经济、实体经济虚实打通的过程中，既要顾全共识机制、又要调和现实支付，让情况愈发复杂化、衍生化。

第八，金融货币的本性与Libra的初心。数字货币的初心是为了挣脱央行垄断下货币超发带来的通胀恐惧，弥合主权货币体系的劣根性，但以“自金融”的形态存在，自我循环、自我增值、自我衍生早深植在金融货币的本性中，难以逃离。无数加密币一步步沦为“空气币”“传销币”，甚至于还玩出了金融衍生化趋势。据巴比特的不完全统计，现有加密货币交易平台中，开通合约交易的接近40家，仅2019年上半年，新上线合约业务的交易平台数量就已达20多家，超出过去5年数量总和。事实上，从最早的贝壳到黄金、白银，再从纸币到数字货币，货币形态可以颠覆式变化，但江山易改，金融本性难移。只要Libra面大量广地铺开，协会成员等头寸充足的一方就有机会成为Libra的净储蓄者。而头寸不足的一方则是净借贷者，形成一个Libra的借贷市场，进而踏着历史的节奏繁衍出一个以Libra为标的资产的、规模空前的金融市场，也会衍生出期货、远期合约、期权、利率掉期等各种玩法。

综上，Libra“超级全球货币”的设想，更像是扎克伯格自己的理想国，这场行业盛宴最终难免成为币圈的惯常“自嗨”。不过，Libra作为一种数字货币和有形资产的结合，破“次元”打通了虚拟线上世界与现实世界，就此引发数轮话题和讨论，也引爆了数字货币热潮，其战略引导意义远大于其实际价值。从货币发展演进的角度来看，随着信息经济的不断扩张，必然会孕育出一种可以横跨、链接实体和虚拟之间的货币结算单位。Libra也许未必是最佳选择，但代表了一个方向，也将拉开货币数字化尝试的序幕。

06

牛市还将姗姗来迟

对股市产生结构性影响的大事件当属科创板的设立，科创板既肩负国家战略重任，又是科技竞争的前沿阵地，还是中国资本市场的改革试验田，更成应对市场经济风险的测试地。中国股市正面临三大根本意义上的转变，股市底部将在调整路线、制度再造和创新推进中逐渐夯实，然而这个过程至少需要10年。2020年，中国股市会有跌宕起伏的行情，但是，还是要奉劝各位股民——“炒股千万条，安全第一条；投资不谨慎，亲人两行泪”。

科创板的突破与局限

科创板完美上演“速度与激情”。相较于中小板花费了5年，创业板酝酿了10年，科创板从宣布设立到正式开板仅历时221天，开板到开市更是只花费了一个多月。2019年7月22日，科创板首批25家企业上市，首日平均涨幅高达139.55%，总成交额约为485亿元。其中，安集科技以4倍涨幅领涨科创板，中国通号成交额超90亿元，居科创板新股首位。开市1周，首批25家企业距离发行价平均上涨156%，总成交额突破1400亿元。由于科创板新股较少，大量资金只能在25只个股间来回腾挪，首日平均换手率高达80%，高换手率的背后，是中签者获利了结与大部分机构的逢高卖出。尽管之后换手率缓步下降，但25只个股平均周换手率仍高达230.49%。更让人惊叹的是，由于科创板前5日不限涨跌幅，首日就催生了124个亿万富翁，可谓造富神速。科创板一时“无限风光”，18只股票股价翻倍，4只股票价格超百元。但之后，多家科创企业的上市审核被中止，29家私募产品因违规超额申购受处罚，透露监管从严信号。那么，科创板的横空出世，究竟有哪些突破，又有哪些局限？

中国之所以飞速推出科创板，有以下几个原因。

首先，创新是国家命运所系，国家力量的核心支撑就是科技创新能力。全球科技战已愈演愈烈，当下恰逢中美碰撞之际，中国尽管在量子通信、航空航天等领域领先美国，但成就集中于应用科技，基础理论仍然较弱。仅从中美股市的利润点来看，美国企业利润重在信息、科技、医疗领域，中国企业利润却集中在金融和房地产上，可见中国经济的偏态。中国必须培育更多科创企业助力经济转型升级。

其次，科创板的增量改革能推动整个资本市场的改革，其主要承担着两项重要使命：一是“通过改革增强资本市场对科创企业的包容性，允许未盈利企业、同股不同权企业、红筹企业发行上市来畅通科技、资本和实体经济的循环机制，引领经济发展向创新驱动转型”。二是在股市改革举步维艰的状态下发挥改革试验田的作用。不但形成多层次的资本市场，而且从试点注册制到形成退市常规渠道，增量市场的制度创新一旦成功，就可复制推广到整个资本市场。[1]因此，科创板既肩负国家战略重任，又是科技竞争的前沿阵地，还是中国资本市场的改革试验田，更成应对市场经济风险的测试地。

资本市场是科创的催化剂，但对于科创企业来说，A股主板的条件太严，没那么容易上市。后来创业板、中小板、新三板相继设立，但喊了10年的“中国

[1] 2019年6月13日，易会满在科创板开板仪式上的致辞。

的纳斯达克”还是没做成功。股市当初诞生，就是为了融资让国企脱困，因此，倾斜于国企、倾斜于圈钱已刻在A股的骨子里，自然疏于市场规则，重在部门权力，何谈正常市场机制下的资源优化配置？股市不仅是国有银行浴火重生之处，还成了金融“扶贫”的手段，更是为实体经济输血的工具。股民们可被各种财务造假的上市公司害惨了，即便证监会严抓严打，也不能避免股市10年零涨幅。更何况，美股成立130多年，最终只留下3000多只股票，且其中70%的公司经过轮换；而中国A股成立30年，截至2019年7月底，上市股票已高达3762只，平均1年上市百余只，退市却仅一两只，如此“只进不出”，如何保障上市公司质量？

再看2004年和2009年分别推出的中小板与创业板。中小板是创业板的过渡与前奏，两者均以纳斯达克为蓝本，虽然放松了审核条件，但是仍受制于主板的规则，并被工业经济背景下的商法、公司法苛求科技先行，逼着中国具有潜力的科技型企业出走美国，中小板与创业板的沦陷也就可想而知。更别提2013年开始运营的新三板，经历2015年的快速扩容与2016～2017年的震荡式整理，虽然上市门槛和财务规范要求都很低，但2018年，超九成的企业处于基础层（使投资者无法识别真正的好公司），超六成股票没有成交量；到了2019年，已有1225家公司主动或被动摘牌，陷入无交易、无投资、无流动的窘境。新三板放宽了标准却卡死了交易，正在把自己逼上绝境。科创板被称为第5个全国交易型市场，正是希望科创板能克服前4个板的所有缺点。

于是，科创板一设立，制度创新就遍及从发行到退市的“全生命周期”。一方面，科创板标新立异地以五个IPO通道（以营收规划、市场估值及成长性为参数）容纳那些成长性好却连年亏损，甚至没有营业收入的创新企业，像这样扶持“高精尖”新经济的力度前所未有；另一方面，科创板设立了四大类退市规范，尊重投资者的话语权，让投资者可以将垃圾股赶出市场。如此“宽进严出”无疑是向纳斯达克看齐。科创板不仅在网下询价方面实行IPO定价市场化，淡化行政干预，让传统市盈率估值定价失去权威性，而且新增盘后固定价格交易，重点突出市场规则，更重在国资重器。从中国通号上市到中国电器，14家央企相继受理，尽管占比不到上交所已受理的149家公司的一成，但国资委已经表态，将梳理出一批符合国家战略、突破关键技术、市场认可度高的科技央企登陆科创板。由此可见国家对科技核心行业的布局。一旦央企先行，多的是地方国企嗷嗷待哺，也难怪市场担忧“为国企帮困”换个面目又打算在科创板上岸了。

科创板自然不能重蹈覆辙，首先，科创板采用了试点注册制。试点注册制与原有审批制相比，的确是极大的进步，但是其自上而下的权力审核实质未变——只不过是从证监会下放至上交所并增添了两个委员会（上市委和咨询委），以问询质疑的方式变相审核罢了，这与注册制的本义相差甚远；其次，科创板企图运用所有市场经济的手段促使其版本升级，不仅发行价采取市场化定价，而且首周5个交易日不设涨跌幅，之后每日涨跌幅的限制从10%提高到20%，旨在通过充分换手大大缩短寻找均衡价格的过程，提速“价格发现”，把公司的价值完全交给市场来判断。市场机制完善的纳斯达克确实运用了这样的手段，让资本培育出了苹果、微软们的庞大帝国。但是，美国市场经济走到金融的最高形态，最终还是误入歧途，导致产业空心化，其一味让市场做主，暴露了资本逐利的本性，甚至不惜为暴利铤而走险。市场机制成熟的美国尚且走火入魔，更何况计划经济半道上走向市场经济的中国？中国股市在两个原教旨（计划行政权力原教旨与自由市场主义原教旨）作祟下本就是重灾区，科创板若一味学习美国，可能会异化初衷，陷入金融原罪的黑洞之中。

如上所述，科创板难以回避这两大命门，因此需要从战略视角端正对市场经济的态度，与其让科创板陷入“自我膨胀、自我炒作、自玩自的”，还不如回归市场经济的“初心”——优化要素配置。如今，科创板突破前4板的历史局限，已经前进了一大步，但科创板并未真正破局。直指命门的核心突破，才能成就未来改革的三大空间。

首先，真正落实以信息披露为核心的注册制。注册制的本义是，主管部门只能对发行人递交的注册文件进行形式审核，实质性判断需交给市场自己选择。科创板完全可以利用信息社会的便利，让发行企业自主上传相关的信息披露材料，利用线上“人肉搜索”、网络举报等途径判断企业的好坏与价值。这样做也能督促上市企业按规则全面充分地披露信息，确保资料完整、真实和准确，在“三公”原则下让市场选择企业，进而真正回归注册制的本义。

其次，所谓充分利用市场机制，即重在市场要素优化配置，而非投机炒作。国家早已明确提出“金融是为实体经济服务的”，这意味着科创板要以制度建设遏制市场的投机炒作，充分利用市场力量来甄别科创真伪，用资本来培育科创企业。说到底，就是要发挥市场要素配置功能。因此，科创板需要建立规则明确、奖罚分明、进退有据的市场制度，并在市场化和法治化、商业秘密豁免与充分信息披露间做好平衡。一旦发现企业造假，“一票否决”不说，更要将其拉入信用黑名单，罚到它不敢再造假。这样一来，市场资源自然流向优秀企业，也将真正兑现“股票不是用来炒的”。

再次，前4板之所以多年未有突破，就在于只想着为企业融资而不顾股市自身的投资功能。对此，不管未来是退市常态化，或是严打财务造假和市场操控，还是形成集体诉讼与股民赔偿制度，都希望科创板能先试先行，倾向于投资人利益保护。

科创本就高风险，大量企业或许难逃市场的剧烈震荡，只有经历考验留下来的才是真正的科创明珠。如果能像前文说的那般改革，相信科创板将由量变到质变，让股市迎来真正的转机。

证伪“股市是经济晴雨表”

中美股市一致证明了“股市是经济的晴雨表”是个伪命题。作为全球金融危机的肇事者，美国经济虽然持续低迷，2010年至2018年GDP年均增长不足3%，但股市却开启了长达九年半的大牛市。自2009年3月以来，纳斯达克、标普500及道琼斯指数分别上涨了520%、320%、300%。反观中国经济，2010年，中国GDP超过日本跃居世界第二，2010～2018年中国GDP总量翻倍，年均增长11.84%，可谓傲视群雄，但是中国股市却一地鸡毛，10年轮回，仍在2500～2600点徘徊。如此反差，表明中美股市都未反映实体经济的真实面貌，可谓一根藤上的两个瓜，只不过所处的阶段不同。

美国股市正处于高级阶段的疯狂时期。美元是世界通用货币，美国仅靠“美元—美债”的移花接木之术就转嫁了危机。而为应对金融危机，全球开启量化宽松，为美国股市提供资金子弹做了嫁衣。更何况，全球科技革命的价值都兑现在苹果、亚马逊、Alphabet、微软、Facebook等科技股中，奔向万亿美元市值，为纳斯达克贡献了上涨权重的47%。全球新经济企业竞相在美股上市，这让美股即便没有美国经济基本面的支撑，也能以资本市场的完善，对科技创新的推崇，以及对同股不同权等制度创新的兼容，令全球资金和创新企业“一哄而上”，美国股市陷入疯狂也就可想而知。

相较于全球为美股抬轿子，中国股市因资本尚未完全开放，处于初级阶段的疯狂时期。且不说中国股市的初衷是为国企脱困，以致企业上市就为圈钱，仅是

IPO审批，就成为从财务造假到权力腐败的重灾区，以致股市如赌场一般鱼龙混杂。2018年，A股总市值蒸发已超10万亿元，眼见IPO排队不知要排到何时，更何况上市挂牌了也捞不到钱，反而会受困于信息披露等隐形成本，于是新三板上千家企业争相退市。由于A股没有建立通畅退市制度，4年内2000多名上市公司董事长离职，占比超5成，2018年平均一天离职一个。由此看来，中美股市“同病相怜”，均不反映真实经济，却又都陷入金融疯癫中。

金融是经济的核心，是市场经济的最高层次。美国金融依靠全球的资金、科创和优秀企业的支撑有恃无恐，使美国股市更多取决于外部，成为全球科技创新、企业创新和股市交易制度创新的风向标。但恰如泰勒·考恩在《大停滞》中所忧，美国这10年繁荣不过是建立在超发货币、债务膨胀的经济幻觉和寅吃卯粮的恶性循环中。土地、移民、科技等无数“低垂的果实”该吃的连老本都吃完了，美国恍然发现自己停滞在了光秃秃的科技高原上。当初引领美股10年牛市的科技股，如今却是跌得最凶的，80%的科技股进入回调区间。苹果市值曾在2019年1月缩水2200亿美元，相当于蒸发了一个葡萄牙；截至2018年10月，已合计缩水3700亿美元。中国概念股更惨，阿里、百度、京东、网易2019年才创出历史最高纪录，转眼间，四巨头的市值蒸发就逼近新加坡2017年的GDP产值。

美国的科技股全线暴跌，创7年最低，又在美股中占比过高，势必会压低美股的牛头。再加上特朗普以关税大棒四处惹是生非，导致昔日盟友反目，从抛美债到去美元，美国正在成为“孤家寡人”。一旦由美国掀起的贸易战打散世界供应链，让曾经横行霸道的跨国企业跟着倒霉，再全面蔓延到高科技企业，并叠加美联储加息、全球去美元抛美债等几重压力，美国股市迟早由牛转熊。

至于中国股市，虽然当下的低迷与贸易战无关，但两市市值合计才值6个苹果的市值。2018年10月14日，特朗普在时事节目《60分钟》的专访中，把中国股市4个月暴跌32%对比1929年美国大萧条，以此转移世人对美股暴跌等问题的目光。然而特朗普未曾料到，中国股市如此低迷，中国经济的韧性还如此强劲，竟毫不畏惧美国开打贸易战。说到底，中国股市取决于内部，从为国企脱困这一初衷开始，就留有计划烙印，到后来又衍生出政策市、“喊话市”。在根子未变的情况下小修小补，或泛不起多少水花。因为中国股市是改革的风向标，可当下救市依然延续老套路，这只不过是让股市继续“苟延残喘”罢了。

股市的底部究竟在哪里?

中国股市常现救市景象，或是出政策，或是“喊话”，抑或是“国家队”出手。但A股并非说救就能救起，因为3000~4000点已成央企及“国家队”的雷区，每次一进入这个区间就会有大批资金后撤，导致股市又跌回原形。即使“救得了一时”，但未真正改革，连股市核心本质都未触及，自然“救不了一世”，反而导致行情再度震荡。

“喊话”虽可影响预期，可只想着注资拉升股指，罔顾股市真正的问题，岂能真的提振信心？再说，当下股市表面看是股权质押危机，定向注入流动性的资金的确可解燃眉之急，但问题不是市场缺钱，而是民企经营困难，这显然不是提供资金就能解决的。更何况，不管是“国家队”入市托底，还是地方集结风险基金救援，本质上仍把股市当成自家的一亩三分地随意指手画脚，这让中国股市面对前后夹击的困境。一方面是旧体系递延性的伪市场。股市本就为国企脱贫解困而生，当初只管包装上市，先扶央企，再扶国企，不管股民服不服，股市都成“活雷锋”，只要政治需要就一扶到底，就连股改都成了国企保值增值的阵地。到如今，不仅有592个贫困县IPO免除排队，让股市成了“脱贫攻坚”的主战场，还有五大行扎堆上市，再到为灾后重建、“独角兽”等开通绿色通道，股市被当作圈钱市，影响了正常的资源配置。在股权质押危机中，就有大量民营上市企业被国资接盘，以致民众产生“国进民退”的忧虑，甚至使国资有“趁火打劫”之嫌。另一方面，当下时代性的金融创新不断挑战着现代国家治理模式。很多时候，市场监管跟不上金融创新速度，这才有了股市三波去杠杆。从2015年去场外配资，到2016年去场内融资融券，再到2018年股权质押的去杠杆，每次都来不及反应就酿成苦果，不得不事后救市。因为金融的本质是钱生钱，控制不住地自我衍生与自娱自乐，一旦金融创新太快而监管滞后，股市自然就会被金融原罪带进阴沟里。

说到底，中国股市正面临三大根本意义上的“脱胎换骨”：一是从假市场到真市场。高层定调国企和民企“两个毫不动摇”，并声称民企是自家人，银保监会甚至明确民企新增贷款“一二五”目标[1]。过去政府往往将政策关爱给予民企，却将好处悄悄塞给国企，股市有过之而无不及，若不抹去为国企服务的烙印，股市又如何扭转圈钱市和政策市？也只有约束行政之手、真正实行“三公”原则，股市才有可能兑现优化资源配置的市场本质。二是防范真市场（经典市场）走火入魔。资源完全由市场自由配置，不但会产生马太效应，更将诞生经典的金融危机，股市首当其冲会成为货币蒸发重地。再加上金融挡不住自玩自的空转，会变成黑洞虹吸各行各业，亦将让股市走火入魔。这就注定中国需处理好政府与市场的界线，尤其是在股市监管上，首先要摆正裁判员位置，重在制度安排、立规明矩，而非重装上阵、政策救市。三是为新的大时代创新证券市场。不管是股指熔断出洋相还是股权质押爆仓，传统股市都已无法适应科技革命和新经济的呼啸而来。比如互联网企业不适合传统的同股同权模式，让BATJ（百度、阿里巴巴、腾讯、京东）等企业错失中国上市。中国为此“亡羊补牢”，专为

---

[1] “一二五”目标：在新增的公司类贷款中，大型银行对民营企业的贷款不低于三分之一，中小型银行不低于三分之二，争取3年后银行业对民营企业的贷款占新增公司类贷款的比例不低于50%。

“独角兽”等上市开绿灯，如此良苦用心依然换不来创新企业的青睐。与其政策随意命令，不如在制度机制上创新，比如，立法允许同股不同权，以中国存托凭证（CDR）吸引海外上市企业回归A股等。由此看来，中国股市既要纠偏以回归市场本质，又要规避控制股市风险，还要让股市为实体服务，更要与时俱进改革创新，显然路漫漫其修远兮！

中国股市若不动根本，进行大刀阔斧的改革，那么不管是领导讲话还是政策出招，都无异于隔靴搔痒，再怎样砸钱救市也是“泥牛入海”。从日本政府多次入市到韩国多番设立平准基金，中国让平准基金、汇金（中央汇金投资有限责任公司）等“国家队”入市本无可厚非，也能逆向操作稳定市场。但从根本上讲，在不成熟的市场让政府入局，机构与散户又如何与政策相提并论？据媒体披露，2015年，以2000亿元救市的5个“国家队”基金就在2018年第三季度以浮盈500多亿元集体清盘。毕竟，上轮救市被证伪并现出原形，虽一度稳定市场却只稳住指数，加剧了市场分化，以致最终“维稳”效果大打折扣，恰恰证明了所谓的救市，在根本上并不利于股市稳定及公平公正。更何况，有关方面动着别人钱袋的脑筋，把资金当作托底的垫脚石。可投资人都不傻，游资趋利，金融为虎作伥，外资虎视眈眈，险资们更是惦记着上市公司的“唐僧肉”，谁都想在救市中捡漏。倘若上市公司落入这些人之手，无疑命运堪忧。全球最大的百货公司希尔斯之死，恰恰是对冲基金导致的，它让一大批零售业倒闭。因而对中国股市而言，与其动用一切资金入市乱了市场分寸，还不如让央行出面救市更直接、精准。

以史为鉴，全球只有日本央行曾印钞买股票。2010年年底，日本央行介入，但因购买规模太小被股市下跌1年之久打脸。即便之后加大了股票购买量，也确实看到反弹，但股市却因担心央行随时“断奶”而萎靡，直到央行宣布每年大量购买股票，日本股市才走出两年半翻番的牛市。到2016年年初，日本央行购买ETF（交易型开放式指数基金）规模已创纪录，足见日本股市对央行资金的依赖。如今若中国央行冲进股市，自然不能像日本以救市为目的，而应以救企业为宗旨。对股票质押爆仓企业的股票，央行可以成立特殊基金直接购入，或让社保基金收购一定比例，等待以后企业缓过来，再以非市场的协商价格或利息翻番的溢价归还给企业，以此杜绝中间商打着救市旗号大赚差价的现象发生。

如此说来，中国股市从政策市到“喊话市”，长进也真不大。虽说信心比黄金重要，行动远胜于纲领，但对“连赌场都不如”的股市，早非政策小修小补所能根治，它却依然沉沦于原有的伪市场中。这意味着如果改革不动真格，中国股市仍将慢慢寻底，在“假牛”之后将在底部长期横盘。而中国股市真正的底部，不仅是调整路线（纠偏股市吃偏饭、拉偏架的劣根性，将为国企服务、为扶贫脱困等政治任务从一次分配还原到二次分配中，进而让股市回归为资源配置的真市场），还在于制度再造（从退市转板制度完善到多层次资本市场营造，当年提出“让老百姓拥有财产性增长好处”，必须要有切实可行的制度安排），更在于创新推进——不止于存托凭证、沪伦通等市场创新，还要有适应新经济的组织架构与模式创新等，既要防止经典市场走火入魔，又要让金融走上为实体服务的正道。如此真正动其根本，方能令股市正本清源。而鉴于现实的复杂性，围绕股市的政治磨合是一个长期的过程，中国股市或将历经至少10年的反复改革，方能真正健康成长。

07

产业之变

当下，各个领域都处在新旧交叠的转型敏感期，传统套路玩不下去了，新玩法还在萌芽。新旧交替之际，无论是传统行业还是新经济，所面临的内外部环境都更加复杂。泡沫也好，发展也好，产业格局的一些变化正在酝酿。

产业新方向——体力切换脑力

“搞原子弹的，不如卖茶叶蛋的；拿手术刀的，不如拿剃头刀的。”这是改革开放初期百业待兴、遍地机会时，有关“脑体倒挂”现象最传神的描述。彼时，年广久街头叫卖“傻子瓜子”，赚到人生第一个100万元；宗庆后靠卖饮料，成为中国首富；曹德旺白手起家，靠玻璃称霸；陶华碧靠着老干妈辣椒酱，年赚45亿元，颇有“人有多大胆，地有多大产”的味道。以体力劳动付出为主的产业，横行在各大造富排行榜中，风光无限。

可是，脑力劳动者高度集中的互联网、人工智能、物联网、大数据等前沿技术引导的“智慧产业”甫一出世，那些劳动密集型产业就立马黯然失色了。“界面”发布的“2019年中国最富1000人榜”中，信息技术行业成为造富最多的行业，共产生122位富豪，甩了食品饮料、轻工制造等劳动密集型产业几条街，呼应了李彦宏的那句："前四十年中国拼体力，未来几十年拼智力。"其实，又何止背靠体力劳动业务"打江山"的企业举步维艰，靠拼蛮力讨生活的个人，被脑力时代倾轧得更惨。前有互联网、IT行业平均工资"上不封顶"实力碾压，后有机器人抢饭碗愈演愈烈，就连农业，也进入了"以前种地拼体力，现在种地靠脑力"的阶段。总之，还未待人反应过来，人类就从拼体力的"勤劳革命"转向了拼脑力的"智慧革命"，推开了那扇"劳心者治人，劳力者治于人"的时代大门！

世界进入新旧时代切换期，最直观的表现就在产业方向的调整上。原本被世俗所嫌弃的行业竟然都"咸鱼翻身"了。最典型的就是被文化创意产业"收编"的游戏和电子竞技行业，它们从以前的"误人子弟"，发展成如今文娱产业最大的一个分支。游戏产业催生了游戏直播、电子竞技等火爆的创业热点，也带领不少人攀上了人生巅峰。《2018年中国游戏产业报告》显示，2018年中国游戏市场实际销售收入达2144.4亿元，同比增长5.3%；2019年1～6月，中国游戏市场实际销售收入1140.2亿元，相比2018年1～6月增长90.2亿元，同比增长8.6%。在互联网各产业中，游戏从业者平均月薪也最高，甚至比计算机软件产业还要高出约10%，而且是高学历、高薪酬。与之类似，直播、短视频、抖音等文化产业越来越火爆，只要你有创意、够新颖，月入万元不是事儿。在工业经济时代向知识经济、体验经济、互联网经济时代转换的过程中，那些曾经被掩埋的"智慧产业"的价值，被充分挖掘并释放。只不过，坊间很多人仍惯于"以历史照亮今天"，沿用工业文明或农耕文明的产业价值标准，去衡量当下的产业变革。譬如，人工智能的出现放大了"机器换人"的威胁，文化产业的兴起产生了"戏子误国"的错觉。事实上，从以往的产业发展经验来看，1876年吴淞铁路建成通车后，这个以煤为动力的蒸汽火车，同样被慈禧说成是怪物，并坚持用骡子拉火车。不多久发生了一起火车轧死人的事故，反对火车的声音再度高涨。可如今，从蒸汽火车到高铁，中国铁路已经成为一张响当当的"国家名片"。再回想一下第一次工业革命时期的社会景象，站在农田里的农夫看着机器转动，茫然无措，可后来他们却转变成了工厂里的工人。可见此一时彼一时，现在看似失去理性、可能冲击社会稳定的产业变革，不过是不符合当前社会所公认的标准或模式而已，但是产业迭代升级，由体力切换脑力，已是不可抗之大趋势。

客观来看，产业方向调整也有其直接的社会背景，是“行业趋势+时代升级+国家战略”的必然。简言之，这是技术、需求和政策的共同驱动。

首先，科技进步证明体力劳动是可以被取代的。第四次工业革命从根本上说就是智能革命，智能革命的本质就是脑力劳动将大面积代替体力劳动，将技术具体化与产品化。根据德勤会计事务所发布的一项研究结果，1871年至2011年，科技发展已使英国农民由100万人下降到5万人。反观国内，无论是万科的物流管理机器人、医院的达芬奇手术机器人还是遍布各地的全自动流水线无人工厂，“码农”们几行代码设置，就能操控万千产业，冲击劳动密集型产业。“科技进步加速对初级劳动力的替代”，实实在在摆在眼前，而那些替代风险较低的工作，则基本是一些脑力及创意劳动。

其次，物质产能过剩强化了对脑力产业的需求。依照马斯洛的需求层次理论，人类正进入一个以满足精神需求和文化需求为主的新世纪，以“烧脑”为主的文化创意产业便应运而生。况且，人工智能、互联网等新科技的发展已经能“将人类的肢体功能外包出去”，而缺失的恰恰是善于想象、善于创造、善于图像化思维的新功能，这也愈发强化了人们对脑力产业的需求。

再次，全球资源的可承受度决定了产业方向不得不调整。一般而言，体力劳动支撑的产业基本上是高耗能、高污染的产业，比如服装纺织加工、煤炭钢铁产业等。且不说这些低端制造面大量广的过剩，就是去产能和环保风暴，也逼迫产业转型升级，更何况“断舍离”极简主义消费风盛行及全球极端气候肆虐，也呼唤“耗脑不耗能”的产业为地球减负。

然而，产业方向大逆转在当下也会直接导致人才供需的短暂断层与失衡。一边是在“体力密集型产业”中，低端人群大面积失业；而另一边，“脑力密集型产业”又面临人才奇缺的尴尬。领英报告显示，2017年第一季度，中国仅有5万多名人工智能从业者，而人口总量不到中国人口四分之一的美国，却有超过85万名人工智能从业者，就连被中国甩在身后的印度，也有15万名人工智能从业者。《2018中国区块链人才现状白皮书》也显示，区块链专业人才供需比仅为0.15∶1。

产业快速迭代，可人才结构却面临供需失衡，无疑将阻碍中国产业战略纵深的递延。虽然产业由体力切换为脑力，短时间内会引发社会诸多的“不适应”，但在脑力时代到来时，智能机器人对人力的排挤与知识密集型就业对人的吸纳，会相互对冲，总的就业岗位不一定会减少，只不过会发生迁移。重要的是，产业进入脑力时代能完美解决人口老龄化引爆的连锁隐患。且不说欧洲、美国、日本等已陷入人口老龄化无力支撑经济发展的担忧中，近年来“未富先老”的中国，即便使出“放开二胎”、鼓励生育的人口政策，同样“无力回天”，举国上下都在为中国失去人口红利而郁结于胸。产业发展整体向脑力密集型产业切换，恰好能解决人口不足、产业“体力不支”的困顿。在此基础上，还将实现中国机会的再释放。毕竟，在即将到来的“智慧产业”时代，中国5G技术布局一马当先，互联网产业占GDP比重世界第一，成为全球人工智能第一梯队，这些更有助于中国进一步快速打通物联网、无人驾驶、文化创意、VR（虚拟现实）/AR（增强现实）等“烧脑产业”的奇经八脉，让中国在智慧时代乃至“超脑时代”占据领先优势。

毋庸置疑，产业的迭代速度远比想象中的快，与其担惊受怕，不如未雨绸缪。那么“以未来引领今天”，“十四五”期间体力切换成脑力后，又将呈现怎样的画面呢？从微景观来看，产业由体力切换成脑力的大趋势，将在人力资源招聘、园区、企业等领域均有所体现。遴选人才的标准将被颠覆，更看重对创意、新科技的技能掌握程度；更注重人才“高屋建瓴”的技能，具体的实践操作则留给智能机器人等。园区也将更注重引入和扶持以脑力劳动为主的企业，还将诞生更多的“脑力产业园”。再拉长焦距来看，“十四五”期间，不单现有的产业转型形势会倒逼传统企业利用先进的新科技加速产业转型升级，类似区块链、大数据、知识付费平台等新的“智慧产业”也将喷涌而出。与此同时，国家将通过职业培训、精细化再教育等多种途径，对现有的体力劳动者进行“武装”升级，以匹配新的“脑力产业”分支。就像过去韩国发展数字经济的时候一样，对所有既有劳动力进行再教育，为未来产业发展做好准备。

事实上，在第十三届全国人大二次会议政府工作报告中，就已经提到政府将“拿出1000亿元用于职工技能提升和转岗专业培训”。可见，产业方向调整的人才前提已经开始准备了！而就远景来看，预计在2025年左右，机器人将充斥在人们生活的方方面面，脑力劳动者将占据主导地位。一言以蔽之：“过去靠机会，未来靠智慧！过去靠模仿，未来靠创新！过去靠体力，未来靠脑力！”顺便补充一句：未来的行业都是脑力劳动，再不补充“脑力值”就晚了！

创业追风口时代结束了？

这是一个创业追风口的年代。在年复一年的风口创业里，胜利者寥寥。2011年团购火热，超过5000家团购网竞争，投资者抢着给创业者送钱。可是从“千团大战”到“百团大战”，经历“过山车”般的乱局后，团购网站死亡率高达99.96%，近乎“团灭”。2015年，O2O（Online to Offline，线上到线下）风口爆发，创业项目热火朝天，仅在上门O2O领域，资本市场就投入了近300亿元人民币。然而从2015年下半年开始，每年都有大量O2O平台宣布“死亡”。到了2016年，风口转向了直播业，各类直播平台近400家，直播用户3.25亿，占网民总量的45.8%，带动网红产业经济达550亿元。然而，繁荣的直播创业在维持不到1年的时间后就掀起倒闭潮。2017年，风口再次转向“共享”，以共享单车为例，最风光的时候有上百亿元的资金涌入、上百个玩家入局，红橙黄绿青蓝紫的共享单车像彩虹般绚烂。但狂风匆匆，无数“猪”摔了下来，堪称“生得辉煌，死得壮烈”！2018年，风口又来到了新能源汽车领域，仅是新能源汽车分时租赁，就引得滴滴、北汽、华夏幸福等各方巨头蜂拥入局，资本推高了产能，行业迅速进入洗牌期。所有风口在2019年瞬间演化成了风暴。

诚然，抢风口是企业家的天性，可风口下的创业却多以非常态进行。

第一，创业被资本所劫持。创业之初，资金瓶颈问题往往需要融资来解决，拿资本也无可厚非，错就错在创业者往往被资本所捕获，陷入了追资本、狂烧钱、导流量的风口怪圈。当创业者被资本“绑架”，投资人将企业捧得虚胖推向资本市场，然后套现走人，徒留一片狼藉；更惨的是创始人丧失企业控制权，被董事会扫地出门。

第二，照搬照抄以往的创业套路，却被“套牢”。创业者自以为照搬以往“抓风口+红利”的老招数便能成功，殊不知背后的时代逻辑早已发生转变。改革开放之初，中国的商品、产品、服务都“一穷二白”，只要胆子大，利用红利就能创业成功。而今，中国已从“一穷二白”发展为全球第二大经济体，各种资源极其丰富，市场接近饱和。同时，中国正处于大拐点时代，红利消减，不断淘汰旧产能、旧行业，若是再一味地照搬照抄以往的创业套路，结果只能被“套牢”。

第三，创业进入全面绞杀期。企业所处环境与以往大相径庭，进入动荡、不确定、复杂和模糊的时代。2018年，中国开始进入创业洗牌期，众多企业要么破产倒闭、跑路，要么停止运营，要么依然在危机中挣扎，大量企业感觉日子不好过。2019年更是进入了创业的死亡地带——全面绞杀期，创业企业下场悲惨。很显然，创业进入了最坏时代。非常态下的创业风口，转眼间就会演变成风暴！

更何况，创业从来都不是一件简单的事情，讲究天时、地利、人和。风口为何会变风暴？说到底还在于整个大时代都已由局部性的调整变成了系统性的大震荡，处于百年一遇之大变局。地区经济进入同质化、同构化的拐点，各行各业正经历新旧更替之拐点，国际关系也陷入了大对峙、大摩擦的拐点，多个拐点叠加，创业形势前所未有之严峻。本以为在现有棋盘上调整即可，岂知整个棋盘都已被打翻，被釜底抽薪，风险由局部、单项的调整向全局性、系统性调整切换，最终转化为系统性危险。比如2018年区块链爆火，无数创业者甚至在对区块链一无所知的情况下，在风口狂热时义无反顾地冲向这个充斥着暴富传说的、陌生的新世界。CVSource投中数据显示，2018年中国区块链领域共获309笔融资，总金额达34.38亿美元。其中，比特大陆融资17.40亿美元，成为当年融资的最高值。同时，它还冲击港股IPO，一度将区块链投融资热潮推向顶点。然而，伴随极客、蜂巢矿工、投机者与小白不断涌入，留下的却是洗牌、骗局等一地鸡毛，种种乱象使得行业链条既庞大又脆弱。2018年至2019年，区块链自身的系统性风险集中爆发，短短一年光景便上演了一场举国瞩目的“冰与火之歌”——从暴涨到暴跌，市值蒸发近82%。时代性拐点的多重叠加下，内在风险问题不断累积，系统性风险开始显性化、常态化，并在不同时间、不同市场里相继引爆，跟风者人仰马翻，关门、倒闭避无可避。

风口变风暴，将无数创业者卷入了死亡地带，但这并不意味着再无创业机会。系统性震荡期虽然问题多发，却也是机遇爆发期，只不过“创业极大，概率极小”。换言之，创业面大量广但生者寥寥，可是一旦成功，高风险也将迎来高收益。所以，这也是创业的最好时代，同样有各种红利爆发。只不过由于形势前所未有之复杂，红利已非传统意义上的一维红利，而是将以新的形式出现。

第一，中国改革转型还在路上，未来制度红利还将持续释放，只是不比之前。以往，企业家借助时代机缘草莽创业，“蒙眼狂奔”就可大获成功、大斩其利。而今，时代性机缘逆转，政府不再是简单地给政策、给资金，而是更主动地在顶层设计上进行纠偏、给定大方向，剩下的则需要创业者自己去理解、去挖掘。

第二，均衡好企业和资本的界面。数据显示，2018年我国本外币存款余额达182.52万亿元，其中居民储蓄达70万亿元之巨，居民储蓄率45.84%，位居世界前列。社会上存在着大量的闲置资金，说明中国仍有庞大的资本红利。只不过在企业与资本的界面上，未来的创业更多的将是在利用资本的同时，又不被资本所捕获。正如华为坚持不上市，就是不愿被资本绑架。为此，任正非曾说，“华为不是把利益看得很重，而是为理想和目标而奋斗”，“资本贪婪的本性会破坏我们理想的实现”。

第三，“科技红利”不再只是简单的拿来主义的“+科技”红利，只要套上去就能稳赚，而是需要长期的战略规划。恰如雷军所言：“今天在空中飞的那些‘猪’，他们都不只练了1万个小时，可能练了10万个小时以上，这就是被大家忽略的前提。”最典型的莫过于华为。华为之所以能在“5G+芯片”风口上大火，不仅是因为它抓住了科技红利，更在于它预测到“5G+芯片”可能出现的扼喉之危，并于10多年前就开始沉淀“备胎计划”。华为每年坚持将至少10%以上的销售额投入研发，2008年至2018年的10多年里累计投入金额高达4850亿元。如今，华为之所以能与美国制裁相抗衡，正是因为其提前进行了战略预埋，打了有准备之仗。

第四，重新定义资源红利。这里说的“资源”更偏重软资源，如算力、数据、信息、文化、理论研究等。典型如“中国芯”第一人尹志尧，在硅谷从事半导体行业20多年，个人拥有60多项专利，2004年，在看到国内庞大的芯片缺口后，他冲破美国政府的重重审查，在所有工艺配方、设计图纸都被没收的情形下，回国创建了中微国际并成功上市。他之所以能成功，不仅是因为符合风险投资的偏好，更是由于他自身具备扎实的芯片知识储备、人脉等综合性软实力。

总之，风口变风暴，传统认知上的红利已被重新定义，创业者的机会仍在！不过，企业的形态变了，创业的形态也将发生改变，创企的组织形态将不再是单一、固化的结构，而是将以复式结构的形式嵌进去。具体表现在：

第一，大企业将呈现复式结构的二次创新，将更多地类似大平台、超级枢纽或孵化器。未来，大公司将不再满足于制作简单的中继器，而是更倾向于拥有自己的创业孵化器，为各类人才提供适合创新、创业的土壤和环境。比如，阿里巴巴构建了电商生态，约有1200万电商创业人依托这个生态生存；腾讯创造微信公众号，重新定义了几十万新媒体创业者的生存平台和生存方式；美团点评的团购生态，是1500个城市里的美团点评合伙人的创业平台……正是这些巨头所建立的“互联网基础设施平台”——稳定的流量入口、完备的支付体系、庞大的用户关系，让许多围绕平台的创业创新得以成立。而未来，此种创业形式将普遍化、常态化。

第二，小企业、个人将变成一个个节点。首先，一个人也可以是一个企业。企业可能只是一个虚拟意义上的公司，而非实实在在地存在，公司“神”在而“形”不一定在。其次，小企业可能只是一个大企业系统下的节点。同样的，雇佣关系也将呈现复式的嫁接结构，个体将变成一个个节点。如京东物流，面对不同规模客户的多样化需求，构建了供应链服务的模块化、定制化，业务覆盖冷链、中小件、B2B（Business to Business，商对商）件、跨境网、大件等全场景需求。每个场景自成一体，几乎独立，企业似乎变小了，又似乎变大了。再比如格力的董明珠，鼓励9万员工开设个人网店，全员销售，每个人都是创业者，将所有人纳入一个体系，内化在企业中。在此过程中，企业可能嵌套，能拆能合；企业原有的雇佣关系也将被颠覆，个体既是创业者，又是大企业的员工。总之，风暴过后，未来的创业将更偏重于抓链接、抓联系、抓关系，创业将从形变到神变，逐渐从业务架构、雇佣关系、组织架构等方面构建一个复式结构。企业既虚又实，创业“虚虚实实”。

新零售大洗牌——死得惨烈，生得潇洒

自马云2016年10月提出新零售这一概念，新零售行业势如破竹，成为零售业的基本共识。据统计，2017年新零售行业新成立57家公司，市场规模约

389.4亿元；2018年盒马鲜生、7FRESH等16家新零售品牌共计开店190家。据云格数据统计，2018年生鲜电商市场规模已增至2000亿元。在新零售的围追堵截之下，传统零售似乎只能夹缝求生。高鑫零售有限公司2018年收入同比下降2.9%，经营利润下滑6.5%；家乐福（中国）截至2018年年底账面净资产为-19.27亿元，最终被苏宁收购；沃尔玛仅2019年上半年就有15家大卖场停止营业，从山东、江苏到浙江、江西，一路撤退。

然而，一路狂奔的新零售如今却悄然踩下了刹车键，从迅速扩张转为战略收缩、关店成潮，“风口”变“封口”。曾定下“3到5年开店1000家”目标的7FRESH，截至2019年6月底，在营门店仅16家。大润发旗下的飞牛网3年投资超10亿元，最终亏损高达3亿元之多。永辉超市旗下的永辉云创2018年前三个季度亏损高达6.17亿元，连带永辉超市7年来首次出现业绩下滑。万达旗下的网络科技集团（网科），即使拥有着万达所有的网上资源，数任CEO离职，业务几经调整，依然挡不住彻底从万达四大业务集团中消失。菜管家、美味七七、花样生活、正源食派、果蔬帮等新零售企业陆续进入死亡名单……一时之间，对新零售的质疑声四起，甚至不乏唱衰者。

客观来看，新零售行业风雨飘零，背后的原因其实很好理解。

一是盲目抢占风口的后遗症。新零售企业很多采取“线上发展+线下连锁+物流”的运营模式，然而大部分只是搭建平台，使得各个功能简单相加后，便扎堆涌入新零售市场；但其仍沿用传统电商的操作逻辑快速复制和扩张，随着潮水退去，野蛮成长、供大于求的后遗症也就显现出来了。鲜生友情正是如此。2018年，鲜生友情疯狂开拓了100多家门店，而其社区型定位、大量铺货、低价促销的经营策略，与背靠巨头的竞争对手相比，劣势凸显，最终因无人接盘而整体闭店。

二是“烧钱”大战忽视成本管理的必然结果。新零售业两大阵营站队局势日渐明晰，轻资产重股权的“腾讯系”与重资产轻股权的“阿里系”不断扩展着自己的商业版图。其中京东与沃尔玛、永辉等传统超市属于腾讯阵营，而大润发、三江、银泰等加入了阿里阵营。圈地大战紧接着用户补贴大战，双方之间甚至是阵营内部的不同企业之间，都为抓住更多新用户、抢占更广阔的市场而不断进行花式“烧钱”大战，这让本就偏向薄利多销的零售业雪上加霜。用钱砸出来的新零售企业，收入始终难以覆盖运营成本，供应链和资金链一旦断裂，爆炸式增长后的泡沫就会开始破裂。

三是没有实质性的技术突破真正颠覆零售本质。没有真正的突破，“四不像”的新零售只会沦为一个可炒作的概念。如今新零售遇冷，正是由于缺少真正突破性的技术。像是近年来从悄无声息到走上风口浪尖、又迅速跌入谷底的无人零售，其衰败的主要原因，就是现有技术无法准确完成进货、补货、整理等工作，最多只能替代人力成本最低的收银员，与常规便利店相比并不具备竞争力，其衰败也就顺理成章了。

从更深层次来说，当下的诸多新零售企业并不能算是真正的新零售，只是简单地将线上线下进行了融合而已。

与此同时，也有一些新零售企业仍然生得潇洒。例如，K11与腾讯、阿里等巨头一同入选《快公司》评选的2018年“全球最佳创新公司50”榜单；茑屋已跨界覆盖了日本100多万家商铺，每两个日本人就有一个是其会员。究其根本，正是由于其符合了时代更迭的大势。

时代在变迁。工业时代商品整合调配效率极大提高后，零售业务迎来春天。信息革命解决了效率问题后，超市火遍全球。而云计算、大数据、物联网及人工智能的发展，使得零售平台为消费者提供更加高效、快捷、精细化的商品和服务增加了可行性。而近场感应终端、虚拟试衣镜等技术，使丰富的线下购物体验成为可能。自然而然的，消费模式也在随之更迭。在零售业“人、货、场”三要素中，在物质短缺时代，“货”无疑是占据第一位的；然后随着物质的极大丰富，“场”成为重中之重；而新零售时代则是“人”为先的时代，会越来越多地注重以人为本的消费更迭，物质消费会更多地向精神消费转移，消费者的需求也会更加多元化、精细化、个性化，这也就对商品和消费的匹配度提出了更高的要求。沃尔玛、家乐福等传统商超近来业绩纷纷下滑，正是因为堆积货物让顾客到店自选这种简单的买卖平台模式，越来越无法满足当今消费者的新需求。消费者更需要的是立体式的、空间型的消费场所，新零售商家就必须在有限的商业空间内注入更多体验功能，从而创造超越扁平化买卖平台的商业价值。像K11就将艺术欣赏、人文体验、自然环保与消费有机结合起来，不仅是购物场所，还是艺术馆、博物馆、科技馆和手工作坊。无独有偶，茑屋也在为顾客提供复合式的文化生活空间——除了名目庞杂的书籍，还有文创产品区、办公学习区、咖啡餐饮区甚至是宠物美容区和小型公园绿地，正如其创始人所说："把商品塞进去客户就会买账的时代早就结束了，必须围绕客户的生活方式和主题来做提案。"如今的消费者更倾向于选择在具备优质购物功能的同时，也能够提供享受休闲时光、欣赏艺术之美、探索尖端产品等贴心体验的新型零售场所。

由此可见，未来，新零售需要变交易思维为功能思维，重新定义场所空间，走上"科技+文化+体验+模式"的融合重构之路。

模式是载体。从整体市场份额来看，新零售时代，电商的线上化率会远远高于传统电商的20%，且线上与线下的结合变得更加紧密。除了基本的线上线下融合，新零售企业也会由简单的买卖平台向复合式的多元化场所转变，打破以往单纯的店铺体系，围绕消费者体验最大化，来打造场景化的新零售模式。从供应链、运营到组织管理的方方面面，都将被格式化。然而，模式只是一种载体，背后必须要有更深层的东西对其予以支撑。

科技是保障。归根到底，新零售的核心竞争力还是要来自传统零售模式无法比拟的便捷性和高效性。这一点只有在技术保障的基础之上，才能加以实现。例如，更加成熟的AR技术帮助消费者模拟出高度拟真的商品试用效果，AI（人工智能）系统快速保障商品的精细化运营等。而技术保障的另一面，其实也意味着高效的成本控制——在供应链、智能设备等配套技术的加持之下，降低企业的运营和管理成本。

文化是灵魂。大消费时代，消费者需求决定了商业大环境正在逐渐由物质消费向精神消费转移。在同质化商品过多的情况下，要想脱颖而出，必须为商品赋予一定的精神文化内核，从而带来更加优良的体验价值。T恤随处都可以买到，但优衣库和KAWS每年联名推出的T恤都会被买爆，甚至有消费者为抢购而受伤，主要就是由于KAWS这一文化符号以及联名背后包含的文化内涵。文化将会成为产业长久发展的重要保障，新零售也不会例外。

体验是根本。说到底，无论是模式、科技还是文化，归根到底都是为了最大化提升用户体验。体验经济将会在未来经济中占据越来越大的比重。可以说，未来谁能为客户提供更加个性、精致的服务体验，谁就会脱颖而出。海底捞发布的2019年上半年业绩报显示，海底捞上半年营收高达116.95亿元，同比增长近六成，其成功关键正是将用户体验做到了极致。无论是餐前让人吃到饱的各种零食茶水，还是赠送的防溅围裙、绑头发皮筋，又或是用餐时的下菜、剥虾，甚至是一个人吃饭时的陪聊、吃完后的美甲服务等，都给消费者带来了无比贴心的用餐体验。

进一步不难发现，在这种升级迭代中，未来新零售行业将会呈现既分层又融合的特征。

首先，新零售企业会逐渐开始分层。一部分将会大而全，“线上+线下+物流”一体化，满足消费者一站式购物需求。盒马鲜生一直在强调的力求产品丰富就是如此。而另外一些则会小而精，其主要功能是最后一公里的精准商配，以生鲜等日用品为主，仓库就分建于社区附近，低成本、配送快、货物新鲜将成为其最大优点。像是苏宁已在线下开设了超过6000家苏宁小店，苏宁小店与传统超市门店联合，就是这个思路，能在提高物流效率的同时更好地节约成本。

其次，线上线下会进一步融合。单纯线上或线下都无法最大程度服务消费者，如今，实体零售商们纷纷开辟线上销售和宣传渠道，互联网巨头阿里、京东等参与线下，早已不是新闻。在线上线下初步融合的基础上，未来二者还将进一步深度融合。像是如今的线上全渠道式新零售电商，未来可能会出现的线上完全拟真技术，等等。另一方面，线上渠道也无法完全取代实体店的展示和体验价值，未来线下实体店将会是主要针对高端产品的展示中心和生活体验中心。像是2019年8月新开的苏宁极物3.0旗舰店，除了设立了首家全场景智能家居体验店，还将书店、咖啡馆、潮玩馆、VR互动与进口家居、高端生活家电等不同消费场景融为一体。未来，新零售将会围绕用户体验，不断进行立体式的创新与迭代。

健身市场难逃“中年危机”？

健身有多热？国家统计局数据显示，2018年上半年，全国居民人均体育健身活动支出同比增长39.3%，高于医疗服务、旅游住宿、交通支出等增幅。马甲线、A4腰、iPhone 6腿、反手摸肚脐、巧克力腹肌等众多“健身效果衡量标准”，成为备受追捧的网络热词。各地的年度马拉松赛事、山地马拉松、商业越野跑和铁人三项比赛、彩粉跑[1]等趣味健身活动，异乎寻常地火爆。

然而，看似“风景这边独好”，传统健身房的经营却越来越举步维艰。“健身房倒闭潮”已在全国各地上演。据央视《经济新闻》报道，仅2018年年中的3个月内，北京就有超过20家健身房倒闭；而在全国范围内，60%的健身俱乐部存在不同程度的亏损问题。《2018年健身行业数据报告》显示，近84%的健身俱乐部熬不过12个月。健身房跑路引发的经济纠纷也时常见诸报端，据中消协发布的《2018年全国消协组织受理投诉情况分析》显示，在具体服务投诉中，2018年

[1]　彩粉跑：又称彩色跑，是一项2011年发源于美国的运动，参加者身着白色T恤，跑步过程中经过不同的彩色站，会被从头到脚抛撒彩色粉末。

全国各级消协组织受理的健身服务投诉量达11948件，进入所有投诉项目的前10位。2019年6月，国内最早的连锁健身品牌“浩沙健身”的倒闭，更是将“健身房已死”的争议推至风口浪尖。一边是健身热，一边是倒闭潮，健身市场冰与火的二重奏，颇有愈演愈烈的态势！

人们为什么去健身房？健身房起源于古希腊的黄金时代，一直延续到如今，在这段复杂的发展过程中，人们给出过很多答案：为了战争而训练，为了挖掘人体潜能，为了看起来不柔弱，为了在竞争对手中称雄……而如今，健身则直接来源于人们对健康生活的需求。毕竟，对于中国人来说，体型趋于肥胖已是不争的事实。从1992年到2015年，中国人的超重率从13%上升到30%，肥胖率从3%上升到12%。2016年，英国著名医学杂志《柳叶刀》发表全球成年人体重调查报告，发现中国超越美国成为全球肥胖人口最多的国家。其中，中国男性肥胖人数4320万人，女性肥胖人数4640万人，总人数高居世界第一。《富态：腰围改变中国》一书中，则引用了一组中国服装业提供的数据，“1985年，中国城市男性平均腰围是63.5厘米，到2012年已达76.2厘米”，也就是说，20多年间，中国男性的腰围膨胀了15%以上。中国有30%的成年人（约3.2亿人）超重，约12%的成年人肥胖。

除了肥胖，越来越多的中国人还遭遇了“亚健康”危机。2018年，武汉科技大学劳动经济研究所发布的“关于职场行为与疲劳状况”调查报告显示，超过八成的劳动者承受着一般或更高的精神压力和身体压力，处于过劳状态。“工作996[1]，生病ICU”，过劳、亚健康的普遍存在，也使得人们对健康保障愈发重视，健身随之成为一种“刚需”。

如果说塑造体型、改善健康是自健身出现以来，人们始终如一的追求，那么从文化和心理层面看，当下健身的风靡更是时代使然。一来，健身在一定意义上成为身份和阶层的象征。布迪厄在《区隔》中指出，阶层决定喜好。一个阶层在

[1] 996：每天从早上9点工作到晚上9点，一周工作6天的工作时长。

成长过程中，需要通过经济、政治、文化资本确定自己的身份，并将自己与其他阶层区隔开来。健身看似是一种老少皆宜的体育活动，但动辄上万的办卡费、私教费，让健身充满仪式感和消费气息。价格不菲的专业运动服、名贵跑鞋、Apple Watch或其他运动手环，让健身和星巴克、Apple Pay、日本游等，成为中产阶层的新标签。二来，健身还扮演着一种“宗教”角色，在一定程度上纾解着人们的生存焦虑。正如美国电影《阿甘正传》中，越战退伍大兵阿甘突然起意，从东海岸往西狂奔，如宗教一般吸引了无数的跟随者。如今，在全球经济不景气、知识不断贬值的大语境下，疲于奔命、惴惴不安的人们也急需一个能量释放口，而健身便成为人们以身体抵抗焦虑的最佳途径。运动的单调枯燥和长时间重复产生的肢体痛苦，带来肉体与精神的分离与紧张，然后在这一分离的紧张中重建了精神对肉体的感知与控制。人们如苦修的僧侣一般，从多巴胺中品尝喜悦，获得仿佛完全新生的身体感受。健身也因此意味着一种“新宗教”：每天、每周的固定训练是它的功课，各地各式的运动赛事是它的“弥撒仪式”，而天天在微博、微信朋友圈里晒健身心得、跑步路线便是分享和喜悦。

在这种欣欣向荣的背景之下，传统健身房却为何愈发显露疲态？表面来看，传统健身房遭遇“中年危机”，在一定程度上是受定制化的私教工作室和运用互联网思维的新型健身房的挤压。根据艾媒报告《2019全球及中国体育消费产业分析报告》显示，人们的运动需求呈现多样化和私人化的态势，这意味着中国人在运动方面的需求，不仅仅在健身房。此外，作为健身房的主要客户群体，这届年轻人深陷“996”工作模式难以自拔，没时间去健身房，已经成为很多白领、上班族不能承受之痛。

但从本质上来讲，基于“先办卡，再消费”的类金融模式，才是传统健身房走上穷途末路的根源所在。众所周知，“卖卡+售课”已成为健身行业的“潜规则”。表面上看，预付卡模式属于契约行为，“一个愿打，一个愿挨”，然而当健身房越来越把预付卡当作融资工具，健身行业的发展便随之脱离商业本质，陷入“庞氏经营”的困局。类似的美容、美发等以“预售”为商业模式的市场皆是如此。一方面，预付费模式堆高负债率，行业陷入虚假繁荣。预售的资金回流后，很多老板把这些钱默认为利润，装进腰包，或以此进行盲目扩张，导致没有后续资金维持未来的正常运营，这是典型的“寅吃卯粮”。当企业陷入“开店—发卡—再开店—再发卡”的死循环中，店面的债务往往会随着运营时间的延长，如滚雪球般不断增大。即便是行业内数一数二的威尔士健身，依然无法解决高负债率问题。2016年，威尔士的负债率已高达92%！只能走上“卖身”的道路。另一方面，为了维持这种虚假繁荣，健身行业的服务属性也异化为销售属性，从而导致长期生意变“一次性生意”。“游泳健身了解一下”这样的调侃性网络热词，让“私教”这个职业看起来更像是推销员而不是专业健身指导。当依托预付卡模式建立起来的整套激励制度及销售文化积重难返，就形成了一个恶性循环——一家健身房永远只能靠吸纳新会员来滚动现金流，根本无心提高服务质量，而用户会“用脚投票”，也就意味着续卡率成为最大问题。根据统计，中国健身房会员续卡率约15%，远低于韩国及一些东南亚国家的40%，北美及欧洲国家的60%～65%。强销售的模式，对健身这种留存为王的生意是致命的伤害。由此来看，在这种金融化趋势下，当下的传统健身市场已是“金玉其外，败絮其中”。

幸运的是，新型健身房的崛起正在打破这一僵局。以Keep、FitTime、超级猩猩、光猪圈健身等一系列主打“24小时”、“99元月付制”、智能硬件、O2O健身的互联网健身公司在某种程度上解决了传统健身房的痼疾，也为其转型提供了一些启示。然而，健身市场具有反人性和地域性极强两个特点，这两个特点决定了互联网始终具有局限性，所以必须遵循时代规律去建立新模式。

未来，健身行业整体将呈现功能迭代的新趋势。

其一，健身娱乐化。健身意味着气喘吁吁、挥汗如雨，而人天性追求安逸与享乐，也就是说，对于大多数人来说，坚持运动是一件反人性的事情。而技术完全可以刺激运动，AR手游《精灵宝可梦Go》（Pokemon Go）即为明证。发布不到一周，它就让玩家们“上山下海”寻找小精灵和补给站。根据斯坦福大学和微软公司研究人员的统计，这款游戏让痴迷的玩家们比平时多走了25%的路，乃健身利器也。试想，若将游戏内嵌于各种健身运动中，利用VR和AR的沉浸感，完全可以使严苛的体质锻炼成为游戏的“副作用”，玩着玩着就把身体给健了！

其二，娱乐网络化。“独乐乐不如众乐乐”，未来当你想和远方的小伙伴一起健身时，首先可以通过可穿戴设备发起“挑战”，对方的设备上同时收到邀请，在设定挑战时间后（5天或者7天），谁完成的目标更高，就能获得勋章。又比如在一款健身App里设有社区功能，用户可在里面图文并茂地“晒”出自己的运动装备，分享运动饮食、成果、运动心得等，与全世界的健身达人在线交流、比拼。

其三，健美电竞化。网络游戏之所以让人欲罢不能，关键便在于其竞技性质与正向激励所带来的刺激感和成就感，这一点同样可应用于健身领域。例如，未来的健身房可定期举办各类健美赛事，以会员卡充值、健身用品等方式吸引、奖励参赛者，还可以与运动服饰品牌、健身零食品牌等合作，以分担赛事举办成本。如此一来，既可获得广泛的社会关注度，又能提升品牌形象，还可以开拓客源、增加留存率，更有助于打通健身领域的全产业链，挖掘更大的市场空间。如此，一旦实现功能全面迭代，传统健身房枯木逢春、互联网健身平台递进式升级的日子也就不远了。

服务业品牌信任危机

2019年6月13日，国家卫生健康委员会通报关于住宿场所卫生专项整治情况，从2019年年初至3月31日，各地卫生健康部门共报告监督检查住宿场所

157011家，责令25868家单位整改，依法对3474家单位立案查处。被通报名单中有很多知名连锁酒店，如北京新世界酒店、浙江宁海格林豪泰宾馆等。这些酒店因存在多项违规情形被通报，包括未按照规定对顾客用品用具进行清洗、消毒、保洁等。是不是吓了一跳？事实上，关于酒店卫生问题，仅是近3年就有5次引起公众普遍关注，从7天、速8等快捷酒店，到全季等中端酒店，再到万豪、四季、喜来登、香格里拉、希尔顿等多家五星级酒店，全都“喜提”违规操作。这促使网友掀起一阵“自保式”消费讨论：隔脏睡袋、折叠漱口杯、便携脸盆甚至水壶，产品搜索量与销量均呈激增之势。即便如此，屡屡被爆出的酒店偷拍问题更加让消费者慌乱无助，有人质问，难道住宿要随身携带帐篷？可这也挡不住可能隐藏在卫生间和浴室某个角落、将你一览无余的摄像头。

不仅酒店业问题重重，但凡衣食住行游，近年来均被曝光过一些业内乱象：外卖界“速食包”甚嚣尘上，有的料包厂商日销40万份却品质堪忧，工厂卫生条件脏乱到令人作呕。一些包裹着层层塑料、外表光鲜的“品质”外卖，很有可能产自套牌外卖作坊；旅游业也从不消停，从北方的雪乡到南方的丽江，宰人、打客等事件接连出现；此外，网购快递遭暴力分拣、延误、冒领、丢失，更有“快递员性侵客户”这样骇人听闻的事件，将个别快递品牌口碑推入风雨飘摇之地。以上林林总总，让服务业似乎取代了曾一度假冒伪劣横行的制造业，陷入信任危机，成为一个新的“槽点”。

那么，为何服务业信任危机在当下屡屡出现？除了服务业自身存在一些根深蒂固的问题，社会环境的变化也让相关问题愈发超出社会的容忍极限。一是因为，中国社会的主要矛盾已经转化为人民日益增长的美好生活需要和不平衡不充分的发展之间的矛盾。随着国民经济发展，市场上品牌供给量大幅提高，可以说几乎“遍地都是品牌”，然而品质却良莠不齐。消费者怀着对美好生活的向往，收获的却是与其期望和价格都大相径庭的产品和服务，自然恼火。更不必说，这当中还有许多原本深得信赖的老品牌“湿了鞋”，成为服务业品牌信任危机的直接导火索。二是因为，消费升级大背景下，品牌本身被逐渐解构。面对消费者的多元化需求，许多品牌开始追求品牌差异度，然而一些品牌却在途中丢失了服务行业的初心，一味迎合，企图蒙混过关。酒店一块毛巾“一步到位、包罗万象”式的清洁，外卖以速食包和调料包充当现烹菜肴，企图以速度取代品质，到头来都是自欺欺人，只会败坏自身品牌形象、影响自身品牌发展。诚然，品牌差异度是品牌脱颖而出的重要因素之一，殊不知消费升级背景下，消费者对品质的要求只会更高、更全面，绝不可能让步妥协。

更何况，经历改革开放40多年的飞速发展，在国民经济与生活水平显著提高的同时，贫富差距也正在迅速拉大。据测算，2003年至今，中国的基尼系数从未低于0.46。由于一线城市房价高企，最近3年更是逐年增大，由2015年的0.462升至2017年的0.467。而在学界，关于基尼系数的讨论甚至更加夸张，估计近几年中国基尼系数在0.55左右。贫富差距带来不同收入群体之间的落差与分层，“佛系青年”“人间不值得”等网络流行语的背后，正是人们对这一落差的自我调侃与消极反抗。而这一落差又在互联网与移动互联网的急速发展中被扩大，二者改变了信息传播的途径与形式，一改以往人们只能被动接收信息的模式，信息以主动搜索、网状传播的形式，散布到网络世界的各个角落。

二三十年前，城市服务行业相对而言还是较为体面的工作。然而伴随经济发展、社会变迁和网络普及，服务行业成为受教育程度相对较低、缺乏职业技能的底层人群切入城市生活的重要途径，这也决定了工业经济乃至农业经济的思维，成为当前服务行业的主流底色。而人们的需求却早已迈进了服务经济与体验经济，个中矛盾不言自明。更何况在某些场景下，服务提供方与被服务方的阶层落差有时甚至犹如天堑，由此，服务业矛盾集中爆发也就在情理之中。

事实上，若顺应市场经济的发展逻辑，自然会产生分层，即所谓“圈层化”。劳动者作为服务提供方处于相对较低的层次；消费者，尤其是高端消费者，则相对处在高端层次；而消费者之间也因消费能力、消费水平而产生分层，譬如酒店分星级、机票分舱位，还有几乎所有服务业都提供的“VIP”“VVIP”服务，即是印证，这也使得当前服务行业从业人员处于相对较低的社会地位。然而，如果社会太强调圈层，那么不仅底层群体会滋生仇富心理，消费者与服务者、消费者与消费者、服务者与服务者之间还会产生种种矛盾，诸如高铁二等座乘客非要强占商务舱座位，飞机乘客辱骂殴打空乘，服务员暗笑团购优惠的消费者抠门，奢侈品店员对衣着朴素的消费者冷脸相待甚至公然予以白眼，此类事件频频见诸报端，挑动着不同群体的神经。可以想见，若任由服务业市场化、阶级化，则会激化社会矛盾，于社会稳定、经济发展都是无益处的。

而要弥合市场化带来的震荡，服务业还需要职业操守、职业素养对从业人员加以约束和自律，即实现“职业化”。需要各行业相应的职业道德规范加以约束，但仅仅依靠外部力量倒逼进行鞭策，效力是有限的，还需要内部原生动力激励。日本以“工匠精神”要求服务品质，以客户本位追寻“极致服务”，其服务业整体口碑的背后，是每一个从业人员作为独立个体对自身的高要求、高标准。研究表明，中国服务业从业人员虽然总体职业认同程度处于中等偏上水平，但认同度较高的只占调查样本总数的11.1%。这说明中国服务行业中，对自身职业高度认同的从业人员相对较少，而自身职业认同恰恰是服务业职业化的基石——只有从内心认可、接纳了自己从事的职业，才会以高标准的职业操守和素养来要求自己。当然，职业认同度的构建、职业责任感的培养，一方面离不开与当前社会需求相匹配的、更高程度的职业教育，另一方面也与消费者的反馈、从业人员自我价值的寻找与实现息息相关。如果内外双管齐下，实现职业化的升级，那么服务行业整体品质、品牌口碑自然将随之提升。

早在20世纪80年代，美国未来学家托夫勒就曾在其著作《第三次浪潮》中指出，人类社会经济文明已经历“农业经济—工业经济—服务经济”的更迭，而服务经济的下一步将是体验经济。体验经济恰恰是服务经济的版本升级，“人”作为服务经济与体验经济的主体，将占据核心地位，谁抓住了“人”的需求，甚至创造了“人”的需求，谁就掌握了服务业的关键所在。在这一背景下，服务业的内涵与外延都在悄然发生改变，行业进入再造阶段。在未来的服务型社会、体验型社会中，人们的需求将前所未有地趋向多元化、体验化，一切都将是服务，都将是体验，职业将不再有贵贱之分。低技术含量的、以大量重复性劳动为主的服务工作，如清洁工、快递员等职业，将由AI和机器人取代，人类将转向机器无法取代的高端化、个性化、体验化的服务业市场。事实上，这样的趋势早已蔓延开来，高端酒店的服务员已逐渐向“管家”转型；伴随“密室逃脱”游戏逐渐升级成为全息浸入式的故事体验，其从业人员也从场外提示升级为业余甚至专业演员，而这些，仅仅是体验经济时代服务业版本升级的冰山一角。与此相应，消费者对品牌信任的要求与标准也将有全新的版本升级。由此推之，本轮服务业品牌信任危机，将加速行业洗牌，重新制定游戏规则。而当服务业实现要素重组，度过危机，便将迎来新一轮品牌重塑。

白酒时代消退

消费断崖式下跌最厉害的不是手机业，不是汽车业，而是白酒行业。中国酒业协会数据显示，2018年全年白酒产量871万千升，同比增长3.14%，白酒销量仅为854万千升，低于2010年的水平。尤其是2018年下半年白酒巨头高层落马，各大酒企公布第三季度业绩报表，增速滑坡之后，白酒股掀起暴跌狂潮，仅10月23日一天，单日白酒板块市值就蒸发了近1200亿元。2018年收官之时，19家白酒上市公司的市值较年初缩水4300亿元。商家都期望2019年在一片“猪福”声中，能够迎来市场修复期。然而无论酒企如何做“地基建设”，市场蝶变并未到来。受

A股行情转暖影响，有一批白酒股有40%以上涨幅，但基本上都是“仅赚股指不赚钱”。茅台集团领导亲自上阵，和销售公司的同事一起整治市场，压住了茅台酒价格猛涨之势，却没有换来销量的提升，销售额和2018年同期持平；泸州老窖细化品牌，国窖1573主打“浓香国酒”，国窖特曲突出“中国味道”，窖龄酒则偏向“商务精英”，头曲、二曲面向“大众消费”，路线设计得挺好，销量却不尽如人意；更有甚者，曾称自己“销量远超茅台、五粮液”的央视标王孔府宴酒如今破产，在阿里拍卖平台上将其土地、房产、设备等资产以1.33亿元的低价起拍，却无人问津，一代山东“酒王”就此倒塌。白酒行业整体呈现萎靡不振之态。

不可否认，中国酒的起源历史较早。在距今约8000年的新石器早期原始部落遗址中，发现大量的酒器和用于储存谷物的窖穴。到了唐宋时期，已经有关于“烧酒”“蒸酒”的零散史料。酒的问世和发展，与中国讲究“礼仪”的传统文化脱不开关系，“礼仪之邦”的熏陶使中国人养成了热情好客的习惯，而端起酒杯一饮而尽的豪迈与气氛，使得美酒最能体现热情，最能使“礼仪”具体化，最能缩短主客感情距离。河南等黄河流域作为中国传统文化最浓厚的地方之一，人再穷，待客必有酒，这叫“有酒客不怪，无酒礼不周”。如果说由人工发酵方式酿造的米酒、葡萄酒或啤酒，适用于一般家庭聚会或者“呼儿将出换美酒，与尔同销万古愁”“劝君更尽一杯酒，西出阳关无故人”这样的会友、送友等场合，那么，白酒则更适用于商务、事务、政务应酬场景。因为白酒发酵后要蒸馏浓缩，步骤烦琐，酒精浓度高，显露的是厚重、庄重、大气、豪气等气质。20世纪70年代设国宴招待外宾时用的就是茅台酒。白酒独特的应用场景凝固成一种“权力文化”，大概只有中国白酒行业的广告才会找唐国强、陈宝国、陈建斌、张铁林这些“皇帝专业户”演员代言。而正是由于白酒隐含着权力、尊贵、面子等属性，所以它在中国向市场经济转型的前改革时期、审批经济带来政商寻租的时期，大放光彩。商人为拿地、拿项目、拿补贴，需要与官员建立良好的关系，官员为发展经济，也需要解商人燃眉之急，于是白酒就成为成事的道具。并且，桌上摆什么白酒，反映了什么样的重视程度——是办茅台的事，办五粮液的事，还是剑南春的事，一目了然。为表示诚意，一般对客人连敬三杯，还有“感情深，一口闷；感情铁，喝出血”及“酒量就是能量”之酒桌“潜规则”。一次宴请搞不定，就多次宴请，在很大程度上带动白酒的销量一骑绝尘。但如今，产能过剩、政府职能转型助推审批经济退场，反腐败以“无禁区、全覆盖、零容忍、重遏制、强高压、长震慑”的凌厉姿态刹住“官商合谋”之风，抑制“三公消费”、八项规定、六条禁令、公务活动全面禁酒等规定，进一步收缩了白酒的消费空间，让白酒从繁花盛宴走到了萧条时刻。

新型政商关系的时代，促使白酒深度下调。与此同时，生命经济的降临也将对白酒产生挤压之势。人类经过农业文明、工业文明，现在进入工业化后期。工业化历程已提供了相对的富足，下一步，人类想把生老病死变成一个自己能掌控的过程，由此催生了生命经济。“自由诚可贵，爱情价更高，要是没健康，全都泡了汤。”工业经济背景下，人们围着物质转，而生命经济背景下，人们更在意谁活得长久健康、活得有质量。任何产业都只有迎合了时代的需求，才能风生水起，得以发展。白酒酒商在祭祀盛行、熟人之间沟通情感的农耕文明及堆积物质财富的工业经济中，固然可以做得有声有色，但到了生命经济时期就将没有戏份，因为酒的成分是乙醇（俗称酒精），它是一种高热量而无营养的物质，伴有刺激的辛辣滋味，并致癌。黄酒、红酒、啤酒的酒精度较低，成分构成中微量元素、氨基酸、抗氧化物、葡萄糖、果糖等物质反倒占主体，故而若适量饮用，危害并不明显。含有低分子糖、无机盐和各种酶的啤酒在体内产生热能，被称为“液体面包”，含有锌、维生素、丰富氨基酸的黄酒养颜美容、促消化、抗衰老，更是有“液体蛋糕”之称。但是，白酒的酒精度较高，50度的白酒意味着在100毫升的酒中含有乙醇50毫升（以20℃时的体积比来计量）。大量的乙醇侵入人体，可造成心肌细胞及细胞间质水肿、线粒体变性、心肌损伤、心脏和血管发生病变、神经组织受损等。酒精度数越高，健康危害越大。至于当前流传或被商家炒作的“饮一定量白酒会降低心血管疾病发生风险”之说，其前提是有的人肝脏中乙醇脱氢酶的活性极高，能够快速促成“乙醇—乙醛—乙酸”这一代谢过程，最终发挥乙酸软化血管的功能，从而减少乙醛对身体的损害。这一论断有些偏颇，因为人的基因是有差别的，并不是每个人都有着充足的乙醇脱氢酶和DNA损伤修复蛋白。另外，因价格偏贵，白酒成为假酒（工业酒、化学酒）的重灾区，更使得“白酒健康论”从整体上立不住脚。既然有违健康时尚，白酒眼下的衰落就是必然了。

更何况，中国白酒始终没能走向世界这一事实，也使之黯然失色。在世界蒸馏酒的江湖上，门派林立，品类繁多，各品牌之间争奇斗艳。中国白酒与威士忌、白兰地、伏特加等烈酒，酿酒原料都是富含糖类或者淀粉的麦类、谷物等，区别在于中国白酒在酿造过程中有酒曲的加入。酒曲是一种微生物，微生物分泌出酶，酶具有生物催化作用，从而提高原料中淀粉、蛋白质等转变成糖、氨基酸的速度。正是因为中国白酒开放式生产中参与的微生物较多，面向国际市场时，不少物质很难说清楚。而西方人的消费观念注重每一样物质都要标得清清楚楚。中国缺乏一套反映白酒一致性的、易识别的国际标准体系，影响了中国白酒进入国外市场。另外，帝王将相的“虚假文化”而非消费乐趣文化，也阻碍了中国白酒的国外认同。以致中国虽然是世界蒸馏酒第一大生产国，酒企虽然费尽心思地在纽约时代广场买下大屏幕、重金赞助澳网赛场等来拓展海外市场，但白酒出口量仅占到国内生产总量的0.19%，国际市场份额不足8%，甚至还是以厨房料酒的名义进入美国市场的。苏格兰威士忌、干邑白兰地、瑞典伏特加的出口比重都占到各自国内产量的40%以上，当仁不让地成为“武林盟主”，连中国的港澳台地区都是由威士忌与白兰地称霸。现今，距离1915年巴拿马万国博览会已有100多年了，当年同样参展获奖的丝绸、茶叶等商品，早已随着东方文明西渐及“一带一路”倡议而国际化了，中国白酒却在世界“酒业江湖”上没有位置，这削弱了其势头和影响力。

综上，整治不良官商行为、生命健康意识觉醒、在国际市场上努力无果“三把利剑”一起落下，将白酒业逼向“夕阳产业”。对于酒企而言，在前期白酒上升周期已积累起的巨额财富，在面临如今“白酒时代渐渐消退”时，必将盘底调整。白酒企业或以“匠心”“工匠精神”等关键词开启产品品质诉求，推出保健酒、药酒等新产品，或在渠道上推进“百城千县万店工程”、与电商合作、投入新零售终端门店等。这些自救、“补课”行为或将抢占某些商务消费（以往靠政府和国有大型企业团购的模式走进死角）、对健康无明显负面影响的少量人群、特殊疾病患者、收藏等小众市场。这一过程，由于市场整体陷入红海，相互竞争加大，不乏将出现个别地方政府的保护主义（白酒消费税复合计征，税额大），由此将加速酒企的两极分化。扛不住、转型不力的小型企业将被洗牌出局，白酒企业将越发呈现寡头垄断格局。而对于大众市场和消费者而言，红酒、黄酒、啤酒都不同程度地有着酒的刺激和韵味，并且不断尝试与西餐的创新搭配，在年轻人当中也颇受欢迎，这些酒在一定意义上将发挥对白酒的替代效应。同时，生命经济降临，餐桌上传统的碳酸饮料、调制乳等，其成分除了糖类能给人体补充能量外，别无他益，多数存在过多的对身体有害的添加剂，纯天然、无添加的果汁酒，如蓝莓酒、杨梅酒等或将慢慢崛起，切分酒的部分市场。并且，伴随中西饮品贸易及人员往来的频繁，能够兼容中西文化、赋予特定精神体验的酒类、饮品新品也将可能问世，消费者将从产品功效、艺术、文化、服务等获益更多。而多元化又将潜移默化地掀起“去中心化”的潮流，白酒所代表的古老的精神图腾恐怕也将渐渐远去。

化工行业洗牌与质变格局——前有堵截，后有追兵

近几年来，化工行业下行压力步步加大。经营数据一派萧瑟，中国石油和化学工业联合会发布的数据显示，2019年上半年，石油和化工行业利润总额同比

下降18.3%。折翼的企业也不在少数。2018年年底石化行业规模以上企业27813家，比2017年年底减少1494家，到2019年6月底降至26012家，半年减少了1801家。不是这边亏损，就是那边倒闭，化企怎一个难字了得!

化工行业陷入如此尴尬之境，正在于“前有堵截、后有追兵”。对内有供给侧改革，环保风暴愈演愈烈，化工产业成主战场。自2016年兴起的供给侧改革叠加环保风暴，在2017年到达顶峰，2018年又进入供给侧改革深化及环保常态化，先是环保督查杀了个回马枪，而后更多长效机制建成发力，如湖北、江苏等长江经济带的11省市相继出台禁化、限化措施，破解“化工围江”，环保与化工甚至一度成了零和博弈，“先停再说”“一律关停”之风盛行。在环保这条“不可逾越的底线”下，化工企业不得不面临“适者生存”的残酷大考。与此同时，外有贸易摩擦层层施压，化工产业成重灾区。在中美贸易战你来我往中，苯乙烯聚合物、聚异丁烯等化工品被“双杀”，出口要被美国加征关税，进口也被加征关税。以加工贸易为主的中国石化产业不仅原料进口成本大增，且低利润商品出口路径收窄，经营困顿不言自明。综上，发轫于环保风暴下的供给侧挤出，叠加始于外部压力的贸易成本骤升，“内挤外压”把化工顶在了杠头上。

为何“倒霉”的老是化工行业？这与化工在传统工业经济体系中的地位与重要性密不可分。“没有化工就没有工业”，伴随炼铁、炼焦工业的兴起，合成染料、合成香料等相继问世，橡胶轮胎等也投入生产，才有了蒸汽机的第一声轰鸣。化工发展至今，人们衣食住行各个维度的根本，都是依赖化工提供的原材料和辅助品。正是由于化工的发展，人类社会才有了前所未有的物质生活的丰富。换言之，化工既是工业经济的核心，也是国民经济的支柱产业，“得化工者得天下”。美、英、德、法等老牌工业强国，哪个不是乘着化工发展的东风，强势推进工业化进程的？正因化工的重要性，我国工业经济发展同样押注化工，无论是20世纪50年代“优先发展重工业”，甚至不计客观条件的盲目“跨越”，还是以20世纪90年代初房地产投资热、21世纪初大兴基建、2008年“四万亿”

计划刺激基建投资为推动力，拉动煤炭、钢铁等重化工扩张产能，工业增长四度转向以重化工为主导，客观上成为工业经济的发动机。2000～2016年，我国化工产能全球占比从不足9%一路升逾36%，与之对应的是中国制造业产出在2005年、2008年、2010年分别超越德国、日本、美国，2000～2016年占全球比重从8.5%提高到30.9%。然而，历史总是踏着尖刀前进，发展必然付出代价，化工也不能例外。就一定意义而言，环保压力与贸易摩擦两面一体，是对中国化工爆炸式发展所导致后果的应激反应。一方面，作为粗放式发展、承接全球化工产业链底部低附加值产能的代价，化工行业不仅国内产品竞争力不足、同质化严重、结构性过剩现象突出，也产生了相应污染，对环境造成不可逆的破坏。化工行业排放废水、废气、固体废弃物数量分别占全国工业“三废”排放总量的16%、7%和5%，位居第一、第四和第五位。[1]低端产能过剩及污染的负面效应溢出，倒逼顶层设计通过供给侧改革、环保督查等进行收敛，引导行业壮士断腕般“结构闯关”。另一方面，中国作为后发国家，化工产业的每一步发展都以触动原有市场玩家的利益为代价，“取而代之”的过程不可能是和风细雨，只有通过“一将功成万骨枯”式的血腥竞争，才能最终实现底层逆袭。何况如今我国在化工各个子行业都呈现全面赶超的态势，如万华化学的MDI、卫星石化的丙烯酸、皖维高新的醋酸乙烯、中国巨石的玻纤行业等，这些优秀化工企业的产能与技术皆居国际领先地位，从星星之火渐成燎原之势，老派化工稍有不慎便地位不保。新仇叠旧恨，眼见着中国承接了化工基础产能后还沿着产业链向上延伸，也难怪历来视化工为制造业“王牌”的美国对中国化工连连施压。

伴随着内外对我国化工产业发展迟到的清算，环保成本、生产成本、关税成本等层层加码，让低利润大宗化工品生产在我国难以为继，必然要寻求成本洼地，再掀起一轮产能转移。但问题是，且不论东南亚、南美等国工业基础落后，

[1] 《经济日报》，“化工行业当向‘绿色’升级”，2017年8月3日。

雨林与湿地密布的脆弱生态如何承受与粗放化工发展伴生的污染，眼见着后发国家凭借廉价劳动力“承接低端化工产能—进而实现产业升级—转移低端产能”的模式被颠覆，化工行业难道真的到了被时代抛弃的时候吗？事实上，后工业时代，工业经济基础的变量发生质变——新技术、新工艺、新材料、新理念因素拦腰斩断经典发展路径，化工自身发展面临划时代调整。

第一，新技术为传统化工到模糊化工夯实基础。技术的发展打破各行各业的清晰边界，加速行业跨界融合。生物化工就始于抗生素的深层发酵技术，又因生物催化与传统技术、分离技术等逐步完善体系；而基因工程等技术崛起，又为生物与化工联动发展开辟新领域。其中，德国的生物质炼制技术无人能出其右，如巴斯夫（BASF）利用生物质[1]生产琥珀酸、南方化学将“液体甜菜”转化为新原料，研究水准独领风骚。

第二，新工艺实现大化工向精细化工进阶。化工发端于以石油化工为基础的大规模炼化合成工业，即大化工，伴随制备工艺的更新迭代，产品纵深加工成为可能，进而促成以大化工产品为原料，分子结构复杂、商品性强、产品附加值高的精密化工体系的形成。美国、西欧地区和日本等受益于先发优势，至今仍代表了当今世界精细化工的最高发展水平，相较于我国精细化工率48%，这些国家和地区已达到70%左右。

第三，新材料促进从能源化工到新材料化工的发展衍生。新材料的涌现突破传统化工行业围绕煤气油及其衍生的能源型桎梏，拓宽其延伸空间，形成具有优异性能或特殊功能的先进化工材料。典型如锂电领域，以硅碳复合负极材料、钛酸锂、石墨烯等新材料应用为代表，形成不一而同的发展路径，俨然“面朝新蓝海，各路‘锂’花开”。

第四，新理念引领化工从线性（一次性）到环状（循环）转向。“绿水青山

[1] 生物质：如秸秆、树叶、锯末等农林废弃物。

就是金山银山”，后工业时代，可持续发展理念渐入人心。在此理念下，产业发展观从传统的“只看当下、不问将来”，向绿色、可循环版本升级。我国在《循环发展引领行动》中便已对化工业循环化做出设计，充分利用化工产业链上中下游之间的关系，通过对废料再处理实现资源综合利用效率，构建产业关联、资源共享的生态循环体系的循环化工园区。

一边是供给侧改革与国家竞争盯着化工不放，其重要性被前所未有地强调，另一边是行业自身出现颠覆性的发展趋势转向，打开竞争新赛道，化工无疑进入行业洗牌、全球格局调整的敏感期。化工走入“多事之秋”，反映在价格上必然是暴跌暴涨、宽幅震荡，反映在格局上便是老牌工业化国寡头垄断的旧秩序被打破，新领头羊取而代之。尽管谁能笑到最后尚未可知，但可预见的是，随着化工突破传统行业范畴，与新技术、新理念、新工艺、新材料强相关，未来化工行业颠覆力更来自外部，泛行业的产业、技术综合性优势，将形成化工行业发展的底气。在一定时间内，美、欧、中或呈现阶段性的“三足鼎立”之势，其中欧美凭借新兴技术革新占得创新性优势，中国则凭借全球最全的工业体系、最发达的基础设施，形成产业链合力优势。

08

房地产S形走势

如果说过去20年是房地产的黄金时代，也是造就过度金融化的20年，那么2020年开始，被纷繁复杂的功能与中国特色使命裹挟着的房地产市场，将进入一段漫长的横盘周期。不过，鉴于中国区域落差太大，“一城一价一策”将成常态，进而呈现中段横盘、两头反向的S形走势。房企也站在了历史的岔路口，将开启洗牌时代。

房地产成一门“玄学”？

近两年，“稳”似乎已经成为绝大多数人对房地产的认知和判断。但同时，各地调控有松有紧，一边上涨，一边下跌，让人摸不着头脑。于是有人笑侃，很多人对中国房地产的态度，大概可以分为三类：看不懂、看不透、看不穿。但事实上，房地产走势依然有迹可循。

第一，可以肯定的是，土地财政是难以退出的，房地产仍是支撑中国经济增长的中坚力量。毕竟，土地是中国经济崛起的最大助力之一，未来5～10年中国经济增长仍需依靠这股东风。历年《中国国土资源年鉴》统计显示，1996年全国土地出让金收入仅为290.4亿元，2005年上涨到5500亿元～5900亿元，再往后推10年，已高达3.25万亿元。全国土地出让金20年翻了100多番，2018年以6.5万亿元再创历史新高，若按同期一般地方公共预算收入约9.8万亿元，则差不多占公共预算收入的三分之二。中国指数研究院数据亦显示，2019年上半年全国300个城市土地出让金额近2.25万亿元，同比增长16%。照此发展速度，土地财政又岂会偃旗息鼓?

第二，房地产税终将全面出台，并通过中央和地方的比例调整来逐步替代土地财政，但房地产税并不足以完成替代。当下社会各界似乎已经在房地产税上达成共识：一旦全面征收，将打击投机炒房，促使楼市降温，从而兑现“房住不炒”。其实房地产税早在2011年就在重庆、上海进行试点了，2014年以来政府工作报告3次提及房地产税，2019年明确“稳步推进房地产税立法”，说明目前可能已形成税收方案，但因关乎民生又有地区差异，如何征收还需广泛征求意见和立法审议。毕竟当下中国，土地在地方，税收在中央。自1994年分税制改革以来，中央和地方近乎“三七开”的事权与财权的不匹配，让地方“铤而走险”，卖地生财。中央要想靠增税来弥补近3万亿元的土地收入和1万亿元的房地产相关税收，几乎不可能，更不要说还有6万亿元的土地抵押融资。在中国，土地财政的本质是融资，要把税收变为足以匹敌土地的另一个对等的信用基础，就必须将税收体制从以间接税为主转向以直接税为主。中央需大规模让税给地方政府，并用保有环节征税，如房产税等，来逐步替代土地财政，但这并不能一蹴而就。

第三，尽管中国老龄化、少子化等问题已浮现，但近期出现人口断崖式下跌依然是小概率，反倒是人口分布的偏态化与流动的非均衡，或将导致楼市分层与畸形。毕竟，“长期看人口，中期看土地，短期看金融”，已成房地产业内共识。截至2018年年底，中国人口13.95亿，近三年出生率跌至1.1%，死亡率涨至0.713%。即便中国放开“二胎”也收效不大，总生育率已降至1.5%以下。人口专家估算，一旦出生率与死亡率出现交叉，就可能迎来人口拐点，这一拐点最早也要到2025年后才可能出现。因此，在人口增长惯性下，未来几年城镇化率依然将水涨船高。联合国预测，到2030年中国城市化率将达70%，届时中国的城镇人口将达10.2亿，城市人口比2018年年末增加2亿，如此“刚需”，无疑是支撑未来楼市持续增长的基础。但问题是，人口分布正向城市群、都市圈集中。恒大研究院进一步论证，2030年时，这2亿新增城市人口中有80%，即1.6亿人，将分布在国家规划的19个城市群，其中长三角、珠三角、京津冀等七大城市群将接纳1.2亿人。更何况还有2亿的流动人口，将会引发地方抢人大战此起彼伏。但这些做法却挡不住人口继续从三四线城市向一二线城市集中，未来城市将出现扩张与收缩的急剧分化，鬼城、空城的出现将加剧房市的马太效应。

第四，中国既面临金融大爆炸，又适逢第四次金融危机，房市以“房住不炒”为目标去杠杆，却又难以真正降低其金融属性。申万研报显示，中国居民个人住房贷款余额从2009年的3.5万亿元暴增到2018年的25.75万亿元，10年增幅超过6倍。即便银行开始收紧房贷，2019年上半年还是新增住户中长期贷款2.5万亿元，涨幅10%。房贷成了撬动房价的杠杆，以致中国家庭杠杆率猛升，从2004年稳在18%左右，升至2014年的35.9%，2018年更飙涨到53.2%。更别提房企借钱造楼背了一身债，2018年170家房企总有息负债超6万亿元，平均净负债率超过90%，百强上市房企平均净负债率84.1%。万得（Wind）统计显示，仅2019年，房企就有508只国内债共计5303亿元到期需偿还，业内估计今后3年里房企将有超万亿元债务到期。从供给侧改革看，房地产去杠杆是兑现“房住不炒”的必要手段，但在国家赋予房地产如此多重任的情况下，政府又必须确保楼市稳定。因而，在国家尚未摆脱对房地产的依赖的情况下，楼市自然也难以摆脱金融化的魔咒，一边政策去杠杆，一边市场泡沫化，致使房市金融属性增强。

第五，“一刀切”的调控政策挡不住房地产市场化进程，中国不太可能爆发楼市崩盘的经典危机。虽然经典危机十有八九是房地产大跌所致，但对中国来说，从稳增长、稳金融到稳投资、稳预期，都离不开房地产这个中流砥柱的稳定。因而调控政策让房市冷了加火，热了加冰，还未等危机出现，政策就人为挤泡沫。去年为了楼市退烧，政府从限购、限贷到限售、限价，基本是“一刀切”，结果发现短期有效，之后却越来越压不住需求，甚至出现误伤，以致2019年政策一松动，积压的市场需求就爆发，不得不转向“一城一策”，热点城市总体从紧，而针对存在房价下跌风险的城市，则出台托市政策。仅2019年上半年，全国各地出台调控政策高达251次，较2018年同期的192次上涨31%。显然，政策可以一时调控房价，却挡不住大量货币锚于房地产上，也抑制不了城市化带来的刚需膨胀。即便以社保、户口等拦住了外地人买房，也只是延迟“刚需”买房的时间罢了。更何况相较于新房受制于政府指导价，二手房、租房等价格的涨跌取决于供求关系，又岂是政策所能摆布的？这就不难预料，“十四五”期间，房地产让市场起决定性作用，是为更好地发挥政府作用，少不了对楼市的总体管控，以求稳住房地产这个定海神针。

第六，未来不再聚焦于房价调控，而是更多地集中在市场结构的调整上。深圳探索房改长效机制，即是明证。且不说2019年7月，深圳因不能反映市场真实情况而不再公布楼市均价，仅从2018年8月深圳“13号文”[1]看，2035年前深圳将新建170万套住房，商品房只占40%，60%为公租房、人才住房。一旦深圳试点向全国推广，则将在很大程度上加大保障性用房比重。再加上2015年提出租购并举、租购同权，2019年推动《住房租赁条例》立法，最关键的是一二线城市以年轻人为主的租房人群已超2亿，中国房市的顶层设计显然正在从商品房一元市场主体向商品房、保障房（包括公租房、共有产权房等）、租赁房三位一体过渡，“十四五”期间房产市场调结构重于调价格，也就顺理成章了。

鉴于以上分析，一边房地产税磨刀霍霍，一边土地财政难以退出；一边城市化空间巨大，一边人口流动偏态；一边政策要去杠杆，一边市场又要金融化，不管是市场分层还是城市分化，都将让2020年的中国房地产呈现S形曲线。鉴于中

[1] 13号文：指《关于深化住房制度改革加快建立多主体供给多渠道保障租购并举的住房供应与保障体系的意见》。

国区域落差太大，“一城一价一策”将成常态，所以具体将表现为绝大多数城市（以二三线城市为主）多空胶着，以致中段横盘，但两头反向。一头是北京、上海等超级大都市，在控制人口的政策下房价高者更高，而另一头则是四五线城市或收缩型城市，可能将在缺乏产业支撑的情况下导致房价急剧下跌，由此演绎出中国房地产另类的S形曲线。

2020年房地产分化趋势

房地产市场的分化将愈发明显，已经不能用一个词来简单概括全国的房地产了。具体而言：

一是新房与二手房价格分化，新房“坚挺”，二手房价格持续下跌。事实上，新房与二手房最大的差别不是新旧，而是决定价格的机制不同，前者有政策帮助“限价”，后者已完全市场化，更能反映真实的市场状况。2019年5月以来，二手房市场降温特征明显，成交量随之步入下行通道。

二是城市加速分化，一二线城市房源依然抢手，三四线城市的楼市重归寂静。一个城市的房地产市场与这个城市的经济发展状况息息相关。一二线城市占据地缘与政经优势，聚集了资源、资金和人流，经济发展水平领先全国或周边，而土地供应相对稀缺，因此，需求决定了一线城市如京沪深等房价居高不下，区域中心城市如成都、武汉和重庆等房地产市场仍处于增长期。对三四线及以下城市而言，过往两年楼市的火爆，一方面受益于一二线城市价格上涨形成的洼地效应，另一方面缘于棚改货币化安置等去库存政策效应。棚改的资金来源主要是央行的PSL（抵押补充贷款），国开行再向地方投放，地方政府运用这一资金进行棚改。可见，棚户区改造货币化安置不仅是住房制度方面的一种创新，更是基础货币投放的一种创新，也是货币传导机制的创新，它相当于在央行与中小城市房地产市场之间架设了专门的货币投放渠道，起到了货币政策定向宽松的效果。如今，在价格洼地相对填平、棚改货币化安置逐步退出、各地2019年棚改“腰斩”的背景下，三四线城市房价涨速或将回落，而此预期将导致投资资金从三四线离场，进一步让三四线城市房产市场陷入萎靡。因此对于地方政府来说，与其为房地产市场及土地财政忧心，为如何放松楼市调控政策而挖空心思，不如在新一轮中国城市格局大调整中，抢占新的地缘与地位。

三是房企持续分化，龙头企业领跑，中型房企狂追，小型房企生存空间趋小，徒留“地产一梦二十年，醒后已是江湖远”的感慨。房地产行业经历黄金20年，“规模”二字始终是房企成长之路上的咏叹调。随着房地产调控持续深入，融资渠道收紧，二八定律展现得越来越鲜明，行业集中度大幅提升，市场竞争格局基本确立，房企在加杠杆追求规模竞争的游戏中座次已明，资源进一步向龙头房企聚集。2018年，千亿房企总数达31家，较2017年新增13家，规模型房企凭借广泛的布局和雄厚的资金实力，市场份额越来越高。如碧桂园、万科、恒大稳居前三宝座，形成第一梯队，2018年全年销售业绩均超过6000亿元。而中小房企则陷入融资难、融资成本高的困境，面临崩盘与退市的生死抉择，经历降价、裁员、卖股的自救。如上市8年的中弘股份被深交所摘牌，成为首家因股价连续低于面值而被强制终止上市的公司，压倒它的正是超过百亿元的逾期债务。同时，规模房企转攻为守，开始进行多元转型，以转换赛道，寻求新的业绩增长。如万科探索教育、养老、冰雪假期，以及新的业务格式（工业办公室）；碧桂园在2019年年会上竟将自己定位成“为全世界创造美好生活产品的高科技综合性企业”。据中国国际经济交流中心副理事长黄奇帆预测，未来房地产企业至少会减少三分之二。对于艰难生存的中小房企而言，未来要么下沉到四五六线城市，要么在一二线城市的边缘位置，或者在当地城市发挥本地资源优势，跟全国性房企合作，为大企业提供前期拿地资源等支持。

四是房地产市场终将分化为商品房与租房两个市场。一直以来，中国居民对产权房一往情深，既是不安定感的折射，也是追求归属感、安全感、地位的体现，同时也是因为教育、医疗、社区服务等资源都依托在房产基础之上。而国人为了产权房，催生了一幕幕买房众生相。年轻人很难独立支撑高额首付，不仅要掏空双方父母，甚至要加上爷爷奶奶、外公外婆的“6个钱包”凑出购房首付，自己也要付出未来20年甚至30年的青春来还贷；个别机构甚至推出接力贷，还贷年龄最高可至80周岁，买房似乎成了人生的全部投注。随着“租购同权”的提出及“多主体供应、多渠道保障、租购并举的住房制度”的确立，租赁市场风渐起。土地出让明确租赁地块，长租公寓在“爆仓”中新生，就连个税申报也搁置争议，租客房租抵扣个税时不用申报房东信息，再加之90后、00后等新生代的观念转变，待到租赁法律制度真正到位完善，商品房与租房的分化也将水到渠成。

五是在金融危机低谷之年，资产价格下跌，资金价格上升。根据德意志银行统计，2018年以美元计价的全球资产，累计负回报的占比高达93%，是自1901年有统计以来的第一年，甚至比1929年大萧条时期还要差。简单地说，资产负回报就是资产价格出现下降，在资产持有人眼里就是财富损失。很显然，房产变现的时间已经拉长。与此相反，资金价格却在上涨，一个直观表现就是企业融资、个人贷款更为困难，也正因此，央行接连动用准备金工具来改善市场流动。如何对待资产价格和资金价格，取决于怎么看待危机，以及对危机所处阶段的判断。事实上，资产价格下跌可看作是投资机会和潜在的盈利，一旦走出危机，资产价格还将上涨。

综上所述，房地产将走出大调整、大分化趋势，是否出手买房，还要根据个人情况而定。但总体而言，在中央政策帮助打压房价的大背景下，在地方政府感觉难受又想方设法放松调控的情况下，而房地产税又暂时尚未出台之时，2020年可以说是一个适当的时间窗口。

房价进入长横盘周期

相比房地产走势，房价浮沉有着更为清晰的市场逻辑——在于市场不同程度的挤压。从基本面分析，“刚需”房产时代已成为过去式。潘石屹甚至提出“中国房地产已经严重过剩”。与20年前相比，如今中国城镇人均住房面积暴涨近6.5倍，每个人大约可以分配到37平方米的面积，和发达国家的水平相当。而房屋空置率也从侧面佐证了这一点。当下中国22.4%的房屋空置率，是日本的1.66倍，更是远高出国际合理标准（不超过10%）。尤其是对于三四线城市而言，过去两年内支撑楼市暴涨的棚改风向从2018年6月开始转向（棚改货币化安置逐步退出），特殊购买群体的骤减，让楼市泡沫到了出清之时。以湖北恩施为例，2019年的棚改相对2018年减少了70%，购房需求退潮，难怪出现了降价压力。

从房地产性质分析，其强投资属性支撑部分二线城市房价。在中国私人资产配置中，房产占比高达77.7%，明显高于11.8%的金融资产配置，而美国家庭的房地产资产占比只有34.6%。房地产是当之无愧的“造富主力”，也是最不易背叛和收割的投资渠道。要知道，网络上有个段子是这样调侃的，“10年前，2008年5月30日，道指12638.32，上证3433.35；10年后，2018年5月30日，道指24361.45，上证3041.44。10年前，2008年5月30日，深圳华侨城的房子7000元/平方米；10年后，2018年5月30日，深圳华侨城的房子17万元/平方米。”

从宏观环境分析，源于房地产市场红利消退。过去10年，房地产是典型的增量市场，支撑力既有80后一代的人口红利，也有资本红利（货币量大幅增长）。

但如今，人口方面，1.75亿的90后逐渐取代2.28亿的80后成为买房主力军，人口规模上少了5000万人；货币方面，自2017年4月以来，M2（广义货币）增速30年来首次跌破两位数（9.84%），一直在10%以下。潮水退去，房地产市场自然收窄增速，以求“共克时艰”。

更进一步而言，我国的房地产市场还带有很强的中国特色，这是深植在市场微妙波动中的内在逻辑。追本溯源，土地问题的复杂性与特殊性，从根子上就决定了中国房地产市场的非典型性。在中国，土地承担了太多功能：建国初期，土地清零、收归国有，为工业化原始资本积累提供基础；20世纪90年代，住房制度市场化改革，土地价值在市场上得到确认，为城市化与解放生产力释放活力，同时在分税制背景下，卖地收入已成为地方财政收入的重要来源。可以说，中国政治经济与土地资源密切相关。

这么一来，房地产行业早已不是一个简单的市场了。从居民、开发商到地方政府、金融机构，各经济主体都被绑在了房地产的链条上：地方政府卖地获得收入（进而能进行更多支出）——开发商从金融机构融资购地，建房并出售谋利——居民贷款购房。牵一发而动全身的是经济、消费、信贷、税收、基建投资等基本面。房地产市场各利益环环相扣，自然内置博弈机制。一方面，政府与市场博弈。与体现市场化行为的汽车市场不同，房地产市场历来是政府与市场勾兑与冲突的聚焦地。一轮接一轮的“限购”“限价”“限售”等行政化管控，可被视为市场与政府在楼市中的表层较量。如2018年平均每天出台1.23次调控政策。与此同时，从政府在金融政策、税收政策、土地政策、保障房政策和住房租赁政策等方面对房地产长效调控机制的积极探索中，则可窥见政府用行政之手、政府功能平抑市场破坏力量的用心。另一方面，中央和地方博弈。中央从大局上更在乎防范金融风险，因此定调“房住不炒”，但却耐不住个别地方政府阳奉阴违。对土地财政高度依赖的地方政府，显然对涨价的包容度更高，何况还有防范社会风险的考量——毕竟每一次降价，“维权”事件总是层出不穷，这从2018

年杭州有街道成立房地产维稳工作领导小组便可窥一斑。“又盼它涨，又不许它涨”，当中的矛盾不言自明。

被纷繁复杂的功能与中国特色使命裹挟着的房地产市场，已走出了一条充斥着震荡与分化的非典型路径，这也预示着房地产市场未来将进入一段漫长的横盘周期——修正过去几年的疯狂，重归楼市平衡状态。物极必反、盛极必衰，最明显的市场标志就是投资房产后续乏力。投资房产大幅获利的时代逐渐终结，克而瑞发布的报告显示，2019年第二季度，50城住宅综合收益率（过去一年房价涨幅加过去一年租金收益率）为10.8%，环比下降了32%，已连续五个季度下降。雪上加霜的是，作为投资主力的197万人的千万投资阶层（共坐拥61万亿元的可投资资产）将进入“静心”时刻。从投资收益率预期上看，持“高于储蓄收益即可”观点的保守投资人士占比增至30%，为过去10年的最高值。

更何况，政策天生的左平右衡基因，必然决定行情平稳化。中国房地产除了遵守“长期看人口，中期看土地，短期看金融”的经典规律，还倾向于遵循“长期看政策，中期看政策，短期看政策”的非典型规律。尤其是在市场异化的状况下，当房地产的GDP功能和投资属性被过度放大，社会功能便会被忽视弱化。“剥削”实体资本，形成短线盈利的投机黑洞不说，还会变相剥夺民众的“住房权”，引爆金融、经济、社会稳定的风险，岂能任之由之？而就长期而言，房地产仍具有上浮动力。且不说资产的有限性与资金的无限性的根本矛盾决定了资产价格长期上涨的趋势，城镇化也还有很大空间。2018年我国城镇化率为59.58%，相当于美、日20世纪50年代、韩国20世纪80年代的水平。城镇化带来的购买力和购买意愿，和城镇化稳步推进的现实趋势，仍支撑着房地产需求。

在此背景下，房地产市场开始寻求一个新的量价平衡点，市场基本游戏规则也随即发生改变。具体而言：

第一，房价主战场由一手房市场转向二手房市场。新房与二手房最大的差别不是新旧，而是决定价格的机制不同，前者被政策紧盯，已是一派“政策市”场景；后者则尚无直接的行政限制，更能反映真实的市场状况。有鉴于此，二手房将成为购房、售房主战场，多番攻守战将密集上演，反映房价的涨跌、楼市的变动及购房者需求的变化。

第二，从稳房价到稳地价、稳预期。稳地价是土拍过热、地价连连上涨的现实需要，要知道2019年第一季度16个热点城市共出让高楼面地价、高溢价率的地块48宗，其中20宗楼面地价超过或接近周边二手房价，一些城市拍出的高价地甚至出现了新的“地王”，极有可能成为引爆楼市的导火索。而稳房价、稳地价的关键则在稳预期，2019年4月和5月，住建部对10个城市做出预警提示，形成了“房价上涨过快—监管部门预警—启动调控措施—市场恢复稳定”的作用链条，已经初显“预期管理”思路。

第三，“一城一策”出现分化。例如“上海涨完杭州涨，杭州涨完嘉兴涨，嘉兴涨完还会一起涨”，道出了此前多城政策基调“要严一起严、要松一起松”的特点。但当下，政府开始因城施策，给予地方更多根据各自节奏灵活出台政策的自主权，未来甚至将因区施策。值得一提的是，与一二线城市的高位盘整相比，三四线城市面临更大压力，毕竟与控制房价上涨相比，想要遏制下跌显然难得多。原因在于，政府固然可以通过文件建立暂时的攻守同盟，但市场未必买账。价格维持得再高再稳，只要没人接盘，就没有任何意义。

显然，房地产到今天开始微妙起来。此时，政府既要遏制烈火烹油般的过度上涨、又需避免一蹶不振的回调低谷，调控的艺术正变得前所未有的重要。

开发商：抢地还是抢产业？

一改2018年的流拍作风，2019年的土拍再现“抢地”现象，频见“地王”。2018年全国土地流拍数达1808块，同比增长93.16%，其中一线城市土地流拍21宗，北京的流拍率达到10%。而2013～2017年，北京宅地总流拍数量仅为6宗。2018年，二线城市流拍共519宗，三四线城市共1268宗，流拍数量远超一二线流拍总和。进入2019年以来，从城市来看，全国50座代表性城市前5个月土地出让金合计达1.59万亿元，较2018年同期上涨12.3%。显然，房企才是疯狂土拍的真正主角。例如，美的置业历经13个小时644轮竞价，一直到第二天凌晨的3点23分才最终竞得徐州一块地块，溢价率高达73%；广州合景以总价37.07多亿元加自持55%，拿下广州一地块，折合楼面价为37465元/m^2（减去自持面积，折合楼面价高达83256元/m^2），成为新一代“地王”；新希望地产在“两会”后拿地花掉近140亿元，几乎是其2018年销售额317亿元的一半。房企“激进”拿地，调控随之而来。“地王”频出的苏州被点名——2019年全年房价涨幅目标必须控制在5%以内；部分房企公开市场融资被收紧，包括债券和ABS（资产支持证券）产品，由“住建部提供名单，央行和证监会执行”。在调控周期下，“地王”没那么好当。

这些“抢地”房企中的大多数也曾高呼转型，在各个赛道上抢产业，有道是“只会盖房子的开发商迟早要被淘汰”。据克而瑞发布的统计数据，排名前30的房企有70%发布了多元化战略，排名前100的房企有97%布局了多元化业务，多元化模式主要聚焦在养老、文旅、金融、医疗、教育等各个方面。如恒大自从2018年跨入汽车行业，在新能源汽车上砸进350亿元，“力争3～5年成为世界规模最大、实力最强的新能源汽车集团”。又如“5千亿俱乐部”榜首的碧桂园积极布局产业地产，计划投入千亿元资金进行科技小镇的开发。再如万达集团进军健康产业，与英国国际医疗集团（IHG）签订合作协议，将总投资150亿元在上海、成都、青岛建设3座综合性国际医院。还如绿地重组成立绿地大基建集团、绿地商贸集团、绿地酒店旅游集团三大产业集团。万科、龙湖、旭辉等房企布局长租公寓不过2～4年时间，已经成为行业前三。投身制造业、服务业大潮只是选择之一二，更多房企早已在金融领域快速布局，拓展“地产+金融”模式，如恒大旗下的恒大人寿和宝能的前海人寿。

然而，房企多元化、转型、开辟新航线，道路一点不会比过去短，坑也一点不会比过去少，可以说是荆棘丛生。即便是坐拥资金和土地等资源优势的大型房企，包括万科、恒大、融创等龙头，在多元化之路上也遭遇过挫折，中小房企更是难以避免转型失败。例如，融创掉进投资乐视大文娱的巨坑里，以亏损165.5亿元告终；恒大与法拉第未来（Faraday Future）纠缠了6个月之久，其间恒大公告其要“踢恒大出局”；花样年地产从重资产向轻资产转型，导致发展规模陷入停滞。事实上，在各大房企的营业收入结构中，多元化业务发展至今仍然变现能力有限，面临投资回报周期长、前期投入大等诸多难点，地产主业仍占据绝对地位。

一边是房地产调控持续深入，一边是行业洗牌加速；一面是传统开发屡试不爽的暴利，一面是多元化发展的选择，房企站在了历史的岔路口，究竟该何去何从？从某种意义上说，不管是特色小镇、养老地产、长租公寓，还是跨界造车、布局机器人，占位的背后都是房企对未来的深深焦虑。

其一，房地产行业曾享受过制度红利，也必然被制度（政策）所调整。更何况中央对“房住不炒”的定位，不知何时便会出手的房地产税，将抽去房地产暴利发展的前提。

其二，房地产行业集中度加快，行业分化加剧，规模为王。调控与洗牌最终不仅没有降低头部房企的高成长，甚至加速了龙头效应。道理很简单：市场好的时候大小房企鸡犬升天；市场不好的时候，“裸泳者”现身，优秀者胜出，大鱼吃小鱼的吞噬效应、整合效应加倍释放。然而不进则退，头部房企也充满着对持续增长动能的焦虑。从万科在2010年达到千亿规模算起，30家房企跑步进入“千亿俱乐部”仅用了近8年时间。1000亿元是2017年房企TOP 20的门槛，到2018年变成了TOP 30的门槛，新增的13家房企新贵，每一家都是以快跑姿态昂首挺进的。对于房企而言，规模不是万能的，没有规模却是万万不能的。就以拿地为例，没有规模就意味着没资格参赛。土地招拍挂（招标、拍卖、挂牌）的参与门槛不断提高，土地出让评分体系、竞自持比例、提高保证金比例等，都更有利于实力雄厚的大型房企，中小开发商很难获得一线城市的土地竞拍资格。因此不管是抢地冲动，还是抢产业赛道试图找到新的利润增长点，归结到企业，都是房企扩大规模的途径。

其三，抢风口是企业天性，孰料风口变风暴。“只要站在风口，猪也能飞起来”，这句话深得诸多企业家之心。在住房市场化改革之初，房地产就是风口，当年王石就是这样发迹的。在新经济时代，风口就是一切新的产业。既然转型是找死，不转型是等死，那么大部分房企还是愿意主动出击赌一把的。但问题是，一方面，习惯了“赚快钱”的房企，面对持有资产、沉淀资金、现金流回报不足的项目，大多很难实现持续投资和长期运营；另一方面，被炒起来的风口往往演变成风暴眼，比如产业地产、共享经济，都死伤一片。此外，“灵魂跟不上脚步”，很多房企对新产业的研究能力较弱，既不熟悉形势，也不掌握核心技术，更无专业人员支撑，盲目进入往往就会成为风暴中的“炮灰”。

既离不开也舍不得房地产主业，又被形势和时代裹挟，开发商就在岔路口上左右摇摆。在后开发时代，房企或需明确三大转型方向：一是内部品质升级，深耕住宅开发——绿色化、精品化、智能化、人文化。二是纵向产业拓展，提高附加值，向家装、物业、租赁、智慧社区等上下游延伸产业链。三是横向产业集成，与金融、健康、教育、科技、文旅、物流等产业融合发展。鉴于土地出让时增加了自持比例，开发商已经被逼成了产业集成商，其开发和运营或需整合一切可整合的资源，在运营管理、园区招商、金融产业服务、产业投资等方面实现充分合作，将自己打造成开放式产业平台。

09

汽车产业大洗牌

外有宏观经济下行，内有供求关系失衡、新能源汽车补贴退坡，还有中美贸易战造成的不确定因素影响，汽车市场出现行业性的“天塌地陷”。在此背景下，汽车行业新老势力沿着自以为“方向正确”的两条道裂变、分化，汽车产业正处于失去方向的大争论时期。从本质上看，触发汽车行业大变局的关键点还在于工业文明、信息文明和生态文明的大碰撞。

汽车产业“天塌地陷”

汽车行业正遭遇行业性的“天塌地陷”。从全球范围看，汽车行业普遍负债累累。2019年4月，《日本经济新闻》分析了全球约860家汽车相关企业，发现这些企业有息负债持续增加，盈利能力却增长乏力，2011年度不到1.07万亿美元的有息负债，到2017年度增加了5300亿美元；而根据已发布2018年度财报的约380家企业测算，2018年度的有息负债进一步增加约6%，即全体企业的有息负债的总额将达到1.7万亿美元，比2011年度增加59%，创历史新高。雪上加霜的是，投资资金正在撤离，汽车股价格下跌。与全球股票从2015年年底以来上涨了30%不同，同期汽车股却下跌了4%。此外，全球汽车股票的总市值比2018年1

月高峰时下降了57万亿日元（约合5100亿美元），跌幅约为21%。

而在全球汽车市场中，当属中国市场动荡最厉害。

第一，中国汽车销售市场的长期高速增长戛然而止。中国汽车工业协会统计数据显示，2018年汽车产销分别完成2780.9万辆和2808.1万辆，产销量比上年同期分别下降4.2%和2.8%，为1990年以来的首次负增长。2019年1～8月的汽车市场依然不容乐观，汽车产销分别完成1593.9万辆和1610.4万辆，产销量比上年同期分别下降12.1%和11%，车市寒风愈刮愈烈。

第二，经销商病急乱投医。春江水暖鸭先知，汽车销量连续下滑的负面效应在经销商层面率先爆发。2018年全年，超过70%的经销商库存系数超过1.5的警戒线，有6.71%的经销商库存系数在3以上。加之长期价格倒挂（销售成交价远远低于厂家制定的销售指导价）现象，有53.5%的经销商在2018年经营亏损，27.1%的经销商甚至连续3年（2016～2018年）全部亏损。主业不赚钱，必然得琢磨些赚钱的副业，不少经销商打起了金融的主意，中国新车的金融渗透率在2014～2018年的5年中从13%增长至约40%，即为实证。经销商们通过以金融的名义收手续费、直接向金融机构收引流费、借助金融杠杆提前回款等手段“创收”，成了行业潜规则。

第三，车企竞合关系调整。传统车企与造车“新势力”在交锋的同时，互动和合作也在加强。与此前双方井水不犯河水、各自发展不同，而现在，造车“新势力”逐渐意识到传统车企在生产制造、品牌效应、供应体系等方面的优势，传统车企也认识到“新势力”在技术应用、用户体验等方面的灵活创新能力，于是双方在充分竞争的状态下，又陆续展开了良性互动乃至战略合作。

第四，自主品牌与合资、外资之间的微妙平衡正被打破。改革开放之初，一句“以市场换技术”，让中国车企纷纷与外商合资“捆绑”汽车市场，在促成中国汽车工业仅用二三十年就追上西方国家近百年发展的同时，也边缘化了自主品牌产品，让其长期处于“低价低质的横盘期”。但现在，自主品牌与合资、外资之间的关系正面临重构。一方面，从吉利的几何、奇瑞的星途、上汽荣威的Marvel X等身上，都可以看到自主品牌不断试图突破品牌天花板的尝试。另一方面，在宝马增持华晨宝马股权至75%后，越来越多的外资“蠢蠢欲动”。从福特中国提出的2.0战略加速本土化进程，再到雷诺与日产在上海新设研发合资公司，皆为实证。为何一路高歌猛进的中国汽车市场增长戛然而止，惊现行业性的“天塌地陷”？首先，宏观经济下行压力加大。由于汽车消费金额大、消费周期长、附加成本高，买车与否的消费决策直接与未来的收入增长预期挂钩，而这种预期则与经济大环境正向相关。当下外部经济环境总体趋紧，国内经济存在下行压力，在一定程度上抑制了汽车消费，尤其是SUV（运动型多用途汽车）消费——因其价格相对同品牌、同档次轿车贵40%，油耗高20%，保养费多10%，因此更具有享受型、改善型消费的特征，对经济环境变化也更敏感。

其次，新能源汽车补贴大幅减少。随着新能源补贴退坡尘埃落定，门槛更高、补贴更少（国家补贴退坡约一半，地方补贴从“车补”变为“电补”），对于新能源汽车而言，初期“躺赢”的时代结束了。这无疑将对汽车市场产生一定的冲击，最直接的影响来自成本上升带来的涨价压力。据光大证券统计，最“受伤”的A00级车型平均退坡幅度达85%，尽管有广汽、比亚迪等接连发布不涨价通知，但也有不少车企或明或暗地表示会涨价——蔚来推出“4小时保价计划”，小鹏汽车直接提价4.8%~20.5%。

再者，《外商投资法》的“放”和中美贸易战压力下的“收”，让汽车市场不确定因素激增。

一方面，2018年实施30年之久的外资投资比例限制政策进入开放倒计时，2019年的《外资投资法》又进一步强调内资外资一视同仁，这意味着自主品牌与外资贴身肉搏的时代来临了。随着内外保护政策（如外资在税收方面享有超国民待遇、本土车企享有新能源汽车补贴）开始退潮，竞争将会全面加剧，优胜劣汰的法则将在市场无情上演。但这也成为倒逼汽车产业加快改革和调整的契机，自主品牌在与全球汽车巨擘、高科技新贵开展合作和竞争的过程中，将加速淘汰落后产能、激发出新动能。这无疑将开启汽车市场大变局、车企大混战的序幕。

另一方面，贸易战一波三折，拉宽汽车市场短期振幅。2018年中旬，中美贸易摩擦激化，美国对来自中国的汽车零件征收25%的关税；中国也对美产汽车加征25%的税率，进行还击。2019年年初，中美关系出现缓和，中方对原产于美国的汽车及零部件暂停加征关税。孰知不久烽烟再起，5月上旬，在特朗普加征关税的叫嚣中，新一轮磋商展开。中美双方你来我往，汽车市场也动荡不堪。

由此观之，外有宏观经济下行，内有供求关系失衡、新能源汽车补贴退坡，还有外商投资法、贸易战叠加造成的不确定因素影响，难怪汽车市场出现行业性的“天塌地陷”。

三大过剩叠加三大经济文明

60多年来，从自力更生到“市场换技术”、合资建厂，再到自主研发，中国汽车产业历经鲜花与荆棘。眼下，三大过剩叠加，俨然催得汽车行业进入新一轮大变局，而三大文明大碰撞，更让这场变局前所未有之复杂。

从根本上说，汽车产业大洗牌的幕后推手是汽车产能过剩、经销商过剩和金融资本过剩这“三大过剩”。

第一，汽车产能过剩，供求关系已过临界。一边是资源环保压力、造车“新势力”挤压、消费升级阶段的需求转移等，导致汽车产能积压；另一边，车企为了活命还在继续扩建产能。一般产能利用率的正常值区间为79%～83%，超过90%表示产能不足，低于79%则说明存在产能过剩现象。国家统计局数据显示，

2019年上半年我国汽车制造业平均产能利用率仅为77.2%，其实很多车企的产能利用率还低于这个数字。据中国机械工业联合会统计，我国汽车产业计划年产能超过6000万辆，但实际销量不到3000万辆。产能过剩的苗头甚至烧到了新能源车领域，已公开的新能源汽车产能规划到2020年将超过2000万辆，很显然已远远大于市场需求。尽管为提振消费，2018年年初“汽车下乡”政策重启，但农村市场也已出现阶段性的饱和。

第二，经销商数量过剩。《2018年中国汽车经销商市场调研报告》显示，截至2018年12月，全国以3S店、4S店、5S店为主的经销商网络达到30423家，同比2017年度经销商网络总量增长5.8%，远超行业销量增速。而且由于汽车销售的低利润甚至负利润，汽车经销商更多地注意挖掘售后市场衍生业务，导致汽车行业乱象“按下葫芦浮起瓢”，亟待来一次大洗牌。

第三，金融资本过剩。产能过剩的本质其实就是资本过剩，尤其是新能源汽车对于所有企业来说都是“摸着石头过河”，门槛低又有政策帮扶，无处可去的资本自然趋之若鹜。《2018年中国汽车金融行业研究报告》显示，2018年中国汽车金融的渗透率已从5年前的13%提升至近40%。资本过剩背后是严重的泡沫，泡沫刺破后必然将掀起一波血腥的大洗牌。以此来看，正是由于汽车产能过剩、经销商过剩、金融过剩这三大过剩大碰头，才加速了汽车行业的大洗牌、大变局。

虽说上述三大过剩加速了汽车行业的大洗牌，但触发汽车行业大变局的关键点还在于工业文明、信息文明和生态文明的大碰撞。在工业文明时代，汽车产业发展以“高投入、高消耗、高污染”为主要特征，国际能源署表示，全球的石油消耗量接近1亿桶/天，其中汽车对石油的需求占据了2140万桶/天，中国汽车耗油量约占整个石油消费量的1/3。传统燃油车不单耗费大量的资源，随之而来的还有汽车尾气污染问题。美国每年由汽车向大气排放的污染物高达2亿吨～2.13亿吨，即便是注重环保的日本，每年汽车排放的大气污染物亦达600万吨。在全球气候变暖、消费升级、环保需求高涨的大背景下，生态文明硬约束正成为倒逼传统汽车转型升级的主力。

与此同时，信息文明携新科技、新材料而来，氢能源、锂电池乃至石墨烯等为传统燃油车被替换留足了巨大的空间。如果说传统燃油车只是为了节约时间、提高效率、方便出行，那么当IT行业强行介入汽车行业，在“新四化”——电动化、智能化、网联化、共享化的共同驱动下，汽车原有的DNA正在急速被替换，无数巨头正在跨界袭来。可以说，“现在的汽车行业是制造业，未来将是信息服务业”。汽车电动化正成为主流车企的共识，L2级[1]智能驾驶功能正成为主流车型的标配，智能网联已成为消费者选购车型的基本标准。汽车不再仅仅是一种出行工具，更像是一个用于信息服务和娱乐消遣的移动终端平台。可以说，汽车行业正处于工业经济下行、信息经济和生态文明上行的交点，遭遇大洗牌、大变局的命数已避无可避。

可见，在工业文明、信息文明和生态文明大碰撞的时代，不管是造车“新势力”的整肃式洗牌，还是传统老巨头的倒逼式变革，汽车行业的大震动、大变局都已经开始了。

汽车产业陷入失去方向的大争论

汽车生产线上你来我往鏖战正酣，营销争端也愈演愈烈，汽车类型选择方向不明，新能源车技术争锋持续加码，汽车正处于失去方向的大争论时期。具体来看，汽车全行业正陷入八大争论之中。

[1] L2级别自动驾驶：指部分自动驾驶，车辆对方向盘和加减速中的多项操作提供驾驶，人类驾驶员负责其余的驾驶动作。

第一，老牌派系之争未休。汽车市场历经几轮洗牌，形成了当下德系、日系、美系三强争霸的格局。其中，德系以技术先进见长，独霸豪华车领域，2018年在中国市场卖出的275万辆豪华汽车中，就有约70%来自BBA（宝马、奔驰、奥迪）三个德系品牌。日系则重实用主义，在省油排行榜中稳占前3席。美系走粗犷路线，强调舒适性和动力，空间大、油耗高，尤其是越野车迷心中的“白月光”。三个车系因其特色各异而各有其忠实拥趸，将近80%的市场尽收囊中。

第二，造车“新势力”横插一脚，波澜再起。随着互联网、人工智能、新能源产业的相互渗透和发展，加上特斯拉成功的先例，“新势力”造车梦越做越大。从2014年到2018年，中国有超过300家注册公司进入造车领域，总体融资规模近1000亿元，力压传统车企，站上风口。不料“三十年河东三十年河西”，当下“新势力”齐陷“比惨”模式，如蔚来从2016年至2019年上半年，分别亏损35.18亿元、75.62亿元、233.28亿元、59.37亿元，成立4年亏损超过了特斯拉成立15年的亏损金额，并预计在2025年前持续亏损，面临超过700亿元的资金缺口。而传统车企则搭载“5G”“自动驾驶”等新概念卷土重来，一时间市场疯传“当传统车企发力后才知道，所谓的造车‘新势力’是多么不堪一击”的说法。

第三，造车“新势力”落地难，面临代工生产与收购资质的路径选择难题。造车“新势力”们的式微正在于量产困境，两纸造车资质[1]难倒了不少英雄好汉——目前60余家造车“新势力”中，仅15家通过了发改委的“准生证”，10家通过了工信部的“准销证”。于是，蔚来、新特、小鹏等踏上代工生产之路，车和家、威马、拜腾等则通过收购已有资质的车企获得资质。比较而言，代工可谓是抄近路，加速产品下线，且其合法性已受政策认可。但假手于人，终不是长远之计，相关企业之间难避免利益交叉，无法形成良好的品质管理、控制能力，无助于形成核心竞争力，更不利于品牌塑造。收购资质在把控生产技术、打造品

[1] 造车资质：指发改委联合工信部颁布的《新建纯电动乘用车企业管理规定》（2015年6月）和工信部颁布的《新能源汽车生产企业及产品准入管理规定》（2017年1月）。

牌等方面显然胜代工一筹，但前期成本较大。2018年年末车和家以6.5亿元收购力帆，已是此前3家收购案例里最“便宜”的一例。而且这条路的限制也越来越多，根据《汽车产业投资管理规定》，像威马这样收购辽宁的中顺并将其生产资质转移至温州的曲线救国路径已然关闭。因此从长远来看，无论是代工还是收购资质，都不是助力新势力“上岸”的最佳方案，更多的只是一种权宜之计、过渡之策。或许只有提升量产交付能力、争取生产与销售资质，才能打造有序、协调发展的汽车帝国。

第四，营销模式随着汽车触网愈发分裂，即汽车与电商的对立与融合。2009年起，汽车市场掀起了一股电商狂潮，彼时许多传统企业囿于线下客流量不够、门店难以扩张，于是“电商化”成汽车新四化之一，自在情理之中。但“去掉中间商”这个美好的愿望实现起来却很难——在线上、线下完全割裂的态势下，不仅传统经销商在电商围城下生存尤艰，厂商也往往对电商、出行服务商等新零售渠道以更低的价格铺货，对建店成本高昂的传统4S店渠道带来不公平的市场冲击，仅2018年就有53.5%的经销商经营亏损。而且线上销售自身似乎也止步于模式创新，无法打破现有的汽车经销商模式。如二手车电商始终徘徊在C2B（Customer to Business，客对商）、B2B、B2C（Business to Consumer，商对客）、C2C（Customer to Customer，客对客）的方向选择上，也难怪第一批汽车电商平台在2016年几乎全军覆灭。事实上，“电”仅是手段，关键在“商”。从构建综合性服务系统来看，通过“渠道下沉+线上流量入口+新品牌实体店”形成汽车营销生态圈，进而打开汽车市场与汽车后市场，或可作为汽车与电商相容相生的新路径。

第五，共享汽车对私家车的替代问题。共享经济的热潮早就烧到了汽车领域，2016年年底就有超过60个城市开展共享汽车项目，数百家企业进入市场，融资总额超20亿元。理论上讲，共享汽车模式的出现不仅能满足消费者“求而不得”的自驾需求，也避免了汽车闲置资源无法被有效利用带来的浪费——毕竟美国、加拿大、中国汽车平均每天闲置时间分别高达22.8、21.6、22个小时；同时，还能缓解交通拥堵——街道上1辆共享汽车的出现能减少至少7辆私家车的运行。有鉴于此，共享汽车取代私家车的呼声越发高涨，研究机构乐观地预计，到2021年，汽车共享会使汽车销量减少约5%（波士顿咨询）；到2030年，美国个人持有的汽车数量将减少80%（美国智囊机构Rethink X）。但实际要比理论复杂得多，且不提共享汽车或抬高出行成本，共享汽车还远比不上私家车方便。区别在于私家车可随时使用，而用户想要使用共享汽车，则需要线上叫车或预约，到了用车高峰期，等待时间难以预计。人们的占有欲也决定了私家车的长期存在。由此观之，在可预见的未来，共享汽车或会作为出行的一种方式，与私家车同时存在。

第六，燃油车与新能源车切换问题。继荷兰、挪威、法国、英国、印度、日本等国推出禁售时间表后，中国也宣布有望在2050年前实现传统燃油车的全面退出。新能源车的上位既是由于缓解能源紧张、节能降耗、新科技变革、产业结构调整等时势倒逼，又是由于各种能源黑科技的推波助澜，可谓集天时地利于一身。但问题是，新能源汽车潜藏的“副作用”已若隐若现，仅电池一项，就面临生产污染、回收处理不力等问题。更何况，经过上百年发展的汽车工业，并非轻而易举就能退出。在日本、德国等汽车工业发达的国家，汽车工业产值占本国国民经济总产值的比例均在10%以上，一旦禁止燃油车，谁来替代汽车业充当“国民经济发动机”和“宏观经济稳定器”？同样的，中国如今正是汽车工业风华正茂时，近2亿辆燃油车及加油站等配套也非一朝一夕就能消化。因此，燃油车与新能源车的切换显然还需要一个循序渐进的发展过程，一刀切式地在全国推广的可能性较小，但不排除局部试点。

第七，电池技术的锂、氢之争。相较于锂电池，氢燃料电池虽然在性能、环保方面优势明显，但在技术和产业成熟度上仍然存在难以逾越的壁垒，预计商业化落地至少还需要10～20年。从新能源汽车发展趋势看，未来并非电动车“华山一条路”，锂电池汽车和氢燃料汽车都有存在的必要性。锂电池车或在城市内短途车程领域大放异彩，而氢燃料电池汽车适用于长途出行，两者相辅相成，可满足人们的多元出行需求。

第八，自动驾驶实现路径选择争议。在这一领域，仅技术角度就有2个层次的分歧：技术实现路径上分循序渐进和一步到位两派。前者主张自动驾驶分级从L2到L3[1]，再到L4[2]，逐步推进，但2016年5月特斯拉车主使用“Autopilot模式”（L2级）驾驶致死的案例，无疑给此路线沉重一击；后者欲跳过L3，着力开发L4，但技术的难度与风险也不容小觑。即便是谷歌撑腰的自动驾驶汽车公司Waymo，也只对凤凰城的几个小区域开放试运行。系统架构层面，则分传统机器人技术和深度学习两派。尽管传统机器人技术（靠设定规则告诉机器怎么开车）相对成熟，用以搭建系统落地较快，但存在准确性瓶颈——毕竟，我们很难把每个驾驶情境都写成一条规则。因此，初创公司普遍转向深度学习派，通过场景训练来累积驾驶经验，进而生成临时反应能力。其中无人车创业公司Drive.ai最彻底，旨在用深度学习赋能全系统开放。从技术发展进程看，未来还将存在较长时间的过渡期，各种不同类型、不同层次的自动驾驶技术将共同发展、多线作战。值得一提的是，自动驾驶并非简单的技术问题，而是一个系统性的社会工程，需要政府、整车厂商、汽车运营运输企业多方配套服务、同步跟进。于是，城市交通环境改造的先与后、行人规范与伦理等问题也引发了大讨论。天气、光线、突发路况和有人驾驶汽车的共存等外部问题如何平衡？在危险情况下，无人驾驶汽车系统将如何判决谁生谁死？如果发生致死事故，如何定责？可见，自动驾驶的程序算法还在寻找合乎技术、现状和伦理最优解的半道上。

---

[1] L3级自动驾驶：指条件自动驾驶。由车辆完成绝大部分驾驶操作，人类驾驶员需保持注意力集中，以备不时之需。

[2] L4级自动驾驶：指高度自动驾驶。由车辆完成所有驾驶操作，人类驾驶员无需保持注意力，但限定道路和环境条件。

汽车产业裂变、分化、演化

争议既是汽车行业性大变局、大洗牌的缩影，也是未来汽车产业发展必然经历的过程。多种观点的碰撞之下，汽车行业将逐渐裂变、分化、演化。

众所周知，汽车无论再酷炫、再智能，说到底还是为了满足人的物理空间移动需求。对其安全性的要求使它必须有几乎100%的良品率，因此涉及很多复杂的质量管理系统；而且制造一台车需要上万个零部件，漫长的产业链又对车企提出了超高的供应链管理和生产管理等要求。在“生产思维惯性”和“前期底气积淀”的驱使下，传统车企在转型过程中要么将更多的精力投入到汽车本身的科技感（采用激进的设计风格，在车内安装超大显示屏等）和质量/品控上，要么在拓展新能源业务时紧密遵循传统汽车注重研发、验证、解决一切问题后再导入生产销售的流程，企图将所有试错环节都留在实验室里。传统车企秉持着自己的倔强脾气，围绕着车子本身的进化左攻右突，而造车“新势力”反倒更注重汽车环境的演化。你吹环保风，我搞新能源；你捧智能化，我搞无人驾驶；你重氢能源，我搞氢燃料电池；你打体验牌，我搞汽车体验厅……一句话，你指哪儿我打哪儿，你要啥我给啥，跟着大环境走总没错！这些造车“新势力”对汽车的理解，已经不是简单的物理存在，也不仅仅是为了提高出行效率，而是注重出行过程中的服务体验。造车早已从以生产为中心转为以网联大数据为中心。

传统车企与“新势力”就这样一直在不同的轨道上各自发展着，然则让人颇为好奇的是：分道扬镳的二者究竟谁主沉浮？对此，社会上流传甚广的一种说法是："当传统车企发力后才知道，所谓的造车'新势力'是多么不堪一击。"就目前来看似乎的确如此，单是续航能力，传统车企就足以秒杀"新势力"。以2018年12月才上市的蔚来ES8的6座版为例，其NEDC（新标欧洲循环测试）综合续航里程才达到355千米；而2019年上海车展上，广汽新能源旗下的Aion（埃安）LX，不仅能够3.9秒实现从0到100公里/小时的加速，还拥有超过600千米的综合续航里程。其他如搭载了L3级别的自动驾驶系统、以5G技术打造全球首个IMC（智能模块标准）架构等，传统车企若是在新能源汽车领域"认真"起来，那可真是妥妥地甩造车"新势力"几条街。但不可忽略的是，在这样一个瞬息万变的"快"时代，不管你再怎么扎实、再怎么匠心，若是跟不上时代，一样会步诺基亚的后尘。若论对市场的敏感性、对客户体验的感知度，以及对生产、售后、服务、模式等方面的创新性，"新势力"的优势一目了然。依此逻辑，也就意味着，传统车企与造车"新势力"将在未来很长一段时期内难解难分。

既然难解难分，那就索性新老车企合伙搞新能源吧！于是，以一汽、长安等为代表的部分传统车企，与拜腾、绿驰、云度等"新势力"，掀起了一场"新旧合璧"的合资潮，以求取长补短。剩下那批誓死捍卫擂台的"新势力"中的自研派，虽然在"押注未来还是向效率妥协"的选择中有心直指未来"要自主掌控核心技术"，但在线性增加的资金和人员投入需求面前，却又默默偏向了"以效率要效益""以产品换市场"，暗戳戳地向着新能源汽车大跃进。

结果万万没想到，无论是合资还是自研，在挺进新能源汽车领域时，都如同中国的股市一般"善进不善出"。在政策补贴、消费升级、环保风的轮番吹动下，早已按捺不住骨子里的市场投机本性。明知电池技术、续航里程、充电桩基础设施布局等方方面面还未准备到位，也要急吼吼地量产，如今不但落入被庞大的过剩产能收割的惨境，还面临着动力电池回收难的问题，一时之间进退两难！要知道，首批新能源汽车再过两年就将进入更换期，如何处理废弃锂电池，这一问题已经被顶在杠头上。目前主流市场上汽车制造商提供的电动汽车的电池质保时间普遍为5～8年，而新能源汽车从2011年开始正式投入市场，掐指一算已有7年多的时间，这也意味着首批新能源汽车的电池差不多将达到寿命上限，即将迎来“报废潮”。据行业相关数据显示，到2020年我国动力锂电池报废量将达到32.2GWh，约50万吨，到2023年报废量将达到101GWh，约116万吨。但遗憾的是，除了不同车企造车时选择配置的电池标准不一造成回收难，目前电池回收既缺少回收主体，各大车企也没有切实可行的应对之策，就连顶层设计方面，都未形成强有力的政策法规约束。当大家都以为搞新能源车能解决环保难题时，却不知废弃锂电池的回收难问题，极可能制造出更大的环保污染。当初汽车行业新老势力围绕着“谁是我们的朋友，谁是我们的敌人”这个革命性的首要问题裂变、分化，争来争去，却不知它们原来从一开始就搞错了对象。这哪里还是新老车企的拼杀，已然演变成大时代不得不变革的拐点性宿命！

然而不仅是整车厂，“大难”来时汽车产业链上的所有相关方都是拴在一根绳上的蚂蚱，从零部件供应商到经销商再到汽车后服务市场等，都免不了迎来一场行业性的大变革。特斯拉已在提前布局，其除了建设总装厂，还有自己的超级电池工厂，为的就是不把新能源汽车最核心的零部件——动力电池，控制在别人手中。这是因为它深谙这样一个道理：“新四化”时代，如果核心部件依然受制于供应商，整车厂的话语权将大大降低，更有沦为代工厂的巨大风险。因此，未来传统整车厂很可能变身大号的零部件供应商。当然，传统整车厂以往为了能卖高价，将很多无用的功能装在车上，费尽心思地以配置为卖点，大灯清洗、后视镜加热、点烟器、座椅加热等，说得天花乱坠，但实际使用中，“一辆车60%的速度是多余的，50%的功能是无用的”。眼下传统汽车市场的收缩及消费体验的要求升级，将倒逼传统整车厂把更多的心思放在零部件供应商的转型上，多研发极具体验感和未来感的实用性创新功能。

对于已经适应工业时代的零部件供应商而言，它们除了要应对来自传统整车厂的挑战，还不可避免地面临车企“新四化”的格式化。在汽车整体向电动化、智能化、网联化、共享化方向发展的当下，除了汽车共享与移动出行更多的是一种商业模式转换，其他如无人驾驶或驾驶辅助子系统、新能源动力系统和车载互联网等，都涉及软硬件高度融合和更具科技含量的零部件。以无人驾驶技术的应用为例，其中不仅涉及激光雷达、超声波雷达等硬件的集成，更有各种传感器和相关控制算法的融合。很明显，在“新四化”面前，零部件供应商的技术研发重点正由硬件延伸至软件，并且还将融合传感器、传动系统、制动和转向系统等的操作。

而对于经销商来说，他们将面临卖车商业模式的创新迭代。西安奔驰女车主的维权风波算是撕开了汽车经销商滥用“金融服务费”的黑幕。汽车制造商将库存压力转嫁给经销商，经销商为了盈利又把亏损的账全都算到了消费者的头上，可他们却忘记了“供需关系”的铁律——消费者才是持币消化产能的大金主。车子本身的利润空间有限，卖车利益延伸无限，但它终归是有底线的。再者，传统3S、4S、5S经销商都是围绕“车”这个硬件主体来做销售的，可汽车硬件利润是有限的，软件利润才是无限的。尤其是在以品质消费、体验消费为主的新消费时代，与其挖空心思从“车”上“强行”掏消费者的口袋，还不如以专业化的售后增值服务来赢取消费者的芳心，多花些心思在“还能为客户做些什么”上。

总之，汽车行业大变革之时，汽车产业链上的所有相关方都将被重新定义、分工与集成，汽车供应商将解耦硬件和软件，将汽车的所有计算单元逐步整合，确保软件算法由以往不同的供应商提供，变成类似Windows和Intel那种中央集成式的架构，在统一的计算平台上集成。而在大规模路测、数据共享、实现AI深度学习、提高容错率的基础上，车企与政府的默契配合也将打开并整合一个个智能驾驶的黑盒子。归根结底一句话：新老势力若是能在前行的途中多一些理智、少一些冲动，多一些研发、少一些投机，多一些融合共赢、少一些恶性竞争，未来在自动驾驶时代、新能源汽车时代，将不再经历“鹿死谁手”的悲壮，更可能是跨越拐点的顺理成章！

新能源车三大方向性变局

燃油车退出历史舞台已是大势所趋。挪威、荷兰计划2025年停售燃油车；德国、印度拟议中的停售时点为2030年；英国、法国均为2040年；奥地利、丹麦、爱尔兰、日本、葡萄牙、韩国、西班牙等均为电动车制定了发展规划。如今，中国也即将加入禁售燃油车的行列。尽管美国尚未明确表态，但这也只是时间问题。可见，变革的“利刃”正“砍”向旧动能时代。事实上，百年造车的过程，内燃机的功率水平似乎已经发展到极致，在这历史的长河中，中国一直扮演着追赶者的角色。而在新能源车领域，中国跟国际汽车巨头是站在同一起跑线上竞争的。那么，中国在新能源汽车上的实力，离弯道超车还有多远?

就当下来看，中国新能源车发展还面临着三大方向性变局。

一是政策层面补贴的有无。在能源制约与环境污染的大背景下，新能源汽车自问世以来便集万千宠爱于一身。2009年起，各种扶持政策密集出台，先是国家补贴加地方补贴“双管齐下”刺激消费，再有对部分新能源汽车免征车辆购置税，提振消费信心；而在供给层面，则有双积分制度鞭策车企转型升级。据华盛顿战略与国际研究中心的报告，中国2009～2017年在电动汽车领域从研发到补贴等各方面支出资金超过了580亿美元，占该行业总销售额的比例达到42%。而如今，补贴的大幅退坡似一盆冷水泼在如火如荼的新能源市场上。2019年的补贴政策有两大变化：降低直接补贴，纯电动乘用车的补贴标准相比于2018年至少滑坡50%；提高补贴门槛。

政策“断奶”让市场一下子慌了手脚。行业担心“断奶”后，造车成本降不下来；消费者担心没有补贴后，汽车买不起、用不起；企业担心失去补贴后，消费者不买车，前期投入打水漂。然而，且不说国家早已明确2020年之后新能源汽车补贴完全退出，即便延续原先的大手笔补贴模式，是否就能保证新能源车继续高歌猛进？一来，丰富的“福利待遇”下，不少企业把补贴作为企业生存的命脉所系，乃至“骗补”事件层出不穷。更为重要的是，由于目前的新能源汽车政策本质上是一种“产品补贴”，因此在资源分配上，企业更倾向于生产与销售，导致研发投入不足，反而抑制了技术创新。尤其是在当下各国纷纷抢占新能源车制高点的关键时刻，温室里的花朵如何适应国际市场的大风大浪？

说到底，补贴只是一种帮助新能源汽车成长的“非常手段”。在起步阶段，鉴于新能源汽车与生俱来的战略性使命，补贴有其必要性。但是随着技术的成熟与市场范围的不断拓展，唯有“断奶”方能促使新能源车由“政策市”转向“市场市”，倒逼车企提升技术水平和市场竞争力。这对于整个行业环境而言，必将是利大于弊的。

二是新能源车电池的技术路线之争：锂还是氢？自新能源车起步之初，其主流动力便以锂电池为主，却不料，一直默默无闻的氢燃料动力电池又单刀闯入了市场舞台。2019年政府工作报告首次将氢能源写入文件，并表示要大力“推动充电、加氢等设施建设”，似乎预示着氢燃料电池将成为新能源车竞争的下一个风口。新能源车的未来究竟是锂还是氢？

从性能来看，锂电池汽车已发展多年，技术相对成熟，但锂电池车能量密度低、续航短（100公里~300公里）、充电慢（3小时~8小时）等问题一直备受诟病。而锂电池之短恰恰是氢燃料电池之长：能量密度极高，500公里以上的续航里程，燃料加注仅需3分钟~5分钟。从节能环保来看，废弃锂电池中含有大量有毒有害的化学元素，回收处理不当的话，容易对环境造成污染；而氢燃料电池“唯一排放到环境中的是水”，再加上氢是地球上含量最高的元素且可再生，这都让氢燃料电池汽车具备极高的环保特征。从技术成本来看，锂电池充电便捷度可达家里充电，即便是特斯拉超级充电站的建设成本，也在200万元以内。氢燃料电池的催化剂是最昂贵的稀缺金属铂，而且由于氢气本身易燃，再加上高压液态的储存方式，使得加氢站所用的储氢罐和管路都必须采用高价材料搭建，造价为特斯拉超级充电站的5到6倍。

可见，即便与锂电池相比有诸多优势，技术成本问题依旧是阻碍氢燃料电池车发展的重要瓶颈。而技术的突破绝非一朝一夕，更何况，我国的能源结构调整若要快速见效，也离不开相对成熟的锂电池汽车的发展。因此从中短期来看，锂电及锂电池汽车的发展难以被替代，造氢、储能、储氢罐稀缺材料等多方面问题要被逐步突破、燃料电池实现大规模商用，至少需要10～20年。届时，氢燃料电池汽车或许会在主流舞台大放异彩。相比天无二日、有你无我的偏激，未来更可能的是氢燃料电池和锂电池相辅相成的互补局面。锂电池汽车更适用于城市、短途、乘用车等领域，而氢燃料电池汽车在储能、长距离运输工具上有较大的潜在优势，更适用于长途、大型、商用车等领域。

三是5G推动新能源车发展的真实程度。正如苹果干掉诺基亚靠的不是更好的通话质量、更长的待机时间，而是用新的功能和需求来颠覆传统电话的使用场景，新能源车也是如此。如果单纯比续航里程更长，比充电速度更短，纯电动汽车完全不可能超过汽油车。所以，智能化、自动化才是新能源汽车转换使用场景、拓宽使用维度、颠覆传统燃油车的利器。而5G对汽车智能化的推动，或将成为新能源车弯道超车的关键。

在消费端，5G的应用有助于提高能源利用效率。市场的快速扩张让电动汽车充电容量需求剧增，而5G技术可以更好地对需求侧进行管理（削峰填谷）。比如，借助5G网络的超高速率和千亿量级的连接容量，电动汽车充电可以由传统的在设备接通时用电变为充电时间可选的互动式用电，从而最大限度地提高能源利用效率，降低成本（如智能控制在电价最便宜的时候给车充电）。

在生产端，未来汽车若要实现千人千面的个性化定制，就要用到物联网，将所有产品、零件和制造工艺流程等全部连接起来，而且速度要快。而能实现这件事的只有5G。它可以把汽车工业复杂的数据进行无时延的连接，解决未来制造的问题。

更为重要的是，新能源汽车一直承载着人类“无人驾驶”的梦想，而5G将为其插上翅膀。无人驾驶汽车每天将会产生4000G的数据，而4G的速度约为12Mbps，延迟为50毫秒，对无人驾驶的连接、安全的自治系统需求难以满足。在实现5G无线网络技术后，其速度可以达到10Gbps和1毫秒的延迟，能够显著提升汽车之间及汽车和周围环境之间可靠沟通的水平，形成人、车、路、网、端、云大融合，让无人驾驶车拥有应付任何紧急情况的能力。可以说，5G技术是无人驾驶车辆互联的关键促成器，整个城市的街道和车辆都会被编织成一张数字地图，每一辆车的位置都历历在目。而无人驾驶新能源车要实现全面商用，还需各种配套服务同步跟进，还有法律法规、伦理道德等多重挑战，至少要在2025年或2030年之后。届时，当汽车从4个轮子的移动沙发变成“全知全能”的移动式超级大脑，新能源车或将凭着5G这把利刃，在汽车江湖里“翻云覆雨”。

由此来看，待补贴退潮，新能源车由政策驱动转向市场驱动，中国凭借不断发展的动力电池技术及5G的捷足先登，极有可能在汽车领域弯道超车。而发展新能源车的意义不止如此，正如杰里米·里夫金在《第三次工业革命》所说，在人类历史上，每一次能量转换效率的大幅提升，带动生产工具和交通工具的变革，再配合信息传播技术的变革，往往就会带来一场真正的工业革命；比如，正是“煤炭+蒸汽机+火车+印刷术”的系列变革，带来了第一次工业革命。而后来的“石油天然气+内燃机+汽车+电信技术”的系列变革，又带来了第二次工业革命。未来，“新能源+电机+汽车、高铁+5G”，也有可能带来下一场工业革命。

10

文化产业进入长周期

文化的重要性前所未有，文化产业的赛道足够长且宽，但文化产业并不是简单的文化经济化的场域，仅仅用商业逻辑来操作是远远不够的。文化产业在资本、科技、审美、权力、历史与未来、东方和西方六大领域还存在分歧与争议，关键在于匀兑取舍、动态平衡。

“文化”究竟如何定义？

从一般意义而言，约定俗成的文化符号指代琴棋书画、诗酒花茶的总和，也包括随着活跃的文化活动衍生出的五花八门的文化细分市场。从经典文化观来看，人们对“文化”尚没有形成一个统一的概念——文化学的奠基者、英国人爱德华·泰勒1865年和1871年在《人类早期历史与文化发展之研究》和《原始文化》中，给“文化”下过两个意思相近的定义：其一，文化是一个复杂的总体，包括知识、艺术、宗教、神话、法律、风俗，以及其他社会现象；其二，文化是一个复杂的总体，包括知识、信仰、艺术、道德、法律、风俗，以及人类在社会里所得到的一切能力与习惯。美国著名人类学家克莱德·克鲁克洪将文化界定为“某个人类群体独特的生活方式，他们整套的生存式样”。换言之，“文化是历史上所创造的生存式样的系统，既包括显性式样又包括隐性式样；它具有为整个群体共享的倾向，或是在一定时期中为群体的特定部分所共享”。台湾著名学者钱穆则认为，“文化，这两个字，本来很难下一个清楚的定义。我们说文化是指人类的生活，人类各方面各种样的生活总括汇合起来，就叫它做文化”。据《大英百科全书》统计，世界上仅正式出版物中给文化所下的定义即达166条之多，其中162条是英文。综合而言，中外对“文化”的百余种定义中，相对一致的倾向是侧重整体性，即为宽泛论观点（即广义“大文化”观点），且突出了其传承性，认为它是历史沉淀的产物。即便约定俗成的“文化符号”与经典定义中的文化概念宽窄程度不尽相同，但两种定义都带有鲜明的“用历史照亮未来”的逻辑，更多强调历史性，但新时代对“文化”的注解在兼顾历史性的同时，更应突出其动态更新的未来感。

具体而言，可从三个层面拆解“文化”概念：

第一，横向上没有边界。文化并非孤立的存在，而是万事万物无所不包的，其本身也成为事物的意识。一方面，任何事物都是文化现象。其成分无穷无尽，“除了不在我们手里，它无所不在”（美国文化人类学家洛威尔）。一个男人站在街角，“呸”一口唾沫飞出去，就是一个文化现象了；如果是一男一女，一个“哼”一声，一个“呸”一声，这文化就复杂多了。另一方面，文化又内化到事物的各个方面。商品除了具有工具属性，还有文化属性作为标识与内在价值。甚至可以说，没有文化提炼过的商品都是没有意识、无意义的，甚至是无价值的。故宫文创产品之所以火爆，综艺节目《上新了·故宫》之所以大热，很大程度上在于它们站在巨人的肩膀上——故宫承载着的国家记忆和文化底蕴。

第二，纵向上没有界限，既在时间纵轴上收敛古今，又在认知维度上无限升级。就时间角度而言，文化让“历史照亮未来”，追溯文化轨迹，淬炼历史底蕴；与此同时，文化也由“未来引领今天”，强调对未来放飞想象力，进行绝对自由的勾勒，融合出一个兼具历史反省内敛、未来无边界畅销的多元素文化体系。正如《流浪地球》充满未来感的镜头语言下，流淌的是“中国式”家国情怀的表达，既传达了爱与希望，也为科技工业提供灵感，还激发了人们保护地球的责任感。就对文化的认知维度而言，人们必须保持开放与无边界。吴伯凡曾提出与盲点相对的“盲维”概念，即对某一个维度缺乏意识和感知，其隐患可从德鲁克总结德国在“一战”和“二战”的表现中略窥一二——“德国人总是小心翼翼地避开一个个小陷阱，以便顺利地掉进一个大陷阱”。足见在文化的认知中避免“盲维”的重要性——多个维度才能建立一个相对完整的文化认知，否则就“一叶障目，不见泰山”。就像16世纪末清朝的学者斥责利玛窦送给中国的世界地图为“邪说惑众”“画工之画鬼魅也”，但当来自西方的坚船利炮打开了闭关锁国的大门，谁还能对着魏源的《海国图志》自封“天朝上国”“世界中心”？

第三，文化是一个动态的概念，兼有冲突与融合。说文解字，“文”指各色交错（“物相杂，故曰文”），“化”携有生成、造化之义，“文化”本就有海纳百川、兼收并蓄的意思。历史已经证明，只有强调开放、包容，才能释放多元、灵动的文化。被誉“西方文明的摇篮”的古希腊文化，是古埃及、美索不达米亚、古印度及其他东方文化与古希腊文化相交融的产物；创新活力迸发的美国文化，源自移民带来的思想融合和碰撞等。当然，在此过程中也难免出现冲撞与波折，比如我国历史上就已经历四场文化运动——始皇焚书坑儒革掉了儒家的温情脉脉，也守不住“大一统”；武帝罢黜百家、独尊儒术，形成“一枝独放即是春”的思维模式，结果人治与专制一脉相承；新文化运动扛着德先生和赛先生两面大旗，最终却走上“全盘西化”的极端；“文化大革命”造成的混乱与倒退更是不必再赘述。

正因为文化横无边、纵无底、动态的概念，天然决定了文化与经济、社会等基本要素之间影响和被影响、需要和被需要的双向关系。

一来，文化被经济、社会等基本要素所需要，产生“影响”，发挥“功能”。就经济效益而言，文化资本有着不同于经济资本的独立价值，并可以转化为经济资本。其效益在萨缪尔·亨廷顿对比加纳共和国和韩国的研究中可窥一斑，尽管20世纪60年代两国的经济发展水平同样惊人，但在文化的影响下，30年后加纳人均国民生产总值仅相当于韩国的1/14。就社会效益而言，文化是不倚赖皇权或神权维系的公民社会最重要的黏合剂。“要想同世界结合，也没有比艺术更可靠的途径”（歌德），文化通过各种艺术形式，使孤独的个人为自己说不出的喜悦、痛苦等情绪找到了名字和定义，意识到个体的经验不是孤立的而是可分享的集体经验，进而产生归属感，转型成精神相通、忧戚与共的社群。

二来，文化需要经济、社会等基本要素以动态更新，甚至文化本身就是“适应经济基础的需要而产生的”。无论是“经济基础决定上层建筑”，还是“社会的物质存在往往通过一系列介质方，如社会心理、基层意识形态等，作用于这类文化形态”（冯天瑜），都揭示了文化的终极根源要追溯到社会存在，尤其是经济土壤之中。由此观之，文化是一个全覆盖、动态演进的复杂整体，是过去、当下、未来所有社会、经济等基本要素的反映，又对这些基本要素给予巨大影响和作用，最后形成一定范围内的意识形态共识。文化的内涵与外延会随着各个要素的发展而不断扩张、日渐丰富，如随着地域变化出现“一方水土养一方人”，随着企业的产生和发展又反映着团体的共同愿景和标准化的行为规范。

马克思在《德意志意识形态》中写道：“用于满足人类物质需要的生产是历史的第一个活动。只有我们的基本物质需要得到满足之后，我们才会去学习弹琴、写诗词，或者装饰房间。”这是工业经济的典型逻辑，从一定意义而言，对文化创新活力产生了抑制；而迈入后工业时代，当基本物质需要得到满足甚至过剩之际，用于满足人类精神需要、以人类体验等为对象的生产，将逐步成为“第一个活动”，与之对应，文化领域竞相迸发活力，凸显发展新的更具时代性的文化的必要性与重要性。

显然，在物质消费充盈，精神消费饥渴，创新与颠覆同在，冲突与融合相交的新时代，引领中国文化突围的力量将是通俗、现代的，而不是仅仅停留在传统文化的表面符号上。

文化已成 21 世纪国家战略

关于文化的重要性，历史实践早已给出答案。日本就曾两次靠文化“逆天改命”：第一次是7～9世纪的“唐化”。在前后13批、人数达数千人之多的遣唐使帮助下，日本无论是政治制度、礼乐传统、生活习惯甚至是语言文字，统统汉化，就连首都“平安京”都是按照长安城的设计来修建的。通过长达300年的“唐化”改革，日本完成从奴隶制到封建制的过渡，从一个落后的荒岛跳跃式进入封建社会。第二次是19世纪的“脱亚入欧”。福泽谕吉于1865年发表《脱亚论》一文，鼓吹日本必须摆脱以中国为中心的朝贡体系，全盘西化，“脱亚入欧”。这一阶段最典型的，就是日语语言文学上的言文一致，即脱离原有的汉文和汉文表达模式，并增加表音文字（假名）的比重，从而趋近欧洲的语音文字。明治维新不到30年，日本即蜕变为一个现代化强国，从中国的附庸成为一个具有扩张性质的国家，在局部战场上，先打败中国，又打败了俄罗斯。

如果说文化对内是驱动国家大机器运转的燃料，那么文化对外则不断输出影响力——殖民时代表现为一种“侵略”手段，近现代更润物细无声。西方殖民全世界的500年过程中，其顺序首先是军事征服，建立殖民地，然后是进行文化与宗教的征服。且相较于军事、商业，文化的入侵显然深刻得多。英国的“日不落”帝国梦碎之际，政治上的反殖民过程却没有伴随文化上的去殖民化，霍尔曼·沃克在《战争与回忆》中写道，英国“已经是新时代的希腊了。”在一段时间内，即便是经济层面无敌的美国，对英国仍是顶礼膜拜，所以才会有《泰坦尼克号》里的美国富人成群结队地寻找英国没落贵族家的女儿结婚。近现代的历史则见证了美国逐渐从文化自卑走向文化霸权，尤其在“冷战”获胜后，内嵌于美国价值观的自由主义在全球大受欢迎，许多国家放弃了本国原有的政治和经济体制，转型成为与自由主义价值观相一致的新政权。从20世纪80年代到21世纪第二个10年，自由主义民主国家的数量从60多个增加至近150个（据国际性非政府组织“自由之家”统计）；自由市场资本主义经济体的数量从40多个上升至近100个（据《华尔街日报》）。在这种“大皈依”的背景下，也难怪弗朗西斯·福山创造出了“历史终结论”——西方的市场经济和民主政治被无限拔高，提升到了“人类意识形态发展的终点”和“人类最后一种统治形式”的高度。

显而易见，“一定的文化是一定社会的政治和经济的反映，又给予伟大影响和作用于一定社会的政治和经济”，在国家建立发展的过程中，文化承担着难以替代的历史使命。而到了21世纪，文化的重要性又进一步上升到国家战略层面。从需求角度来看，物质主义时代已过，转向精神至上。无论是马斯洛需求层次理论、日本作家三浦展提出的消费四阶段，还是密歇根大学教授英格尔哈特提出的“后物质主义”价值观，都说明了物质需求被满足以后，人们开始追求精神满足的普遍规律。

从供给角度来看，传统工业经济到头了，文化产业兴起是后工业社会的客观需要。苹果因产品设计易于使用和易于理解而闻名，以售价高达12299元的iPhone XS Max机型来说，OLED（有机发光二极管）的屏幕价格约524元、A12处理器芯片价格488元左右、摄像头700元左右，再加上其他部件，加起来成本总价不过3000元左右，剩下的近万元实际上买的是设计。与之类似，日本有家叫作“AKOMEYA”的米店，开在寸土寸金的东京银座，销售的大米都是不超过1000克的小包装，每逢节日还会设计限量版的定制礼盒，凭此，日成交量竟达2000单以上，并获得过《米其林美食指南》推荐。可以说，在这里卖的不是大米，而是一种返璞归真的生活理念。综上，后工业时代的工业产品除了要质量过硬，文化内涵将成为产品的主要竞争力。更进一步而言，如果说工业时代的经济繁荣由制造业驱动，那么强调文化概念的服务业则将成为后工业时代的引擎。

从国际竞争角度来看，文化扮演愈发重要的角色。WTO 2.0时代，由企业法人间的竞争发展成国家法人间的竞争，各国皆处于“品牌形象”的竞争中。有深厚历史和艺术沉淀的奥地利奉行“以古典传统为基础，以当代文化为重点”的方针，打造了维也纳新年音乐会、萨尔茨堡艺术节等文化品牌，以及维也纳艺术史博物馆、维也纳国家歌剧院、维也纳爱乐乐团、维也纳童声合唱团等一批世界一流的文化标识。通过这些著名文化品牌和标识，奥地利尽管总面积不过重庆市这么大（约8.3万平方公里），但尽显其民族文化的魅力和亲和力，是国际上当之无愧的艺术圣地。由此可见提高本国文化魅力的重要性。

显然，现代文化价值体系和文化软实力建设，已成为现代化强国建设的重要维度。纵观各文化产业发达国家的发展经历，除了美国，其他国家要安身立命、发展壮大，都必须借助政府弯道超车。值得一提的是，美国文化产业发展以市场为基础。毕竟作为高度市场化的国家，美国政府中直接管理经济的部门并不多，在文化产业方面也是如此。但即便政府没有直接出手干预，美国仍通过健全法律规范来引导文化产业的发展。

毋庸置疑，政府无论是直接指挥，还是通过营造一个适宜产业发展的外部环境间接引导，都是推动文化创意产业发展的重要力量。从战略角度做大做强文化产业的核心，正在于处理政府与文化的关系。如在文创产业关键的金融与投资体系搭建领域——日本政府联合民间企业、组织共同出资设立“酷日本”机构，从资金、战略、经营方面给予文创项目长期财务支持与帮助。其扶持对象不仅限于阳春白雪，也有下里巴人，如《日本经济新闻》2019年4月9日就报道“酷日本”欲利用接地气的“网红”来宣传日本。结合我国国情，以海派清口为代表的民间自发形成的文化内容产品，就是亟待政府扶持以开拓市场的新蓝海。当然仅靠政府扶持是不够的，文化还需要内部勾兑。英国捍卫言论自由，但也有“女王的禁忌”。英国有个笑话是“一个英国人掉进了湖里，喊救命没人来，于是喊了一声‘打倒女王’，结果两个警察立刻从远处跑过来，把他捞起来送进警察局”。足见就界面关系而言，人们在激发市场活力、让文化自由创新的同时，也要划定底线，即“充分发挥市场在资源配置中的决定性作用，更好发挥政府作用”。由政府系统性地扶持文化创意产业和项目的同时，政府与市场界面、文化时空跨度之间，也需要充分勾兑与平衡。待到那时，我们才能迈开现代化文化强国的第一步。

文化产业六大争议

文化的重要性不断凸显，但值得一提的是，对文化的重视与围绕文化的争议在中国社会表现尤甚。梳理来看，当下中国文化产业存在六大争议：

第一，文化被资本劫持的问题。文化与资本的关系，从没像今天这般紧密相连。无论是影视业百试不爽的“IP+小鲜肉”两大法宝，还是贩卖焦虑、冲兑毒鸡汤的朋友圈“爆文”，都是无所不用其极的一搏流量、资本至上的打法。诚然，文化需要资本的支持来盘活文化要素，加速产业化、资本化，提振产业发展壮大。但资本“不讲对错、只分利弊”，一旦以经济效益和盈利的视角看待文化，往往会导致文化迷失在金钱编织的泥沼里，最终沦为资本的牺牲品。典型如拉一线明星做高商誉、签对赌协议等，这些娱乐圈花式资本玩法登场后，各路玩套路、赚快钱的资本蜂拥而至，以致知名编剧汪海林感慨“我很怀念煤老板做我们投资人的日子”。

第二，文化与科技的主辅问题。科技赋能文化，好似一把双刃剑。一方面，科技赋能文化不仅对文化制造装备、新闻出版等传统文化产业改造升级，还能催生新兴文化产业业态，包括互联网相关的泛娱乐产业、流媒体音乐等。另一方面，从沃尔特·本雅明的“机械复制艺术”导致经典艺术“光晕”消逝的黯然神伤，到法兰克福学派代表人物阿尔多诺和霍克海默对资本主义“文化工业”欺骗本质的揭示，再到海德格尔对现代科技的技术沉思，无不表达出人们对技术的拷问及相当程度的反省和批判。

第三，文化审美缺失。画家吴冠中曾言：“今天中国的文盲不多了，但是，美盲却很多。”审美缺失带来的文化产业同质化现象极为普遍，要么一味地模仿外来文化，甚至全盘套用，不加修饰；要么为求创新而刻意创新，一味生搬硬套复制克隆。典型如文旅纪念品，一块绣了几朵花的手帕，可以被标榜成了“湘绣”“苏绣”“蜀绣”“赣绣”；一把普通的木梳，被“少林弟子”梳遍大江南北；本应是“景区创造”的旅游商品，结果不约而同地变成了“义乌制造”。甚至引来不少人吐槽：为什么大好河山卖的多是“地摊货”？

第四，文化与权力之间的交融、冲突。权力之剑与文化之果历来相容相冲，“韩流”诞生伊始，就有着“举国体制”的底色（缘于亚洲金融危机后的“文化立国”战略），而著名的赫鲁晓夫与非现实主义抽象派艺术家涅伊兹韦斯内的恩怨纠葛，也是一场在苏联政府倡导社会主义现实主义艺术的背景下，政治与艺术“彼此斗争、相互咬合的白与黑”。更值得一提的是，文化和权力之间的交融与矛盾在中国尤为突出，毕竟在“文以载道”的传统影响下，文化无法脱离其政治内涵。那么文化与权力之间，究竟该如何相处？

第五，文化的历史与未来，孰为导向。基于经典意义上的文化往往被视为“历史沉淀的产物”，文化产业及活动往往对历史有“追根溯源”的惯性依赖，诸如轰轰烈烈的国学热下，充斥着人们对传统文化的非理性迷恋，不上学校念私塾，着汉服唐装祭孔等形式化主义层出不穷。但在西方，电影《2001太空漫游》启发乔布斯开发iPad、《黑客帝国》推动建立对虚拟现实技术的初步认知，西方科幻文化启迪现实技术发展的各事例，又激发了人们通过幻想未来开启文化发展的探讨。究竟是“历史的文化”还是“未来的文化”？

第六，东方文化和西方文化，孰优孰劣。中西文化有诸多差异，就哲学思想而言，前者以社会为出发点，以伦理为核心，后者以自然为出发点，以实验数据为核心方法；就普遍观点的区别而言，前者是群体主义的，注重人际关系协调的“絜矩”，而后者是个人主义的，注重个人独立的“自由”。中西文化的截然不同也导致两者之间的对冲与矛盾。历史上，中国曾出现全盘推翻传统文化的趋势，当下也出现了全盘否认西方文化的趋势。

进一步分析，上述六大文化领域的分歧，实质是对三个层面的界面处理。

首先，文化与资本、文化与科技的问题，关键在于以明辨文化为目的，运用资本、科技为工具，实现“好风凭借力，助我上青云”。资本领域早就有“文化不言利”的说法，文化产业的立身之本是文化价值，文化产品或服务之所以有经济效益，也恰恰在于其有相对独立的文化价值。资本逻辑和经济逻辑不能取代文化逻辑，除了满足商业逻辑，文化从生产到传播到消费，都要有经济、市场之外的追求；而科技之于文化，即便是作为“无科技不文化”典型的美国，传媒技术、摄影技术、3D动漫技术等也不过是其输出美式价值观的桥梁和利器。在这一层面上，无论是资本还是科技，皆为手段，是文化产业的驱动要素，推动了文化产品的价值从单一的膜拜价值向展示价值和体验价值转换。归根结底，资本和技术创新不得取代文化创意本身，资本、技术的形式必须服务于文化的内容。

其次，文化与审美、文化与权力的问题，要求文化本身与社会要素建立动态的微妙平衡。一分为二地看，审美缺失是实用主义文化在物质充沛时代急需升级的表现。毋庸置疑，文化引导并制约着个体审美。试想，如果没有希腊艺术家雕塑的神像，强健的身体审美有什么根据？没有李白的诗，豪迈之美如何让无数人折腰？正是形形色色的文化范型，作为承载某种审美趣味的容器，引导着审美大军的不同走向。而历来的“经世致用”的实用主义文化，正是当下中国审美缺失的根源，毕竟实用性的审美基准是“论有用”，而美学的基本规却是“无用的，才是美”。尤其在现代这个物质空前丰盛、什么都不缺的年代，“一个人审美水平的高低，决定了他的竞争力水平”。占有物质很难再刺激我们的感官，让我们获得长久的满足，而审美力已经逐渐发展为新时代所需要的能力。尽管横向比较北欧因其审美品位而更能感知生活“处处是美”的趣味，在全球幸福感报告中占尽前10榜单，中国仍道阻且长，但如“奶嘴文化”当道点燃对“小鲜肉”阴柔美的追捧等，这些文化取向现象开始显现多元审美的雏形。文化和权力之间的冲撞是两者重寻平衡点的应激反应。由此观之，文化与政治之间的微妙平衡，也是动态顺势而为的。

最后，历史和未来因素、中西方因素，体现的是文化中勾兑与取舍的选择。中国传统文化尽管有其精华，如“八德”（孝悌忠信礼义廉耻）中渗透的家国情怀和修齐治平、崇德重礼的德治思想，但“尺有所短，寸有所长”，且不说传统文化的不少内涵本就是落后腐朽的（“君为臣纲、父为子纲、夫为妻纲”的封建三纲思想），甚至连精华也有其局限性，随着时空变化，渐渐落后于变化了的形势。如《孙子兵法》提倡的原始民本观“道者，令民与上同意也”中，君主为能治之主体，而民则为受治之客体，即君主为主导而民众为附庸，严重滞后于新型的民主要求，因而需要寻求勾兑与取舍。纵向看，是历史与未来的勾兑。与其一味让“历史照亮未来”，在兼有精华瑰宝、封建残渣的历史中寻找答案，强调“未来引领今天”，突出文化的未来感、引领性或许更为合适。横向看，是东方与西方的勾兑。从一定意义而言，近代中国的崛起正在于“开放+国民禀赋”，尤其是改革开放的成就，就是传统文化吸收西方文化精髓，继而在勾兑中融合创新发展的成果。但需要强调的是，这个过程并非走极端的、完全摒弃传统的全盘西化，而是传统文化与西方文化的杂交。经济体制从“计划经济为主，市场调节为辅—有计划的商品经济—社会主义市场经济体制”走出一条中国特色的路子，即为一例。由此观之，文化杂交融合，中国在采撷中西文化精华的基础上创新、超越，才能释放活跃的生命力。

综上，中国正面临文化产业发展的六大分歧与争议，关键在于勾兑取舍、动态平衡。唯有如此，才能让文化的内外部要素彼此成全，让文化焕发活力。

特色小镇玩文化难持久

自特色小镇出现起，文化主题便成为“香饽饽”。在住建部2016年公布的第一批（共127个）、2017年公布的第二批（共276个）特色小镇中，文化旅游类分别有88个、144个，占比69.29%、52.17%。与科技、创新、创业等技术性小镇相比，文化类小镇起步条件相对宽松，门槛低，然而一哄而上后，大量的文化主题小镇发展良莠不齐、问题突出，“风风火火出场，悄无声息退场”的不胜枚举。典型如成都的龙潭水乡，花费将近20亿元，用时4年，如今却无人问津，面临倒闭；又如陕西省渭南市的和仙坊民俗文化村，作为陕西文化旅游商业的代表之一曾红极一时，如今商户却已悉数撤出，道路上只剩下狗在游荡。从遍地开花到洗牌，大多数文化类特色小镇建设，事实上陷入了三个重大误区。

一是陷入盲目跟风、“千镇一面”的同质化窠臼。自特色小镇上升为国家战略，各地随之火速跟进，甚至有的省提出要建100个特色小镇、100个文化小镇和100个旅游小镇，交叉重叠、重复申报与同质化现象严重。“念乡镇”“古韵小镇”“创意园区”“××小镇+”等名字扎堆出现。“小镇故事少，充满假和炒；若到小镇来，你会很难过；看似一个样，吃喝差不多”，已成为诸多文化类小镇的真实写照。

二是难逃过度商业化的魔咒。特色小镇的商业设施除了承担吃、住、购等基本功能，还承担着文化展示、互动交流、游览体验等复合的功能。然而，在开发商一味求收益的情况下，诸多小镇出现过度商业化的倾向。古城镇中富有特色的民俗传统、民俗活动要么被肤浅地包装后加以推广，要么随着古镇的商业化而消逝湮没。原真性缺失，导致古城镇的自然环境和人文氛围开始渐行渐远，取而代之的是喧嚣的酒吧、千篇一律的旅游纪念品商店及大刀阔斧改造古建筑的民宿和客栈，这些也成了旅游投诉的重灾区。酒托、出租车宰客、导游骂人等现象屡见不鲜。

三是走上“穿衣戴帽”、造假成风的歧途。在一窝蜂的特色小镇热潮中，有特色的要上，没有特色的创造特色也要上。要么一味“求洋求新”，玩概念、赶时髦，建筑风格上追求全面西化——如常德德国小镇，主打异域风情，从汉诺威百货、德国咖啡店到德国黑啤酒吧、温德姆酒店等，照搬了一系列德国的东西，既不符合国内大众品味和消费者需求，又难以真正利用德国的文化底蕴，新鲜感过后，如今已门可罗雀；要么为了追求历史文化而刻意仿制、造假——如大肆兴建古镇、民俗村，“泥砖墙外贴木头、钢筋水泥上戴灰瓦”，更有甚者如北京的古北水镇，从周边古村镇收集各类建筑素材，人造出一个江南水乡，全然不顾长城脚下的原生文化与水乡元素的违和感，强硬嫁接，张冠李戴。

种种误区之下，这些贴着文化标签、曾经风光无限的特色小镇，如今大多已黯然失色。归根结底，特色小镇的特色在神不在形。诸多特色小镇的开发打造虽高举文化的旗帜，却偏离了文化的本质，只停留在文化的表层现象。一般来说，同一区域或邻近区域的文化相似度较高，如果对当地文化认识不足、挖掘不深，相邻区域小镇的文化表现方式、建筑风格、人文景观、饮食特色等方面，就会趋向于同质化，导致小镇在市场竞争中缺乏较强的核心竞争力。例如在陕西省白鹿原，短短1年之内便有白鹿原民俗村、白鹿原影视城、白鹿仓景区等扎堆开张迎客，且都以“白鹿原”为主要包装看点，不可避免地陷入同质化竞争。同时，由于特色小镇基数大，不同区域也可能出现以相同或相近文化为核心的小镇。以民族文化类小镇为例，苗族、土家族、壮族等少数民族在多个省区市均有分布，若不深入挖掘本土文化内涵，很难形成“人无我有，人有我优”的竞争优势。

此外，当下文化小镇屡遭扭曲，是错把历史当文化，过多地强调了文化基因中的历史积淀，陷入文化的“原教旨主义”。经典意义上的文化往往被认为是历史沉淀的产物，以文化为核心的特色小镇便陷入了对历史“追根溯源”的惯性依赖，轰轰烈烈的古镇热所折射出的，正是人们对历史文化的非理性迷恋。然而，有的历史文化特色小镇并没有形成文化产品和服务，只有一些旧民居或街坊，并不具备所谓的历史文化传承功能，所谓的历史文化小镇空有概念；而且有的历史文化特色小镇所拥有的历史文化资源，并不是优秀的中华文化，而是一些没有产生过重大作用并被历史淘汰的生产、生活方式或负面的历史典故，这都背离了发展文化旅游和建设文化小镇的初衷。

在此背景下，“失魂落魄”的特色小镇往往商业味冲淡乃至掩盖了文化味。“皮之不存，毛将焉附”，文化受损了，产业也无以为继。相关的政府部门和企业只把目光放在建筑规划、招商引资上，殊不知，没有灵魂的建筑永远只是一堆钢筋混凝土，没有以文化为核心的产业也只是一盘散沙。如此一来，小镇业态规划混乱，商业区沦为“小吃一条街”，运营更无从谈起，只能陷入“竞争激烈—经营回本任务重—招商难—产业受损—丧失竞争力”的恶性循环。

要知道，文化和产业是相互依存、相辅相成的。产业是传承文化的载体，正如没有出版业，小说、诗歌、学术著作如何传播？反之，如果没有文化，没有内容，产业也将不存在。纵览全球，成功的文化小镇不在少数，无一不是实现了文化与产业的良性互动才得以延续的。如爱丁堡、阿维尼翁、锡比乌等，以艺术节带动小镇发展，在潜移默化间提高了人们的艺术修养和文化情趣，还带动了当地文化旅游，成为文化名片。又如依托影视文化的西班牙胡斯卡尔，作为3D动画《蓝精灵》的拍摄地，它把蓝精灵和小镇的生活设备建设有机地结合起来，不仅把村中教堂、政府甚至公墓在内的175幢建筑，全部涂上明亮的蓝色，凸显蓝精灵的皮肤颜色；还利用电影主题，把文化要素注入所有旅游、消费项目，如“格格巫酒吧”、穿蓝精灵衣服的导游等；更大力发展与蓝精灵相关的衍生产品，开发蓝精灵纪念品，在假日举办“蓝精灵集市”等，建立起独一无二的“蓝精灵”产业生态。

好看的皮囊千篇一律，有趣的灵魂万里挑一。用这句话来形容特色小镇与文化之间的关系最恰当不过。小镇是躯壳，里面住着文化的灵魂。那么，究竟要如何寻找文化之魂？

一在雅俗共赏。文化小镇的“俗”在于市井文化，而这种文化只能遗落在“寻常巷陌”里。市井文化因其地域性和亲近性，故而有特殊性和生活性，具有无限的风情，那些遗留百年乃至千载的古城、古镇、古街、古巷，之所以成为诸多旅行者的“朝圣地”，正是因为那里有最真切、最世俗、最醇厚的生活化体验。比如，开发者可以通过将原住民生活空间融入小镇历史文化旅游体验线路和小镇肌理风貌中，以增强小镇历史人文生态观感；也可以将历史经典特色元素和符号融入城镇标识和文化生态景观设计中，以增强小镇文化体验的独特性。

二在以未来引领今天。我国固然有丰富的历史文化宝藏可供挖掘，但一味沿着历史的脚印前行，显然是故步自封，不如放眼未来，才有更广阔的发展空间。一方面，人们可以勾兑历史与未来，依托已有资源，在创意与创新上做足文章，实现“老树开新花”。故宫文创便是此类典范，它不仅开发出各类创意周边，还建立了数字博物馆，人们可以通过数字地图来了解故宫1200栋古建筑、9371间房屋的信息，通过虚拟现实进入养心殿、三希堂和太和殿等，把有限的文物、艺术扩展到无限的文创世界中。另一方面，人们可以寻找代表未来的新文化，将引领全球的新兴产业和前沿产业植入小镇，以未来文化基因孕育特色小镇，例如基金小镇、梦想小镇、机器人小镇等。

三在体验至上。工业生产的价值体现在产品上，而文化的价值体现在人的感受上。互联网时代，消费出现了购物空间立体化（全渠道购物）、时间碎片化、信息传播社交化等新特征。对于特色小镇来说，单一地靠景观或建筑的时代已成往事，要跟互联网抢“生意”、抢注意力，小镇业态只能向体验型倾斜，在小镇的生活设施、周边产品上，注入更多的文化内涵、动人故事和设计美学，引发情感共鸣和价值认同，才能让人流连忘返。如此一来，小镇有形更有神，方能跳出模仿、因袭的老路，实现可持续、高质量的发展。

文化产业如何运作?

文化产业的赛道足够长且宽，但文化产业并不是简单的文化经济化的场域，单单用商业逻辑来操作是远远不够的。那么，究竟该如何发展文化产业?

第一，必须要有投入产出。“好的艺术都是感性和理性的和谐统一”，同理，发展健康的文化产业必然要协调其文化属性与商业属性，一手执两禾，进行产业投注。从单项的文化产品来看，破46亿元票房的《流浪地球》，其饱满的人物、温暖的情怀、“硬核”的美学，都是建立在对剧本和构思反复斟酌近两年、3000张概念设计图、8000余格分镜、超过1万件的电影道具之上的。从整体的文化产业来看，“韩流”风靡背后，是1998年以来韩国政府在各个层面，有计划、有步骤、有措施地精心构造的“举国体制”，如专门成立韩国文化振兴院，为企业提供文化出口领域的对口服务等。可见唯有倾注超越商业逻辑的独立的策略和情怀等，才能迈出文化产业化的第一步。若只打资本的小算盘，追逐经济效益，结局只会重蹈共享单车的覆辙。只享受融资的过程，依赖高成本、大规模投放与维护、补贴“烧钱”获客，盈利模式有限，一旦被“唯利是图”的资本抛弃，共享单车便运维瘫痪，深陷押金挤兑潮了。

第二，必须要有筹划运作。仅靠高投入不能事半功倍，市场运作也是重要一环。尽管文化产业有“IP为王”的说法，但市场运作并不仅仅靠IP的头衔，换言之，无经营运作的IP项目只能算是一张白纸，毕竟现有的IP价值总会消耗殆尽。通过产品开发、建立全球销售网络、宣传促销和捆绑销售等多种手段和方法，真正运用IP、制造IP，才能让文化更深一步地产业化。比如迪士尼超级IP版图的运作过程，是在全球大规模的广告和促销攻势的配合下，通过“票房收入—发行录像带、DVD—迪士尼主题公园推广—特许经营和品牌专卖—电视媒体”5个层次的运营，分5步提取最大盈利，仅品牌销售就贡献了近50%的总收入（电影发行加上后续的电影和电视收入占30%，主题公园的收入占20%）。

第三，围绕产业链做延伸。纵向拉长生产链，整合上下游资源；横向跨行业做功能叠加，放大产品附加值，进而以综合性商业集团为载体，实现多个产品整体运作、各环节衔接、产业链贯通。国外文化产业集团已有相似的操作模式：通过版权运营掌握核心资源，通过线上线下协同，以衍生产业链的方式收获长尾的蓝海收益，同时进一步壮大企业的市场触角。全产业链的商业模式（纵向打通、横向协同），被认为是最能反映文化产业“一意多用”特性的商业模式，即结构更具融贯性和扩展性，同一文化创意资源在空间和时间维度都能重复延伸使用。

第四，功能叠加，放大文化附加值。“文化产业最重要的价值不仅在于提供文化产业增加值，而且在于提供文化附加值”，要通过文化硬件、技术、流派的结合，分阶段层层驱动整个文化产业的发展。

第一阶段，通过硬件设施推动文化产业发展。发展文化创意产业首要且最重要的条件是包括美术馆、博物馆、音乐厅在内的文化基础设施。像影视、戏剧等，本身就对剧院、器材、设备等硬件设施依赖程度比较高。但即便是文学、油画等“轻资产”，硬件作为文化的有形载体，也可以直接通过创造产值和就业的方式推动文化产业发展，还能形成文化场域，在润物细无声中激发人的想象力和创造力，具有不可替代的基础性作用。就一定意义而言，奥地利以音乐之国、艺术之国之名享誉海外，离不开维也纳艺术史博物馆、维也纳国家歌剧院等世界一流的艺术机构建设，更不能没有市中心占地9万平方米的文化区的文化基础设施支撑。

第二阶段，通过技术赋能文化产业。技术驱动为文化产业打开另一个空间，技术进步带来产业迭代，21世纪初互联网技术大规模铺开，使得以网络为载体的文化产品加速发展，甚至在过去十几年中成为一种核心文化产品，为影视、文学、动漫等其他领域文化输送生产力（IP及创作者）。接下来，大数据、云计算、虚拟现实、物联网、人工智能等技术发展，都可能为文创行业下一个阶段的产品形态、生产模式、消费模式、分销模式带来变革，如2019年央视网络春晚的舞台上，主持人撒贝宁的“孪生”AI主持人“小小撒”的现身，或预示着AI虚拟场景表演的可能。把这些技术运用到文化产业中，可以以新的生产方式激发新的创作资源，让文化产业通过技术复制和扩大效益。

第三阶段，以多元流派促成文化产业百花齐放。正如诸子百家在彼此诘难、相互争鸣中形成盛况空前的学术局面，未来文化支流也可能会独操术业、各立门户，有理、有据、有节地公开争论、辩论。这个过程不仅能促进观念碰撞，焕发新生机；还使得流派之间得以共享彼此的文化成果，相互矫正、互为补充，令各派系文化“各美其美，美人之美，美美与共，天下大同”。

毋庸置疑，通过“超越商业逻辑的投入+市场化运作+产业链衍生+功能叠加”的经营，文化产业将走入发展新通道，最终从文化产业化进入产业文化化，文化成为引擎、嫁接因素，甚至成为像互联网一般的工具，格式化各行各业，与经济、社会、生态各领域，进行更广范围、更深程度、更高层次的融合创新，推动产业业态裂变，实现产业结构优化。

11

寻找中国经济新亮点

在消费升级的背景下，现代人提升效率、满足体验、引领文化的诉求催生了诸多新经济产业的崛起。中国新经济产业亮点纷呈，让人目不暇接，不仅提升了人们的“获得感”，也在为经济社会各领域转型升级注入新能量。

夜间经济[1]：城市经济增长新引擎？

“灯光一亮，黄金万两”——提振夜间经济、繁荣夜间消费，早已成为不少国际大都市的选择。战略咨询公司声音外交2018年发布的一份《夜间经济指南》显示，美国纽约的夜间经济2018年为纽约市经济发展贡献了约100亿美元。2019年纽约市发布的《纽约夜生活经济报告》显示，纽约市的夜生活对经济的直接影响为：2016年创造了19.6万个工作岗位、62亿美元的工资和191亿美元的经济产出。2019年五一假期期间，中国居民夜间消费金额占全天消费金额的29.92%。商务部的调查数据显示，北京王府井出现超过100万人的高峰客流是在

[1] 夜间经济源自20世纪70年代英国为改善城市中心区夜晚空巢现象而提出的经济学概念，指从当日下午6点到次日早上6点所包含的经济文化活动，其业态囊括晚间购物、餐饮、旅游、娱乐、学习、影视、休闲等。

夜市，上海夜间商业销售额占白天的50%，重庆2/3以上的餐饮营业额是在夜间实现的，广州服务业产值有55%来源于夜间经济。有实实在在的数据为证，还有真金白银的事实摆在眼前，也难怪北京、西安、成都、南京等城市都抢着搞“夜间经济”。

要知道，在大多数人的传统思维观念里，“夜间经济”除了时间上被框定在晚7点到早6点之间，无论是高级格调的休闲娱乐，还是低级趣味的胡吃海塞，提到“夜间经济”，总会将它与“藏污纳垢”统而视之：大排档里流着地沟油，噪音扰民，满大街飘荡着油污和垃圾；酒吧、街边随时可能上演酗酒暴力、打架斗殴。失序、暴力、色情等脏乱差的词汇总能在“夜市”里找到它的位置。也恰恰出于对这些因素的考量，“夜间经济”在历史的车轮下沦为被反复碾压的对象。有悉尼为鉴，悉尼于2014年2月开始施行宵禁法规，规定晚上10点之后酒吧等营业场所不再提供烈酒，凌晨1点30分之后不再接纳新顾客，旨在遏制深夜酒后暴力和反社会行为。怕出乱子、可有可无、拉低城市档次、降低城市品位等刻板印象，让“夜间经济”在历史上一直处于城市的“阴暗面”。

说到“夜间经济”，自然离不开吃、喝、游、玩、购、娱等因素与环节，其中以服务业为主的文化娱乐、休闲交际，又占据着绝对的主导，这也决定了它的发展必然离不开夜总会、酒吧、KTV、咖啡馆、大排档等娱乐休闲场所。想当初旧上海十里洋场，中西合璧，风月繁华，俨然是咖啡馆的天下。它不单是市民休闲娱乐、聚会交流的场所，还是商贸洽谈、商品交易的理想地点，更是精英荟萃、思想碰撞交流、政治谋划活动的大后方。但新中国成立后的一段时间内，人们全然不顾咖啡馆所承担的复杂的社会功能，将其通通视为“资本主义的尾巴”，在批判和打击下，咖啡馆全部被关，夜生活也没有了。直到上海第一任市长陈毅为了团结民族资产阶级，发展上海经济，专门在上海开了新中国第一家大型国营百货零售企业——按照当时陈毅市长的说法，“这是我们自己的商店”，进口咖啡这才算是有了一个销售渠道。很显然，长期以来人们过度放大了夜生活的“黑”，却忽略了它所承载的社会功能。“夜间经济”是由市场行为主导的自发行为，既是社会压力释放的阀门、社会的稳定器，又吻合马斯洛的需求层次理论，还符合城市产业转型升级的需要，更是城市消费经济强有力的延伸和补充。繁忙和劳累了一天的人们，在夜市里可以通过不同方式的休闲、娱乐、消费等，舒缓自己疲惫的身心，释放工作和生活中累积的压力，享受沉醉在夜里的放松。“夜间经济”以休闲娱乐和服务业为主的特性，还满足了人们由物质消费向精神享受型消费转型升级的需要，尤其是中国正在激发大消费的能量来完成经济结构转型。“夜间经济”的强大消费力就更不容忽视了，要知道，在北上广深等一线城市，“夜间经济”已占到全天服务业营业额的50%。更何况眼下各大城市都来到了同构化、同质化破题的拐点期，都在谋求产业转型升级、二次城市化的突破口，“夜间经济”天生自带的第三产业服务业属性，也是城市竞争的新维度！

只不过，自由市场野蛮生长，不可避免地会带来经济发展、市场经营的鱼龙混杂，加强管制势在必行。但“一刀切”也不可取，当年悉尼为了遏制暴力，“一刀切”实施宵禁，因此而关门的店铺不胜其数，让原本充满生气的悉尼夜晚一片死寂，每年造成约160亿澳元损失[1]。此命令还引发众怒，有超过15000人集结在悉尼的CBD（中央商务区）进行游行抗议。以此为鉴，“一刀切”治标不治本，只是把风险和问题转移到其他地方，还会耗尽城市的活力和创造力。而且对夜市一关了之，不但会破坏以往的沿街商业生态，敲掉一部分规范经营者的饭碗，也会扰乱社会民生，破坏社会和谐稳定。

那么，如何平衡好“夜间经济”发展与管控的天平？说到底，还得在政府与市场之间寻找均衡点。毕竟，夜市的形成不是政府的招商政策使然，而是市场的自发行为，从市场自发到城市自觉，重在规范与净化。站在城市发展的角度看，一个城市既需要时尚、潮流、高端、前卫的现代商圈，又需要带有地域性、市井

[1] 澳大利亚德勤经济研究所的分析报告显示，夜间经济本来可为悉尼每年带来430亿澳元的收入，而实际只创造了270亿澳元产值。

化、草根化的特色夜市经济。世界上很多城市在发展“夜间经济”时选择了完善基础设施，提高夜生活的安全保障措施，而不是限制人们的夜生活。例如，上海作为现代化国际大都市，中西文化在此碰撞，时尚文化与商业气息共存，海派与市井气息混搭，必然要具备海纳百川的包容心态，去接纳并兼容“夜间经济”，“去其糟粕，取其精华”，引导其良性发展，从野蛮生长走向规范协调多元。站在经营者和消费者的角度来说，市场经济也是规则经济，自由、竞争同样离不开规则和法治。换言之，摆摊要讲规则、重规范；撸串和娱乐性消费也要守规矩。当政府行政管控规范，经营者、消费者的行为也规范时，整个“夜生态”的相关各方均能维持界面的友好兼容，“夜间经济”才算真的发展起来了。

会展作为时尚产业崛起

会展是个古老的行业。自1851年诞生于欧洲的第一个国际博览会“万国工业产品大展览会”至今，现代展览业已走过了近一个半世纪。即便是在后发的中国，从1951年算起，会展业也有近70个年头了。上海等城市如此重用“老古董”会展，看似偶然的背后恰恰隐藏着必然。会展业能兑现成可观的经济产值，甚至还能改写城市或地区的命运，这点已有印证。重庆市商务委员会数据显示，2018年重庆各类展会活动直接收入176亿元，拉动消费1498亿元。不单乌镇凭借世界互联网大会走红，有了“乌镇很忙”“会议很多”的“傲娇”调侃；G20峰会更让杭州掀起一波“杭州与上海：谁是谁的后花园？”之讨论狂潮。面对会展业如此惹眼的轰动效应，作为长三角超级枢纽最高代表的上海，怎会置之不理！况且，区域经济一体化过程难以回避同构化的最后疯狂，竞争性已然超过了互补性；而在制造业、互联网等新一轮经济热潮中，上海又无法与长三角其他城市拉开差距。若想脱颖而出，上海势必要在个性特质回归与升级路径上苦下功夫。

那么，究竟哪类产业能高度集中地代表城市超级枢纽特质呢？金融中心地位自不必多言，其次就是会展、会议了。从工业经济向信息经济迈进的过程中，如何最大化实现资源整合，以发展平台经济来打造超级枢纽，成为城市二次迭代的关键。而会议、会展经济恰恰类似于平台经济，势必会让城市在二次城市化时代、区域经济一体化疯狂同构化竞争局势下脱颖而出。从当前全球经济形态的演变规律和城市功能转型升级的方向来看，会议、会展前所未有的发展机缘要来了！这个时代很疯狂，机器换人、无人驾驶、动动手指网上交易等，生产、生活、交换等新经济方式迭代叠加，发展速度快到人们来不及反应和选择，迫使人们必须反复交流：找感觉、找方向、找方案。“圈内的”需要找到一个平台去展示、宣传自己的创意创新，“圈外的”又迫切需要借助一个平台去预见行业前沿性动向及时代延伸轨迹，此时，会展业的平台属性可谓与之完美接榫！对城市而言，会展业既是古老行业，也是21世纪城市经济发展中的时尚产业。在发展会展业的过程中，需要注意三大共性问题。

第一，从需求方看，观众从何而来？要知道，展示形象、调查行情、获取订单、交流技术，才是客商参加会展的最终需求。会展能否成功举办，关键是定位，必须能够激发参展方及其他观展人员的兴趣。倘若“展商比逛展的人数都多”，客商摆台给谁看？大型会展尚可依靠政府为之背书吸引观众，可众多小型会展又当如何引流？

第二，从组织方角度看，会展小镇与会展大城市如何平衡？纵观国际，发达国家的会展业在长期发展过程中逐步形成了政府推动型、市场主导型、企业推动型和政府市场结合型等几种成熟的运作模式。中国虽兼而有之，但多数情况下缺少有影响力的品牌展会和有竞争力的组展商，对会展该怎么做、怎么选、做得对不对、能不能和当地产业结合好，相关部门心中缺少一杆秤。一些部门以为会展就是用展馆搞一场展览即可，殊不知，会展除了场馆，还需要更多服务设施予以支撑。换言之，会展业的城市系统性要求其不能独立运行。因此，就算费力搞会展小镇、会展大城市，倘若形式雷同，又未能与周边形成互补互生的区域城市圈，恐怕也难以持续。

第三，绩效与会展产业链的长与短如何把握？倘若能够延伸会展产业链，自然不愁产出效应，怕就怕会展往往从“结果导向”变成“结果终结”。要么“搞展会时很嗨皮（happy），但散场后又回归原有的孤寂”，要么在绩效评估时，只突出经济效益，却忽略政治、社会、文化等其他方面的作用和影响力。看得到统计数字，却看不到带动效应。如何在国家主导的商业模式及商业延展的“会展+”模式中实现会展产业的溢出效应，延长会展产业链，才是发展会展业的难点。

换言之，当人类由物质生产拐入创意营销阶段，稀缺的从来不是产品，反而是众多的展销平台。当然，会展业的下一步，除了要搞好展会，更需挖掘会议的潜能。毕竟，会议才是会展业的皇冠。

会议是会展业的皇冠

会议到底有多重要？大到全球政治格局、国家发展，小到城市、行业发展，都离不开会议的影响！一场会晤可能攸关数亿人的命运。比如1945年2月，罗斯福、丘吉尔、斯大林3人在黑海北部克里米亚半岛的雅尔塔举行了雅尔塔会议。除了加速反法西斯战争的胜利、协调作战行动，商讨如何惩治战争罪犯、消除纳粹主义和军国主义势力的影响，与会者还做了一件对世界格局及全球发展影响至今的事——筹划建立联合国。一场会议也能扭转国之命格。1935年1月，在贵州遵义一幢坐北朝南、临街而立的两层楼房里，一次会议改变了中国共产党和工农红军的命运，也改变了当代中国的历史进程。

那么，一场盛会又能给一座城带来什么？看看美国的拉斯维加斯就知道了！这里本是一片被荒凉石漠和戈壁地带包围的不毛之地，可它却在不断迭代中生机勃勃。起初它因世界最大的“赌城”而闻名遐迩，那里赌客云集、纸醉金迷，尔后又以“世界会议之都”熠熠生辉，1年接待约4300万游客，其中有14%是因为商展会议。拉斯维加斯会议场地面积（102万平方米）只排在全美第3位，但经济效益却排第一，会展业每年为拉斯维加斯带来的经济收入超过80亿美元。可见，会议之于人类乃至一国、一城，何等重要。

常言道“会展不分家”，会议、展览相互结合、互为促进，往往是标配。譬如上海国际进口博览会，在正式开幕前，从动员到部署、从企业到个人，由此衍生出了无数大大小小各类会议打先锋。而且，如果说展览办得好不好，参展商、企业说了算，基本是以机构来划分，运转多以年为周期；那会议可是从吃住行开始，直接关系到每个“人”的内在体验，触点多且可缩短到以月为周期运营。别说展览离不开会议，单从要求、规格、投入、运转周期或是释放的影响效应来看，会议都更胜一筹。用新加坡总理李显龙的那句“如果凡事以价格来计算，我们可能会错过很多重要的东西”来形容可能更贴切。因为相较于会展看得见的签单、达成交易等显性价格利益，会议所带来的隐性价值更加巨大，堪称会展业之皇冠。就拿阿尔卑斯山上的小镇——达沃斯来说，每年伊始，世界大国领导人、最有钱的富豪、引领世界的商业领袖都会从四面八方汇聚于此，观世界经济之大势，让这里“星光璀璨”，不单提高了其国际知名度，让世界记住了这个方寸小镇，还拉动了其基础设施、产业合作、旅游业等现代化建设。每年在达沃斯举办的300～1500人规模的大型国际会议多达50多场，小型国际研讨会数量将近200个，仅商务会议带来的产业辐射性收入就超过3亿瑞士法郎（约20亿元人民币），占达沃斯年GDP总量的40%。以此来看，在全球一体化强化城市对外经济交往的大背景下，上海作为全国性资源高地，占据国内外交流的枢纽位置，如果花几千万元搞一个国际性会议，既能成功赚足世界眼球，又能在全球打广告扩大国际影响力，还能赚钱，如此事半功倍的好事，何乐而不为？

从海南博鳌亚洲论坛到杭州G20峰会，再到厦门金砖五国领导人会晤，哪个不是因会兴城？特别是美国，当年洛克菲勒大手一挥，在寸土寸金的纽约送了一块地皮给联合国建大厦，他不但承担了联合国组织的大部分会费，还为联合国官员们建立起了官邸和宿舍，从而把联合国60%的组织机构从瑞士吸引到美国，由此建立了以美国为中心的国际经济新秩序，让纽约成长为高层次国际会议的云集之地，也成就了它的国际贸易中心建设和现代服务业。从国内到国际，因会兴城又因城兴会的案例，不一而足。

从普遍的视角看，城市经济功能迭代，小区越来越多，工厂越来越少，会议产业作为现代服务业的一个分支，既吻合国家、城市经济结构的转型方向，又能促进与之相关的交通、餐饮、住宿等产业发展，还能吸纳大量就业，以此消解一部分潜在的社会不稳定因素。更能借助会议这个强磁场广聚智脑英才，共商公司、行业、国家乃至国际之大事，排忧解难。更何况，在一定意义上，历史是通过会议来决定的，即便决定历史的重大会议早已时过境迁，但会场成为旅游胜地，也能带动一城、一地之兴旺。

纵然会议产业有千好万好，但要搞好会议产业这个新品牌，并没那么简单。何为“会议”？有“会”还得有人来“议”才成啊！换言之，会议的多寡受制于活跃人口的多少。美国人口3亿多，活跃人口占到了总人口的35%～40%，中国虽然人口将近14亿，活跃人口却仅占总人口的15%左右，大约只有2亿人。如此少的活跃人口却还要被北京、深圳、广州、重庆、杭州、三亚等无数个城市分而食之，要搞会议产业，人从哪里来？再者说，会议并不等于花钱买个乐呵，热闹一下就行了，尤其是行业性国际会议，总不能老靠政府拨款、砸钱请人撑场面，“战略会议”的玩法不是常规套路。既然要发展会议产业，就要建构起一个完整的产业链，会议产业中，政府与市场的界面何在？若是政绩要求高于市场规律，就跑偏了。即便是做了会议产业，在全球一体化持续深化的背景下，稍不留神就可能被挤压，如何实现大中小会议通吃，把会议产业做大做强，也是上海需要考虑的。虽然经过十多年的涅槃，2018年中国万人以上的会议已经有几十个，阿里巴巴、腾讯、华为等知名企业举办的会议影响力也越来越大，最多达到6万人聚会，但真正成规模、成体系的并不多，而美国万人以上的会议就有几百个，无论是从总量还是平均规模上看，中国的会议产业都与国际会议“老前辈”存在差距。

然则，换个角度看，差距恰恰意味着增长空间。中国如此大的人口和市场当量，一旦活跃人口释放，何愁没有人参会？只不过，处在新旧时代的交叉点，人们也需意识到会议产业早过了“眉毛胡子一把抓”的年代，也有侧重点。从会议类型看，首先，经济产业类会议将增加。这是因为全球经济普遍放缓，新经济、新产业又层出不穷，世界经济产业发展进入迷茫与新生交织的时代，从国家到行业再到企业，都迫切需要通过会议聚合智脑来破解经济产业之谜局。其次，国际会议将是会议产业的重中之重。这些年中国的全球影响力今非昔比，东西方经济政治格局全方位大逆转，对于吸引越来越多的国际会议落户来说，可谓“天赐良机”。就算是从会议产业链的组织策划来看，为应对复杂的外部形势，也急需突围，以进博会为契机，搭建国家级、产业级、企业级的各类平台，实现组织再造。剩下的就是如何通过放大“会议+”的链式延伸，借“会议+展览”“会议+旅游”等，上下勾连、周边辐射，借助会展业来壮大平台经济，构建超级枢纽，促成城市功能顺利完成二次迭代。

阴谋论、道德论难阻生物文明

近年来，以基因测序和基因编辑为代表的基因行业正在飞速发展。然而，一面是医疗突破的新市场前景，一面是临床应用的难控风险，导致社会舆论对基因编辑争议不断。在一定程度上，当下基因编辑的争议很大程度上皆因混淆了人体细胞基因编辑的两大概念——体细胞基因编辑和生殖细胞基因编辑。两者最大差别在于，前者没有遗传性，而后者则会代际相传。也正因此，体细胞基因编辑鲜有争议，从体外到体内，应用正逐渐展开，2018年年底获批临床实验的EDIT-101疗法[1]，就是体内应用的一例。而直接对生殖细胞进行基因编辑的情况则要复杂得多。毋庸置疑，对生殖细胞进行基因编辑影响更大、诱惑更甚，毕竟相较于前者仅仅是对自身基因的修修补补，后者可衍生到定制生命、创造生命的范畴，让人类扮演“上帝之手”。

事实上，单纯从技术门槛和经济成本角度思考，生殖细胞基因编辑其实早已“水到”。与体细胞基因编辑类似，尽管存在一定的临床风险（如脱靶），但生殖细胞基因编辑在技术上基本可行。2015年，中山大学的黄军就教授就对医疗机构废弃的不能正常发育的人类胚胎，做过48小时基因编辑试验。更何况其经济成本并不大，任何一个有一定经验的分子和细胞生物学实验室，都可以在数十万元的成本之内实现这一技术。然而，在贺建奎之前没有人公然冒天下之大不韪令

[1] EDIT-101疗法：该疗法可适用于遗传性视网膜衰退疾病莱伯先天性黑蒙症（LCA10）。

其“渠成”，不仅CRISPR-Cas9基因编辑技术的发明人詹妮弗·道娜反对该技术在人体胚胎中的临床应用，且“14天准则”（胚胎研究不超过14天）是任何与人类胚胎相关研究领域的约定俗成，甚至是超过12个国家立法明文规定的红线。低难度、低成本，同时又有名利高回报，难怪贺建奎不惜模糊伦理审批所换来的“历史性突破”引爆巨大反弹。

显而易见，对生殖细胞进行基因编辑的担忧长期存在，并随着基因编辑婴儿事件爆出，大有甚嚣尘上之势。一时间道德论与阴谋论齐飞，而形成这种恐慌的逻辑无非有二：一方面，基因编辑打破自然规律，必然招来前所未有的报复。在通过基因精修实现“逆天改命”、逃出自然规律成为“超人”的同时，难以预计的危险便被创造并潜伏下来——且不论受基因编辑者的机体功能是否受损，即便安然无恙地生存、成长，其后代与未经基因编辑的人类繁衍，非自然的基因混入人类基因谱系中，存在激发新型疾病、污染人类基因库的可能。而这些“可能”都是一把把高悬在全人类头上的达摩克利斯之剑[1]。更别提基因编辑一旦被人为利用，生成强针对性的“生物原子弹”，或可不动一兵一卒达成人种绝杀。坊间流传的“转基因是西方国家灭亡中国的绝密计划”“SARS病毒是对中国的基因攻击”等，便是基于这种想象中的逻辑。另一方面，在道德伦理框架下，这项技术身负“原罪”。人类修改基因、扮演“上帝”角色，在一定意义上是对“上帝造人—生命可贵—敬畏生命”的宗教逻辑釜底抽薪，甚至撼动对人性的认知。毕竟，连“创造了我们的肉体和心灵”的基因都可以改变，那么有什么可以成为人性信仰的支撑？这一技术更与众生平等的终极理想背道而驰，未来是不是只能“富人靠科技、穷人靠变异”，基因编辑技术的应用会不会加剧各阶层间的不平等？正如2002年，福山向当时的美国总统布什提交了一份报告《我们的后人类未来：生物科技革命的后果》，指出“自由民主制的最大敌人……而是生命技术”。

[1] 达摩克利斯之剑：指拥有强大的力量且具不安定因素的事物。

然而，拨开云雾，现阶段对基因编辑技术的集体性焦虑，根本源自对未知的恐惧。当基因编辑的重要性被前所未有地强调关乎“全人类的最终命运和结局”，但全社会对基因技术本身还未形成理性认知时，人们便如盲人摸象，各说各话，其神秘性与风险性被公众妄加揣度。事实上，基因的整修、调试一直在发生，人类的进化史就是一部物竞天择的基因突变史，只不过伴随基因技术发展，人为选择一定程度上介入了这一进程。毕竟，完全由自然选择主导的进化过程太慢、代价太大，如针对病毒的免疫性状要以无数死亡为代价，大约需要100万年才能最终成型。但这种人为选择主导的外部进化，便真的意味着人类将肆无忌惮地凌驾在自然之上，最终招来横祸吗？

实际上，大自然没有那么脆弱，它自有其处理变异的成熟机制。人体内无论是天然的还是人造的基因，都只是“碱基组合再挂点修饰而已”，遵循完全一样的遗传学和物竞天择的演化规律。要知道，基因传播到整个人群的最快速度是6万～15万年的时间，前提是这个基因拥有无可辩驳且能维持万年的巨大优势。倘若基因引发了不利的性状，它甚至会自行消散。

与此同时，基因技术也没有那么强大，说到底，基因并不是绝对的预言者。人是复杂的动物，除了少数疾病和性状（智力、行为、性格），更多是基因与环境相互作用的产物，并不存在一个绝对量能“直接规定个体将有什么样子的特性”。没有绝对量，就无法进行数量上的精确调试，所以说，富人也很难精心制造一个拥有绝对优势的后代，进而塑成社会阶层无法逾越的鸿沟。由此观之，以基因编辑为代表的生物技术顺应人类自然进化的方向，不过是加快了个体进化的进程。一味地强调维护人类基因库的自然性、人性的纯洁性、伦理的正统性，既是“本质主义”的迷思，也是“人们尚未做好准备”的具象表现，却阻挡不了生物文明发展的大势所趋——拉宽历史纵轴，新文明往往在争议中登上历史舞台，但毋庸置疑，旧时代旧伦理的框架将被时代的车轮毫不客气地摧毁。

正如牛顿经典力学打破了保守势力和陈旧观念对科学理论的限制、瓦特蒸汽机冲破了农耕时代生产力的束缚，以此为标志，人类迈入了工业文明；普朗克量子力学颠覆经典力学、电脑网络化革新生产方式，以此为标志，信息文明接踵而来。当下随着基因图谱被打开，生物文明正不管不顾地登堂入室。生命科学每往前迈出一步，都会蹚出一个巨大的市场。作为生物经济初级阶段的生物医药产业已成为继汽车、机械制造业之后的第三大产业，预计到2020年全球市场规模将增长至3276亿美元。伴随着基因工程逐步把“生命的密码翻译成产业”，生物医药、生物农业日趋成熟，生物制造、生物能源、生物环保快速兴起。按《时代》周刊的说法，“2020年后人们将进入生物经济时代，生物经济将产生10倍于信息经济的规模”。从此意义而言，基因编辑婴儿事件以牺牲双胞胎姐妹的利益为代价，她们或终其一生都被打上实验品的标签，但客观上这也是迎接生物文明的一种尝试。

眼看着生物经济这一条新的赛道已然打开，各国已争相进场。美国国家科学、工程与医学院发布《到2030年推进粮食与农业研究的科学突破》，提出在2030年之前为应对紧急挑战并促进粮食生产和农业科学研究，需要实现的五大突破；欧盟发布“欧洲跨境基因组数据库合作宣言”，推动精准医疗进程；俄罗斯政府批准《2018～2020年生物技术和基因工程发展措施计划》，促进生物医药、工农业生物技术、生物能源和基因工程等9个领域的生物技术基础研究和产业发展；新加坡国立研究基金会设立合成生物学研究计划，利用合成生物学推动生物基础产业发展。与欧美日等国相比，尽管我国生物产业整体发展相对滞后，“基础研究差距在5年左右，产业化的差距在15年以上”，但已出现点状爆破的领先领域。尤其是在基因治疗方面，早在2016年，四川大学华西医院就开展了首例基因编辑抗癌治疗的临床试验（另一说法是2015年安徽合肥的解放军第105医院开展了首例基因编辑医疗临床试验），提前美国至少两年。更何况，中国天生携带非一般的优势，为中国决胜生物经济时代提供了底气：既有集中力量办大事的政治优势和作为世界第二大经济体的研发实力，又有丰富多样的生物资源，还有庞大人口基数下的人力资本支撑及生物经济潜在市场，更重要的是没有宗教对生物技术的僵化约束，所谓人与人性，不过是碳氢氧氮的构造之物，中国天然成为生物生命技术先行先试之地。

当然，在跌跌撞撞走向生物文明时代的过程中，人们既不能无视风险和伦理，唯技术至上，狂热地打造一个《美丽新世界》式的利维坦，也不能因噎废食、止步不前，而应兼有勇者的果断和智者的戒慎，一步步拾级而上。

新制造：纵向整合还是横向突破？

新制造究竟是什么？互联网巨头纷纷跨界切入，有“外行颠覆内行”的势头，要革传统制造的命。凭借“互联网+”和“AI+”这两大“神器”的多元化嫁接，互联网企业正对传统制造业进行全面格式化，抢夺它们的饭碗。阿里巴巴正尝试以物联网改造传统制造业。2018年9月19日，阿里云宣布启动“达尔文计划”，旨在通过一系列包括平台、芯片和微基站在内的全链路生态服务，交付给企业一张自有、可控的物联网。它不仅在云端打造三大物联网平台构筑“云上闭环”，还在LoRa（当前主流物联网制式）芯片、模组、终端、网关、网络运营商、应用提供商、第三方服务提供商等方面都进行了布局。一转眼阿里已成全球唯一打通全链路LoRa生态的云厂商。

由此看来，“再造10万个ZARA”可不是马云拍拍脑袋想出来的口号——阿里云已联手淘工厂，助其实现生产流水线智能化。百人规模工厂的改造成本仅在5万元左右，算法优化生产流程后，排产提升6%，交付周期缩短10%，实现了制造业和服务业的完美结合。可以说，利用互联网平台达到了联结资源、系统集成的效果，马云的“新制造”已经在服装行业打响了第一枪。

工业巨头则纵向整合布局，深耕全产业链以迎接挑战。外有中美贸易战美国第一张牌便直捅“芯”脏，中国引以为傲的庞大制造业在芯片制裁面前频受掣肘；内有去产能与环保风暴双重压力，倒逼制造业转段与升级。夹击之下，工业巨头势必要将目光转向全产业链的布局，一手产业链内置，一手高科研投入。如富士康2018年2月宣布投资3.4亿美元研发人工智能，又于5月斥资45.8亿元打造南京研发中心。2018年6月富士康登陆上交所，招股书中其撕掉代工厂标签，聚焦“云移物大智网+机器人”的野心一览无余。郭台铭更在股东大会上表示，“内部计划在5年内把工人拿掉80%，如果5年做不到，10年内也会做到，因为科技已经在这里了”。

互联网巨头与工业巨头皆将目光聚焦于互联网、云计算、物联网、人工智能、大数据等领域，势必展开交锋，但路线却注定不同。互联网企业作为外行进入制造业，必然走的是应用驱动路线。这是因为经过近20年的发展，头部互联网公司手中掌握着囊括社交、消费、支付、生活等诸多分野的天量数据与海量应用场景，足以使其基于大数据与云计算研判，从消费端反向精准切入生产端需求。譬如百度就以自动驾驶抢占未来汽车行业的“C位”。即便是没有掌握核心技术，也可通过资本收购“一步到位”占得先机。苹果在AI领域就试图凭借资本收购“后发先至”，已经成为AI初创公司第二大活跃的并购者。阿里巴巴更是在芯片领域对工业巨头们下了“战书”——不仅收购中天微为其随后成立独立芯片公司“平头哥”铺路，还先后投资寒武纪科技、深鉴科技、耐能（Kneron）、翱捷科技（ASR）、Barefoot Networks等5家芯片公司。工业巨头却不约而同地选择以技术驱动破局。毕竟，工业巨头大多在行业内耕耘多年，具有独占的丰富经验与技术优势。

在芯片研发方面的投入，行业内以华为为翘楚。2018年，其研发人员多达8万人，占比员工总数约45%，研究所遍布全球。2018年华为研发费用达1015亿元，投入占比销售收入14.1%。面对网络大佬的来势汹汹，你有“平头哥”“达尔文”的张良计，我也有“达芬奇”做过墙梯！——基于AI架构“达芬奇架构”，华为自研的芯片昇腾310是面向边缘计算场景最强算力的AI系统级芯片（2018年11月发布时）；昇腾910则是发布的所有芯片中计算密度最大的单芯片（2018年11月发布时），可达256个T，比英伟达的Tesla V100还要高出1倍。通过1024个昇腾910，华为创建了“迄今为止全球最大”的分布式训练系统Ascend Cluster，性能高达256个P[1]！

互联网巨头与工业巨头看似你来我往，斗得水火不容，但却终将相互拥抱、殊途同归，因为二者在做的，本质上都是在生产力更迭的浪潮中对新兴生产力的探索。回顾历史，每一次生产力的迭代都开启了一个崭新的时代篇章。农业文明的生产力集中表现在以小农家庭为单位的劳作，土地是最重要的生产资料；工业文明伴随工业革命兴起，规模化、工厂化生产迅速拉开城市化与现代化的帷幕，人仍然是最主要的生产力，能源则扛起生产资料的大旗，煤炭石油、电力机械等都给人的生产方式、生活方式带来巨大变革；互联网则是信息文明的桥头堡。伴随“互联网+”对各个行业的格式化，人类已推动了下一个时代——智能文明的第一道大门，仅是缝中流出的些许微光，就已令人惊叹不已。在科技革命的大浪潮中，未来或许所有的公司都将是科技公司、物联网公司。正如当初银行业这头“恐龙”被支付宝肢解，出租车这个“老古董”被滴滴改造，零售业这个“化石”被网购釜底抽薪一样，新制造也将彻底颠覆旧制造，迎来合纵连横，即既有技术与应用双轮驱动，又有纵向产业链整合与横向格局突破。

未来的新制造，大数据与云计算将是生产资料，互联网、物联网是生产关系，而科学技术将是第一生产力。在此格局下，制造业的面貌也将焕然一新。

其一，“无人工厂”将成新制造的主流。未来，一个共享云足以链接需求端与供给端，工厂通过物联网接单后，内置的AI总控将自主编程设计最优制造流程

[1] T和P都表示每秒浮点运算次数（FLOPS），FLOPS是衡量一个电脑计算能力的标准。1个T等于每秒1万亿次的浮点运算，1P等于1024T。

与工期排表，并进行完全自动化生产与品质检测。从设计、生产、物流、交付，到设备检修与维护，都可以实现完全“无人化”。然而，一旦某个节点出现问题，“无人工厂”或将如多米诺骨牌般被连锁反应击溃。

其二，新制造企业生态将呈现超大与超小并存的两极格局。未来，新制造企业既可以是体量庞大的“无人工厂”甚至“无人园区”，实现产业内置，达成全产业链的优化配置，又可以是“家庭小作坊”式的个人工作室，满足极致的个性化与体验化需求。届时，互联网与物联网企业、制造业与零售业企业等将逐渐一体化，现阶段网络“大佬”与工业巨头的争锋也将随之消弭。

睡眠经济——经济发展“唯快不破”？

中国人的睡眠状况有多糟？《2018年中国睡眠指数报告》显示，2013年到2018年，中国人均睡眠时长由8.8个小时降至6.5个小时，平均38.2%的中国人有睡眠问题，比全球平均高出11.2%！其中，“80后”、“90后”正在成为睡眠障碍的主力军。有调查显示，62.9%的“90后”年轻人处于睡眠的“烦躁区”和“苦涩区”，还有12.2%睡在“不眠区”，只有5.1%的人处于“甜美睡眠”状态。

具有讽刺意味的是，睡眠经济也因此成了炙手可热的经济现象。博思数据发布的报告显示，2017年我国改善睡眠产业市场规模约2797亿元。大量“助睡神器”占据各大电商网站，从褪黑素、睡眠枕、助睡眠香薰这样的传统商品，到被冠以“黑科技”之名的安眠手环、失眠贴、睡眠喷雾、睡眠音响，等等。此外，一些失眠社区、失眠心理咨询等与睡眠相关的App也相继上线，有些可以记录使用者的睡眠状况，生成睡眠报告，有的可以通过助眠音频帮助用户入眠；甚至催生了“陪睡”经济，淘宝上专门售卖晚安短信、睡眠技师助眠的这类新兴服务供不应求。睡眠俨然成了大问题。

人类抗拒睡眠的倾向似乎根植于本性。当我们的远祖在非洲热带稀树草原艰难生存时，睡眠意味着卸除所有防备，被天敌杀死的可能性会大大增加。而在现代社会，睡眠问题的“常态化”则有着更加复杂多样的缘由。首先，工作压力大是影响睡眠的罪魁祸首。《劳动法》规定，标准工作时间是每周40个小时；即便生产经营情况特殊，每周工作时间也不应超过44小时。而国家统计局的最新数据显示，2019年7月，全国企业就业人员每周平均工作46.5小时。还有调查显示，超过58%的网友表示会牺牲睡眠时间完成最重要的工作。也就是说，人们嘴上说着拒绝过劳，身体却诚实地工作着——以晚睡为代价。尤其是当思维和创新成为最重要的生产力时，夜晚的寂静和孤独的确能在某种程度上促进思维的活跃。正如路遥说“我的早晨从中午开始”，而高木直子笔下的自己，凌晨3点完成漫画，跑去便利店复印、传真、交稿。广告从业者晚上有灵感，“码农”们通宵写代码，文字工作者晚上写稿，插画师通宵画图，在这些相关行业的从业者中，晚睡已经成为常态。

其次，享乐主义的生活方式正在抽离一部分人的睡眠。如今，夜间经济的繁荣让自然节律被扭转，白天和黑夜不再分明，18小时城市变为24小时城市。地铁运营时长、城市夜间公交覆盖范围、网约车夜间出行活跃度、酒吧数量、24小时书店、24小时便利店等，夜生活的质量也成为各大城市比拼的内容。明月高悬，“夜游神”出门，传统的“日出而作，日落而息”的生活方式正逐渐被颠覆。

此外，互联网让“生物人”异化为“电子人”，对网络的依赖成为睡眠的最大阻碍。互联网365天全天候流转的信息通道，确实使地球变成了一个时时都可以彼此串门的村庄。截至2018年12月，中国手机网民规模达8.17亿，2018年人均周上网时长为27.6小时，较2017年年底提高0.6个小时。微信、微博、短视频，刷剧、游戏、看小说，一边是“看完这集就睡”“赢一把就睡”的自我催眠，另一边是时间悄然流逝，睡眠时间被大大挤压。即便入睡，人们也是手机不离身。美国的一项研究发现，使用智能手机的人中有65%在睡觉时将手机放到床上或床边。睡眠不再是彻底的休息，而只是一种“待机模式”，一种随时可以被“唤起”的状态。

更进一步来说，失眠与加班、交通、夜话、便利店等城市生活息息相关，更与这个快节奏的时代缠绕不清。毕竟，睡眠质量由生活质量决定，而在工业经济主导的时代，生活质量由生产和交换决定。也就是说，现代人“为睡所困”事实上是时代使然。

农耕社会常常被认为是田园牧歌般的，人们栖居在大地之上，日出而作、日落而息，春耕夏耘、秋收冬藏，遵从自然节律自在闲适地生活，丝毫没有感到什么异样。工业时代的到来，不仅伴随着前所未有的技术革命和经济进步，也改写了社会的运转节奏。德国社会学家哈特穆特·罗萨在《新异化的诞生》一书中清楚地指出，时代正在全面提速。与现代化之前的时代相比，人类的移动速度提升了100倍，信息交流的速度提升了1000万倍，数据传输的速度更是蹿升了100亿倍。尤其是到了IT时代，互联网革命将人类带进了“x倍速时代”。

从前慢节奏的生产生活方式一去不复返，取而代之的是“时间就是金钱，效率就是生命”。而对效率的一味崇拜，使得生产活动对睡眠的侵占愈演愈烈。毕竟，睡眠本质上不能带来效益，势必要给生产、流通造成损失，永远与经济社会的高速运转要求相冲突。在《24/7：晚期资本主义与睡眠的终结》一书中有这样一个案例：北美西海岸有一种叫白冠雀的候鸟，它们在迁徙中可以长达7天不眠不休，白天觅食，夜间飞行。美国国防部投入巨资研究这种鸟类，希望通过探明它在长时间无眠状态下的大脑活动，找到让人不睡觉也可以保持高效工作的终极秘密。

与此同时，商业社会也在推波助澜，让消费永不停歇——在白天制造尽可能多的感官刺激和焦虑情绪，破坏掉人在夜晚的正常睡眠；然后再提供形形色色的承诺让人重获“好睡眠”的商品，比如高档床具、安眠药、香薰产品等。也就是说，每个人天生就拥有的“安眠”能力，现在需要通过购买才能勉强获得，人们就此陷入商业社会的圈套。

由此来看，睡眠既不能像生产、工作那样创造收益，也不能像消费那样获取满足感、优越感，似乎只是一片无利可图的价值荒漠。于是乎，当“快”成为社会发展的主题词，睡眠就成了负担和包袱。然而正如法国思想家伏尔泰所感慨的，“上帝为了补偿人间诸般烦恼事，给了我们希望和睡眠”。可见，睡眠与希望对于人类而言有着异曲同工之妙——都能唤回身体与心灵的正能量，激发工作和生活的无穷动力。

从健康角度看，睡或不睡，兹事体大。西班牙有一句谚语：“匆忙的人先到坟墓。”身体的自我修复能力是保持身体健康的决定性力量，而身体的自我修复基本上都是在身体处于睡眠（休息）状态下完成的。长期睡眠不足的人患抑郁症、焦虑症等疾病的风险和自杀的风险，是普通人的1.4倍以上。罗马帝国时期，有一种刑罚就是剥夺犯人的睡眠，当被剥夺睡眠几天以后，犯人就会中风身亡。

从经济角度来看，以牺牲睡眠换取的高效，不过是饮鸩止渴，毕竟，人们健康水平下降，就意味着劳动生产率降低，从而造成经济损失。兰德公司2009年发布的报告显示：因美国上班族睡眠不佳而导致的经济损失已高达4110亿美元，相当于美国2.28%的GDP；日本的损失高达1380亿美元，约占国家2.92%的GDP；德国则每年损失600亿美元，约为1.56%的GDP。可见，一味追求高效而牺牲睡眠，终将物极必反。

事实上，与人们的刻板印象不同，“笃悠悠”也能推动社会进步。例如只有1000万人口的瑞典，1/6的国土在北极圈以北，以诺贝尔奖、金发美女、ABBA乐队和“从摇篮到坟墓”的社会福利制度而闻名。它有悠长的假期、弹性的工作时间及很多人推崇的“the art of doing nothing（无所事事的艺术）”。在“二战”之后的几十年中，瑞典模式让无数信奉自由市场的经济学家挠头。显然，“快”并非经济发展、社会进步的唯一答案。尤其是对于中国来说，曾经“落后挨打”的历史让快速和赶超成为整个社会发展的主要价值取向，也催生了一些急功近利的社会心态。城市建设方面，政绩工程、面子工程频频出现；在学术领域，则有学术不端、学术造假等现象；更别提个别企业为了一夜暴富，热衷于炒概念、追风口。这些揠苗助长式发展所带来的副作用早已显现，毋庸多言。

更为重要的是，真正的快速、高效往往源自“慢”。格拉德威尔在《异类》中提出了“1万小时定律”，即成为一个领域的专家，至少需要1万小时的训练。市场也是如此，任何风口都是整体产业基础设施和新技术演化到某个阶段的产物，不能随意跨越。尤其是科研创新方面，欲速则不达。第二次世界大战后，百废待兴的苏联从战败的德国搜集了一批机器设备运回国内，而绞尽脑汁的美国人则把德国的一批科学家和高级工程师作为战俘押送回美国，到了20世纪70年代，人们才发现，老谋深算的美国人30多年来专注搞“智力输入”，从世界各国引入各类科技人才24万多人，不仅赚了120多亿美元的教育经费，而且促进了美国科技的发展。由此来看，时代越是高速运转，越需要慢下来深耕细作，以精益、专注、创新为内涵的“工匠精神”充当经济发展的有效引擎。如此，当经济格局、生活格局都从“急吼吼”转向“笃悠悠”，睡眠问题也就迎刃而解了。

“懒人经济”新机会——懒惰是人类进步的源泉?

人们可能没有想到，懒惰这个昔日的“七宗罪”之一，居然成了当今生活的常态。21世纪以来，人类经济文化发展的方式较之过去，可谓风云突变。如果说工业时代的经济模式是一部追求效率拼搏向上的时代剧，那么以互联网为代表的新经济时代就是一出彻底还原人性的反转戏。可以说，21世纪即时物流服务高度发展伊始，人类在与自身“好逸恶劳”劣根性的战斗中便节节败退。你可能很久没有走进琳琅满目的各类成衣店，而早已习惯在淘宝、京东上货比三家、凑单拼团，或者直接买“网红同款”，不和自己的“选择困难”较劲；能否做好丰盛的三餐早已不是鉴定是否能够独立生活的标准，因为各类外卖平台早就把每个城市的佳肴小吃装进了你的手机；身居异地，无论工作、出差还是旅游，寻找稳定可靠的酒店和公寓不再是你的头疼问题，因为携程、链家、自如等App已经把关于房子的一切做成“标准化”，你所要做的只是轻松刷卡付押金，然后“拎包入住”；交通已经无法成为追寻事业和想看世界的阻碍，只需享受中国不断震惊世人的高铁、航空主干交通，再辅以滴滴、摩拜等全球最先进的共享出行技术，就能在动动手指间“坐地日行千万里”。

面对此情此景，不少人发出惊叹，认为这似乎是对“自己动手、丰衣足食”中华民族传统美德的挑战。当今社会为何懒惰成为一种普遍现象，从原因上来看大概有四：

一是科技进步。21世纪以来，诸多曾经只存在于科幻电影中的“黑科技”正在成为现实，且不说3D打印、基因改造这些可以从根本上改善生产结构的“大杀器”，就连无线充电、虚拟现实这些细分创新，也使人们在“只有更懒、没有最懒”的不归路上越走越远。世界卫生组织发布报告指出，中国正在逐渐成为拥有最大“久坐人口”的国家，证明懒惰在当今科技发达的世界存在不可阻挡的趋势。

二是正在经历从物质匮乏到物质过剩的两极转换。回顾改革开放40多年来的历史，中国可以说经历了物质生活从数量到质量的突飞猛进，而物质过剩意味着物质需求不再成为人类生活中的唯一追求，精神方面的获得可能更为人们所关注。而懒人经济的缔造者正是注意到了这一点，将用户这一方面的需求引导到极致。人类在不断解放天性，“懒”自然也摆脱束缚，回归到生活常态之中。

三是“懒惰”实则是个体追求体验式消费的一种表现。如果从人类行为的发展史来看，每一个行为的重要进程都离不开懒惰的推波助澜。以交通为例，人类从徒步行走到利用动物骑乘，再到发明轮阀以追求更快更稳，直到现代化交通工具的一日千里，简直可以说是一部人类“懒得走路”的发明史。在强调“用户体验”的今天，任何切中用户痛点的商业模式，都能成为细分领域的一枝独秀，要寻找“痛点”，当然少不了研究人性中最根深蒂固的“懒”。以进食的选择为例，人们需要考虑的是来往餐厅、等位付出的体力带来的疲劳感，节省下时间用于娱乐、社交或工作，从而获得愉悦感或满足感；与之相对，需要考虑的是快递费用。从这个角度来看，因为人的感受不可量化，所以这部分需求是不以效率为导向的，人们对价格和时间不敏感，对服务过程中的体验更加关注。对这部分人而言，关注点已与工业时代注重效率者截然不同。

四是全球化进程遵循比较优势及分工合作行为。人类社会发展到一定程度，随着思想方法的不断进步，将自身擅长领域的经济效率优化到最高，将没有效率的地方“外包”给其他个人或商业公司，是一种非常理性的做法。这并不是新经济才有的特点，而是从海上贸易时代重新划分全球秩序时就有的表现。送餐领域的新经济企业“饿了么”，就诞生自交通大学闵行校区，由于校园大、餐厅品类少且相对集中，不少同学一直以“闵大荒”的笑称指代该校区。“饿了么”就是从简单的寝室送餐服务做起，逐渐变成一家估值近百亿美元的“独角兽”企业。这样看来，由懒惰催生而来的“懒人经济”不是一代人的倒退，而更像是一种由思维模式到商业模式再到生活方式的“跃进”。

“懒人经济”正乘着以上四股东风，开始在商业化的道路上所向披靡。从市场逻辑来看，“懒人经济”往往又和以下几种形态相伴相生：一是无聊经济，大量生产力从流水线上解放，更多的无聊时间无处消耗，于是微信公号、抖音头条就成了最好的产品形式，将碎片化的内容推送到无聊的你面前。无聊经济是时间管理上的“懒人经济”。二是鸡汤经济，互联网让名人的心路历程走进千家万户，“我的成功可以复制”让多少人欣然向往，仿佛跨越社会阶层鸿沟只差一篇文章。这背后折射的是人们对成功的焦虑和对捷径的渴望，随之催生的各类“知识付费”便是对此的印证。鸡汤经济是自我成长上的“懒人经济”。三是“佛系”经济，当前世界千变万化，奢侈品、日用品种类让人眼花缭乱，如何彰显自己的独特审美和与众不同，或许“佛系”和“小清新”是当下年轻人最好的选择。对于懒得花时间打造“自身人设”的你来说，“佛系”经济是文化选择上的懒人经济。

基于以上市场现象，“懒人经济”正在各方面推动人类进步，并衍生出广阔的前景和机会。

首先，“懒人经济”正在直接对传统行业釜底抽薪。受到“懒人经济”整体性的影响，曾以传统渠道著称的沃尔玛宣称2019年旗下电商数据有望增加40%。2018年“双11”，22个交易平台销售额锁定在3143.2亿元，其中增长最快的消费品类非扫地机器人莫属，与2017年相比增长了400%。扫地机器人正是近年来在“懒人经济”的势头下诞生的新家居用品，甚至一度被称为“90后”结婚的“必备大件”之一。由此可见，一些承载着人工智能等前沿概念的新物件必然会对传统行业进行全方位的洗牌和替代。横向看，不少钟点工或已经被迫向月嫂、陪护等技能需求较高的职业转行；纵向看，一些原有的吸尘器大厂正在加紧立项成立扫地机器人事业部，为争夺这块“新蛋糕”而加班加点。

其次，“懒人经济”促进了整个社会从劳动到财富的有效交换。各类即时物流其实可以看作是中国社会在经历了大量基础建设后，城市消化富余劳动力的有效手段。农民工等原本在工业时代由包工头等组织通过劳动换取报酬的群体，变为了当今各类创业企业的“外卖”“跑腿”大军，他们的服务方式和劳动关系发生了转移。有数据指出，中国3.6亿元的外卖市场大约支撑了400万外卖小哥的就业市场，这也为中国经济转型升级提供了源源不断的活力。

最后，“懒人经济”是新经济时代的企业寻求差异化的锚。新时代的消费者不再单单追寻质优价好，而是更在乎“下单购买—快递收货—分享点赞”的整个过程。企业如果忽略了这一环节，就犹如工业时代产品缺少有效市场差异化定位、无法紧扣消费者需求那般，跟不上时代步伐，最终会被时代所淘汰。

综上，我们应该从思想开始抛开旧有观念，积极拥抱“懒人经济”所带来的丰硕成果，紧跟时代中各个年龄层人群的想法，才能不错过“懒人经济”所能带给我们的各种机遇。但值得注意的是，“懒人经济”并非要我们从头到脚原地不动，要警惕从“身懒”到“心懒”的蜕变，懒人思维要不得。

萌宠经济的“钱”景

风水轮流转，那些本应肩负看家护院、消灭蛇虫鼠蚁重任的动物，摇身一变成了“主子”，人类反而做起“铲屎官”，还沉迷在“吸猫”“吸狗”中无法自拔。网友打趣道，“一日不过三大事——睡觉、吃饭、撸萌宠”，就连在小区遛宠物也变成了一项社交活动，比血统、比毛色、比智商，萌宠俨然成为新一代攀比利器。不仅如此，互联网企业也热衷于将自己的logo萌宠化，飞禽走兽游鱼无所不包。如京东的狗、天猫的猫、腾讯的企鹅、百度的熊掌。传统企业也借“卖萌”回潮，如雕牌的雕兄自称“国民男闺蜜”，成为新晋“网红”；日本熊本县打造的熊本熊IP风靡全球，为其吸引了无数游客，带来数十亿美元的经济效益。可以说，“人类已经无法阻止萌宠了”。

萌宠缘何备受追捧？首先，从社会背景看，人口结构变化及人与人之间的关系重构，使萌宠成为人们生活中的重要部分。一方面，随着中国人口红利逐渐退去，老龄化与少子化两端收紧，老龄人口、空巢青年、丁克夫妇、留守老人等人群逐渐涌现；另一方面，城市化后冰冷的钢筋水泥成为物理屏障，使人与人的关系在空间上产生疏离，“一墙之隔不往来，擦肩而过不理睬”。而互联网的普及又让都市“低头族”之间缺乏现实交流，千言万语只在指间，肢解了传统社会环境的人情依赖关系，于是孤独成为现代都市人的基本特征。白天快节奏的工作生活让现代人神经紧张，晚上回家面对漆黑冰冷的房间，情绪无处排解，情感无处安放。此时，萌宠便成为人们情感投射的对象，甚至一度流行养“蛙儿子”以排遣寂寞。

其次，从心理因素来看，人们对“萌萌哒”的宠物的喜爱，近乎一种本能。生物学上的演化性适应让人类天然亲近萌宠，即“幼体滞留”——喜欢一切有幼体特征（大眼睛、大头）的东西是人的天性，幼体的可爱特质能够引发成人的养育之心。如爱猫狂人海明威所言：“一个人不会被打败，但是可以被猫毁灭。”此外，人与动物的互动多真情、少套路，交流无摩擦、无隔阂，且完全由人类主导，情感产投比远高于人类间的交往。宠物通过驯化甚至可以完全按主人想法格式化其行为，如招手即坐、挥手即跳，这种养出“聪明儿子”的成就感，也进一步加深了人与动物的情感纽带。

再次，从经济因素来看，宠物热的根本逻辑还是消费升级。40多年前，人们自顾不暇，普遍为自身温饱而奔走，即使圈养动物也更多出于其功能性。而如今经济发展带动消费升级，形成惊人的消费购买力，人们对宠物及相关产品的价格敏感度走低。2015年至2018年，在中国多个主流电商平台的销售收入增幅榜上，宠物用品皆位列前三。

萌宠当道，宠物经济悄然崛起。从市场规模来看，萌宠行业迎来爆发式增长。日本关西大学学者称，2015年，宠物猫咪为日本GDP“贡献”了2.3万亿日元（折合人民币约1394亿元），远超过日本偶像团体AKB48，足见其市场潜力。这一情况在中国将有过之而无不及。《2018年中国宠物行业白皮书》显示，2018年中国宠物经济仅犬猫市场就已经达到1708亿元的规模量级。中国农业大学动物医学院的一项研究发现，人均GDP达到3000美元～8000美元将带动该国宠物市场进入高速发展时期，由此可见，对于年人均GDP刚突破8000美元的中国而言，市场爆发在即。从利润增长来看，宠物行业也是全国最赚钱的行业之一。从产业链布局来看，纵深发展潜力无限。除宠物训练、美容、殡葬等传统宠物产业，产业链还将伴随萌宠IP化、云养化等新型服务模式扩张，产业细分化、多元化，催化经济效益。如宠物“网红”打造热门IP，一套从汇集粉丝到用户沉淀再到商业布局的运作模式日益完善。萌宠跨界的衍生价值更不容小觑，在以太坊区块链上的虚拟养猫游戏CryptoKitties（迷恋猫）一度占据以太坊15%的流量，最贵的一只虚拟猫卖到了2.6亿元人民币。

当宠物成为必不可少的重要成员，在人与动物看似温暖的互动中，其实也预埋下了不可控的恐怖前景。

第一，人与宠物数量失衡，挤压有限的生存空间和资源。当下中国宠物数量远未饱和，美国宠物产品协会2017年的统计显示，68%的美国家庭（约8460万户家庭）至少养了1只宠物。而根据智研咨询发布的《2018～2024年中国宠物行业市场全景调研及发展前景预测报告》，中国养宠家庭占比为17%，对标成熟市场，未来增长空间巨大。纵向来看，据速途研究院的调查，2008年到2017年，全国宠物数量增长833%，达到2.5亿只，按照年平均增速保守估计，到2020年将突破4.1亿只。与此同时，根据计生委规划，到2020年全国总人口则在14.2亿人左右（年均复合增长率0.66%）。这意味着，3年后几乎每3～4个人中，就有1个人在养宠物。按此发展，到2028年，宠物数量将超过中国总人口。由于空间、资源与科技决定了地区的最高生命承载量，若任宠物数量狂飙猛涨，终将超过生态环境和人类社会自身的承载能力。20世纪20～30年代澳大利亚就差点被兔子灭了国，当时200亿只野兔食草打洞、破坏土壤，造成水土流失，甚至导致几十种原生动物灭绝或近乎灭绝。

第二，宠物比人类金贵，激化社会矛盾。“富养爱宠穷养人”，宠物主粮均价高达162元/千克，还不算动辄上千的宠物零食、保健品、玩具，就连宠物看病也比人贵，例如做一次CT检查，宠物要花费2500元，而人则不到千元。对比一看，高下立判，很多人活得“连狗都不如”。这会加深阶层隔阂，催化社会矛盾。

第三，动物肆虐加剧社会管理负担。当下的城市建设、交通规划等并未考虑宠物问题，制度措施也没有与之相配套。如此一来，随着“宠物热”的兴起，矛盾已初步显现。一些城市服务类动物（如导盲犬）禁登公共交通，令有需要的群体出行不便；无证养宠、不拴绳遛狗、动物不分昼夜地嚎叫、动不动踩到“狗屎”的现象，扰民不断，甚至伤人事件频发，埋下动物疫病隐患。目前人与宠物间的共患病有47种之多，且未来不仅是猫、狗、鸟等泛滥，也许巨型蜥蜴、藏獒、蜜熊等未经驯化的动物或潜伏在院落深处，或大摇大摆走上街头，令路人时刻胆战心惊。更严重的是，流浪动物成为城市管理难题。很多人由着性子养宠物，不负责任地遗弃宠物，造成流浪猫狗在城市里自生自灭。这些“隐藏的杀手”必将挑战城市管理与生态承纳能力。有关部门统一收容，由此带来的经济压力或成为“不可承受之重”；而捕杀流浪动物又会引发动物保护者的反击，人与动物实难平衡。

综上，萌宠热的背后掩藏着人类社会经济的变化趋势，同时也给社会管理提出了新问题。就个人而言，宠物是陪伴，需要尊重生命，对其尽职尽责养护；就社会管理而言，需要将其上升到社会公共事务高度，政策机制需及时配套甚至先一步到位。

闲置经济爆发前夜？

打折凑单囤的护肤品，一时冲动买的衣服，已经失去兴趣的游戏机、手办，随着消费规模不断扩大而来的是大量闲置物品资源。以手机为例，《2018年中国二手手机在线交易观察报告》显示，两年内更换手机的用户比率达44.34%，更有高达83%的用户家中囤积着2台及以上废旧手机。小到牙刷、书籍，大到电脑、电动车，大量闲置让“买二手，卖二手”成为生活新风尚。MobData研究院发布的《2018二手电商行业研究报告》显示，2018年我国二手闲置市场规模为7420亿元，估计2020年有望超过12539亿元，成为万亿级别的大市场。线上消费的庞大规模（2018年中国移动电商用户规模为5.1亿人），让闲鱼、回收宝等C2C、C2B2C[1]二手交易平台借势做得风生水起。如今在闲鱼，每天有超过100万用户发布超过200万件个人闲置物品，2018年成交量超过1000亿元。相比逛淘宝，紧跟潮流的年轻人更喜欢随时逛逛闲置交易App，跟物美价廉的生活“小确幸”来个不期而遇；卖家则能通过卖闲置搞“创收”——2018年闲鱼用户人均在闲鱼上收入超4000元。不仅如此，明星们也开始靠卖闲置打造新的“接地气”人设来“吸粉”。

当下的闲置市场看似形势一片大好，但实际上却已经一不留神踏入了发展误区。一方面，闲置交易平台在操作中背离了实质。闲置经济本质上是让社会资源再流通，带有一定的公益性。然而现实中奇葩卖家比比皆是，“二手航母”“自主研发CPU”“半瓶老干妈”“精灵球换路费”等，交易平台逐渐变为营销产业链的新阵地，买家回复也成了“讲好故事”的一环，大流量成了团队营销能力的证明——“无论网红、网黑，最怕不温不火”。还有平台“黑话”掩护下的违规操作——国家保护的羚羊角、画眉鸟等动物交易，以及色情、盗版等产品，在C2C平台卷土重来。另一方面，资本包装下的闲置经济挤压成熟的传统租赁行业。资本布局的综合性C2C平台间壁垒低，容易同质化，因此在业务上，其触手自然伸向二手物品交易外的租赁服务来打造差异。然而，不同的标的物让租赁产业天差地别，车子、房子无法与衣服、3C相提并论。以租房业务来说，低价信息背

[1] C2B2C（Customer to Business to Customer）：指顾客通过企业电子商务平台，实现客对商及客对客之间的信息交流。

后往往是假房源——“10个房源背后有9.9个是中介”，相较于“中介费+真房源”的成熟模式，“闲置租赁”概念下的租房很难让用户相信不是在“消费降级”。

此外，共享经济异化为创造闲置。闲置经济的本质是让闲置物品流通来创造“二次价值”，是一种存量经济，然而作为闲置经济一种的共享经济，实际上却创造了更多闲置。共享经济的鼻祖罗宾·蔡斯女士给出的公式中，共享经济=闲置资源+共享平台+人人参与，而现实往往是企业端（B端）为了赶上风口而新造出一批闲置，自行车、雨伞、充电宝等莫不如是。当风口过去，这些“伪闲置”就都成了“新垃圾”。比如廉价的共享单车为抢市场大量投放，显得“车比人多”，而到2020年，其中1000万辆将面临报废。至此，闲置经济似乎被玩成了一场游戏。

闲置经济将爆未爆，其背后有更深层的原因。

第一，整个产业缺乏清晰的商业模式和行业规则。闲置市场作为互联网巨头战略布局的一环，主流电商平台如闲鱼、转转、回收宝等都“背靠大树好乘凉”，疯狂融资、烧钱，通过“跑马圈地”来迅速抢占市场，无法摆脱互联网企业“高增速=成功”的评价标准。再加上闲置交易的特点，“卖家”由有资质的经营者变为个人，导致法律责任界定不清，并且交易本身利润空间不大，让平台盈利成为痛点。

第二，交易的价值转化阻碍重重。从上市的日本C2C二手交易平台Mercari到占瑞典GDP 10%以上的二手交易，日本和欧美发达国家之所以能有活跃的闲置市场，是因为商品的剩余价值可供交易，并且有平台标准化服务背书。反观国内，本身二手文化不够发达，导致在人们的认知中“闲置”与“垃圾”的界限模糊，再加上缺乏平台的保障性托底而基本仰仗买卖双方之间的信任，商品的剩余价值很难转化为再次使用的价值。

第三，当下仍处在物质引领的大消费时代。目前，（一手）消费是维持中国经济高增长的重要力量，2018年，我国最终消费支出对GDP贡献率达76.2%，比上年提高18.6个百分点。而闲置经济以交换为主，本身并不产生GDP，与现下主流的经济发展"唯GDP论"还不相融。另外，"90后"、千禧一代逐渐成为消费主力，需求多样化、个性化，比如颇受欢迎的快时尚因为低价、更新快而流行，然而超过一半的衣服在不到1年内就会被扔掉——因为对于廉价的衣物来说，扔掉比卖掉更方便省心。

如前所述，闲置经济正处在爆发前夜的路径混沌之中。

尽管如此，闲置经济的爆发将是中国避免经济路径依赖、线性发展的必然趋势。原因有三：

首先，这是"去过剩"的时代诉求。一直以来，"去产能"的目标主要瞄准煤炭、钢铁等行业的落后产能，但随着中国作为"世界工厂"的生产积累，"去产能"逐渐转向更广义的过剩产能。而闲置经济能通过重新配置资源生产新商品，刺激新需求，进而创造新收益。比如Airbnb通过挖掘大量闲置住宿资源，给房东带来超过650亿美元收入，用4年时间完成了希尔顿酒店将近100年的积累。

其次，生态环境要求走循环之路。美国人均垃圾产量4倍于中国，每年约有85%的服装被送往垃圾填埋场。基于中国庞大的人口基数，美式的线性消费之路走不通，只有通过"资源—产品—淘汰—（二手）产品"的循环轨迹延长商品的使用生命，创造新价值，才有可能协调生态环境限制与经济发展间的矛盾。这不仅限于二手商品直接买卖，还比如低残值的旧衣物通过分拣回收，再造成隔音棉、大棚保温被和再生布料等。闲鱼数据显示，2018年，用户通过闲鱼回收闲置物品减少碳排放超过4000吨，可在蚂蚁森林种下约22万棵梭梭树。

再次，消费观念也由物质向精神、由数量向质量逐步升级。美国的大消费在中国"玩不起"，故而消费在中国大概率将走鱼尾曲线呈现的"第三条路"，即在总量增长的前提下，物质消费占比减少、精神消费占比增多。现代人为了摆脱极大丰富的物质选择所带来的攀比和阶层焦虑，"断舍离"的极简生活方式火了。对物质的需求由"极度偏好"转向"适度"，更关心自身内心的自由与幸福。比如把看完了的书转手，与其说是在物理上给新书腾地方，不如说是与买家共享阅读的精神体验。闲置交易的内涵也在不断丰富，从高性价比的个性“淘货”延展到环保、社交分享，促成向心灵经济的转变。

综上所述，客观上闲置市场巨大的存量与潜力无穷的未来增量，保证了其发展空间，而闲置经济的全面爆发将呈现以下趋势：交易平台“横向”社交化与“纵向”专业化同时延伸。闲置交易的特点是难以标准化，传统电商“立即购买”的逻辑不再适用，而社区能够泛化沉淀社交弱关系，反而可以更好地匹配供需，让闲置物品能够被卖给兴趣相同的人。而专业化纵深需要高技术手段，比如在3C电子产品的垂直领域，计算机视觉、智能检测App等技术加持，将突破工程师的人力和渠道限制，完成检测、估价、回收全流程；在更复杂的二手汽车交易场景中，基于大数据的残值定价和预测模型，通过更精准定位用户来完成潜客转化，优化传统的线下二手车市场销售业务。

此外，闲置经济将由狭义的二手物品拓宽至空间、时间等广义资源的利用。比如，目前养老的供需错位。一面是大城市优质养老资源“一床难求”，一面是农村养老院大量闲置。闲置经济将重新定义康养行业，把线下闲置的养老资源重新整合，连接绿色生态旅游资源，让农村养老院的地域劣势变成优势，打破养老与高端疗养的边界，养老院不再仅仅是一张床位、按时三餐的简单服务。又比如，因传统业务拓展渠道信息不畅而导致的律师等专业服务人才的资源错配或闲置，App平台则可以无障碍联通当事人与律师，大大提高人才资源的利用效率。不仅如此，政府与市场的协同将让行业走上规范轨道。市场运作仅靠平台监管是行不通的，在未来，闲置交易这种新型商业模式将被纳入法律监管范畴之内，同时为买卖双方“托底”。还有更广义的闲置资源再利用，比如医疗、人力等，都需要政府在其中牵线搭桥。在市场方面，更多C2B2C的平台将细化分割部分C2C综合平台业务，搭建更专业多样的垂直业态。比如奢侈品租赁，这不仅可以减轻买家的经济负担，还省了打理的精力。简而言之，闲置经济的爆发将是人们对过去消费主义时代的反思。

12

城市发展大调整

如果说当年中国走的是中国特色的“农村包围城市”道路，那么未来越来越市场化和开放的中国将走上世界普世性城市化的道路，重回大城市发展。前工业经济时代，城市追求规模，到了后工业时代，商业、服务和体验经济占据主导，城市的竞争已非简单的争夺资源，而是作为超级枢纽打造“朋友圈”——就看谁的磁场更强大。

城乡并重，还是重回都市圈？

改变在无声地蔓延。城乡之间，一边是中国城市化率快速提高，在2018年年末达到了59.58%，而改革开放之初的1978年，中国城市化率仅为17.9%；另一边是部分乡村因空心化呈现出凋敝、破败的景象，农村GDP在国民经济中的占比不断萎缩，1978年农村GDP占整个国民经济总量的64%，2018年这一数据已下降到20%。区域空间上，一边是南北经济差距超东西经济差距，区域发展的主要矛盾由东西转向南北，2016年中国北方地区经济规模占全国比重首次下降到40%以下，2018年更下降到38.64%；另一边是中国开始进入城市群、都市圈时代，圈层式发展导致“圈内”“圈外”不一样。各城市之间，一边是大城市出现人口膨胀、交通拥挤、环境污染、资源紧张、房价高企等“城市病”；另一边是“收缩城市”显山露水。根据首都经贸大学教授吴康的研究，2007～2016年，全国660个建制市中有80个城市（占比12.1%）出现不同程度的人口收缩，其中地级市24个，县级市56个。被城市化裹挟的人群，一边呼喊“融不进的城市，回不去的故乡”，一边也在呼唤“谁人故乡不沦陷”时代下无以寄托的乡愁。显然，城乡二元结构加剧、南北失衡、城市分化等症候，既是中国城市化进程的客观结果，同时也意味着中国城乡区域发展的方向、战略、模式面临调整。

从以往的政策和实践看，我国关于城市化发展总体思路可概括为：控制大城市人口、积极发展中小城市和小城镇、城乡区域均衡发展。换言之，小城镇模式的区域规划和限制大城市发展的思想长期占主导地位。如新型城镇化战略着重于农村向城镇转变，鼓励农民“离土不离乡”；乡村振兴战略则试图全方位地振兴乡村、复兴乡村，“看得见山水，记得起乡愁”。当然，其初衷是为避免重蹈其他国家走过的城市化弯路，如欧美的“大城市病”、拉美的贫民窟问题等，同时也是为了解决中国发展不平衡不充分的问题。然而现实却是，从“盲流”到农民工，农民纷纷背井离乡向城市集中，农村人口流失和生活方式转变，也使得传统乡土文化趋于解体。根据同济大学副校长、中国工程院院士吴志强的研究数据，1978～2018年，有6.4亿人从农村进入了城市，其中1995年以后，每年进入城市的人口超过2000万。而且他们“富起来”之后，还会将亲人从农村接到城里“享福”，2019年春节时“刷屏”的短片《啥是佩奇》，就讲述了老人进城的故事，并出现了一种调侃——老家的房子越破，混得越好。

毫无疑问，城市作为经济高增长的载体，成为人们追逐淘金的胜地。从理论上讲，人口在一二三产业、地域、城乡之间的流动，是以提高劳动生产率为目的进行资源重新配置的库兹涅茨过程[1]。即便当年“村村点火，户户冒烟”，以乡镇企业为代表的农村工业化实现“进厂不进城”，但当年的繁荣也造成了当下的污染，破坏了“青山隐隐水迢迢”“小桥流水人家”的景象。当技术含量低、资源浪费大的乡镇企业开始萎缩，大量的农民被排挤出来，开始“离土离乡”。如今特色小镇遍地开花，其发展必须植入产业，难免制造出无法承受的新污染，更何况大多特色小镇难逃破产浪潮，“圈地”、烂尾再次造成资源浪费和环境破坏。可以说，城乡并重、区域均衡发展的目的并没有因为政策导向而实现，中国未来城市发展国策是该走依托城市的道路，还是扶持乡村的道路，中国来到了岔路口。

从近年的相关政策来看，似乎原有的城市化指导思想正在发生调整。十九大提出“以城市群为主体构建大中小城市和小城镇协调发展的城镇格局，加快农业转移人口市民化”。2019年2月21日，国家发改委发布的《关于培育发展现代化都市圈的指导意见》提出，到2022年，都市圈同城化取得明显进展；到2035年，现代化都市圈格局更加成熟，形成若干具有全球影响力的都市圈。3月5日，政府工作报告明确“坚持以中心城市引领城市群发展”。4月8日，国家发改委发布《2019年新型城镇化建设重点任务》，首提“收缩型城市”的概念，全面取消或放宽大城市落户限制，允许都市圈内城乡建设用地节余指标跨地区调剂。很显然，大城市户籍制度放宽，将在客观上促使人口又一次掀起向城市集中的热潮，但都市圈建设用地指标相对紧缺的人口流入省份，可以在支付调入价格后，向调出地区“购入”建设用地指标的配套政策，人口流入地城市建设用地供应不足的问题或将得到缓解。因此，不管是19个城市群划分，34个都市圈规划，还是9个城市被列入国家中心城市建设规划，以及建设用地指标跨地区再配置的土地政策安排，都或意味着中央对之前“眉毛胡子一把抓”的城市发展模式的纠偏，中国城市化发展将转向都市圈战略。

---

[1] 库兹涅茨过程：美国经济学家西蒙·史密斯·库兹涅茨提出的一种假说，认为经济发展与收入差距变化关系的倒U形曲线。

从本质上说，城市化是人的城市化，人作为市场经济中的要素可以自由流动，并在流动过程中实现生产要素配置效率的最大化，而城市的发展又是现代经济发展的必然，有其客观经济规律，这决定了中国城市未来发展路径依然是人口向大城市集中。一是规模效应。城市是集约利用稀缺土地资源的方式，也是一种分享基础设施的方式。城市人口多，可以分摊大型交通基础设施和公共服务设施的固定成本；相反，人口很少的小城镇支撑一个公共服务的系统成本就太高。二是创新效应。当人口密度达到一定程度，人们之间的交流、碰撞才会产生新的思想。大城市里，人和人之间互动频繁密切，而且高技能劳动者集聚，有利于创新和创业。三是匹配效应。大城市中专业化分工性和合作性更强，从劳动力供应角度来讲，消费者可以在大城市找到更加符合自己需求和偏好的服务提供者，企业家可以找到专业化的劳动力供给者。基于此，“人往高处走，人随产业走”，驱动了人们向大城市迁移。这就是在城市化进程中不可忽略的人性与经济力量。

既然人口向大城市集中是客观趋势，那么就可以以核心大城市为中心，通过都市圈建设，建立“朋友圈”，实现“软扩容”，打破中心城市和周边其他中小城市之间的行政边界。事实上，中国已具备都市圈发展的基本条件。

第一，中国城市化率接近60%，进入城市型社会。根据国际经验，城镇化率超过50%以后，中心城市的辐射带动功能显著增强，核心城市与周边中小城市开始加速形成都市圈。这是国际城市化的一般性规律和普遍现象。第二，核心大城市实力增强。《中国城市综合发展指标2018》显示，按照GDP规模，中国排名前30位的城市GDP全国占比达到42.5%；按主板上市企业数量，排名前30位的城市在全国占比高达69.7%，其中排名前3位的城市全国占比达39.6%；按照制造业辐射力，排名前30位的城市的货物出口在全国占比高达74.9%；按机场便利性，排名前30位的城市的旅客吞吐量高达81.3%；按集装箱港口便利性，排名前30位的城市的集装箱吞吐量高达97.8%；按高等教育辐射力，排名前30位的城市的211、985大学数量全国占比高达92.8%；按医疗辐射力，排名前30位的城市的三甲医院数量全国占比约为50.2%。第三，中小城市和小城镇成长较为充分。长三角、珠三角中小城市和小城镇数目多、质量高，埋伏着许多“隐形冠军”，有利于充实都市圈内容。第四，随着高速公路和高铁的发展，网络状的交通线路将大城市与周边中小城市几乎无缝连接在一起，构成紧凑高效的“日通勤圈”。如果说当年中国走的是中国特色的“农村包围城市”道路，那么未来越来越市场化和开放的中国在尊重人性和市场规律基础上，将走上世界普世性城市化的道路，重回大城市发展，国策也会相应地由发展小城镇向都市圈战略转变，中国城市化也由此逐步形成“城市群—都市圈—中心城市—大中小城市协同发展—特色小镇—乡村振兴”统筹发展的全尺度空间组合链条。

前工业经济：收缩型城市，后工业经济：升级型城市

相较于北上广深等大都市越搞越大，面大量广的农村正在衰败，不少乡县城镇在人口流失后沦为“鬼城”，即便是大兴土木建造的新城也因无人居住而成空城。与美国式的郊区化不同，在中国，广义的收缩型城市，更多体现为赢家城市和输家城市的差异拉得更大，输家城市的数量也相对更多。因为中国城市经济进入新常态，人口加速向一二线大都市、都市圈集聚，三线稍有流入，四线基本平衡，五六线持续净流出。2019年2月刊载于《财经》杂志的文章《中国城市人口新变局》显示，“扩张城市”“饱和城市”和“收缩城市”的比重是4∶5∶1。早在2016年，清华大学建筑学院教授龙瀛就指出，中国三分之一国土上的人口密度在下降，超过1万个乡镇和街道在2000～2010年出现人口流失。若从狭义来看，收缩型城市一般是指常住人口连续3年以上持续流失且缺乏回流的城市，如

果伴有人均GDP减少、财政收入下滑、城市建成区面积缩小等，问题则更严重。专家调研亦发现，在收缩城市中，以东北地区和长江经济带的收缩最为严重，且集中出现了“市区—市辖区”双收缩的现象。

显然，收缩正成为中国城市分化新常态的另一面。尤其是东北和西北的传统老工业基地，不是因资源枯竭而败，就是因产业变迁而衰。前者是成也资源，败也资源，曾靠能源兴城却受困于单一产业偏态，一旦资源枯竭，对一城经济则是致命打击。鸡西等煤炭城市在矿井枯竭和去产能下节节败退，石油城市也终因油气产业的衰退和石油需求疲软而遭遇切肤之痛，根据住建部发布的2014～2017年的《城市建设统计年鉴》，仅2014～2017年，大庆每平方公里土地的人口就减少约450人，城市GDP下滑34%，人均GDP下降39%。大庆以重工业为支柱，却因产业性衰退与转移而被抽空。曾凭借钢铁产业跻身GDP全国前20位（1978年）的鞍山市，就因传统产业转型困难而跌到了全国300个地级市经济排名的100名以外。

相较于老工业基地的城市衰退，还有两种城市收缩恰恰是因特殊的地理位置造成的：一种是地理位置偏远、交通不便型，如四川的巴中、广元及黑龙江的齐齐哈尔等，这些城市既无法拓展自己的资源，也无法享受区域协同，被边缘化而失去存在感；另一种是所谓的“灯下黑”——虽处在核心城市边上，却因自身产业结构脆弱而只能被虹吸，北京周围出现“环贫困带”即是明证。就连东部一些城市也没逃过这种命运，比如东莞、台州、义乌等，同样面临着因结构性危机而导致的收缩困境。以此看，中国的收缩型城市数量多、程度小，却因扩张型规划而导致人口流失与城区扩张并存的悖论。根据2014～2017年的《中国城市统计年鉴》中各城市人口数量（以294个地级市作为样本），典型如吉林，2010～2017年户籍人口减少19万，建成区面积却增加23平方公里，以致人口密度下降4.3%。连云港等城市也面临一边人口不足、一边大兴大建的矛盾，空置过剩致使城市有收缩之嫌。收缩型城市无疑各有各的不幸，不幸的收缩逻辑却是相通的：以人口净流出为标志，带来产业衰退，导致经济增长乏力甚至负增长，城市吸引力下降，商业与公共服务下降，城区萎缩加速人口逃离，因此形成城市收缩的循环陷阱。尽管有些地方以政策招商和财政投入力挽狂澜，也挡不住“资本逐利而行，人随产业而走”的市场铁律。

其实，城市收缩并非中国特有，恰是全球范围内伴随工业经济盛衰的必然现象。先是最早进行工业革命的英国，在20世纪上半叶出现利物浦、谢菲尔德等工业城市衰落，后有美国、日本、德国在“二战”后相继出现“铁锈地带”。到20世纪90年代，全球四分之一以上的大都市经历了以人口流失为主要表征的城市收缩。麦肯锡的数据亦显示，2000～2012年全球有20%的城市出现收缩，美国的收缩城市数量最多，其次是德国、法国、英国，中国只排第五，平均收缩比例是9%，而美国高达28%，但2013～2017年，中国收缩型城市赶超美国，位列全球第一。诸多工业城市魂系工业兴衰而陷入转型困局，再加上中国以地方经营城市摊大饼式圈地造楼，违背城市自然成长规律不说，单是“千城一面”的复制就让城市外观走在前头，灵魂落在了后头。

不单工业经济过剩就要平仓，城市亦不能无限制扩张规模。正如人有生死，城市亦有生有死，有扩张就有收敛，只是不同阶段呈现的功能与形态不同罢了！只不过，城市既有外在的城，亦有内在的市，还有生态的环境，更有情感的人，又岂是单纯靠规模经济、工业思维所能孤立打造的？一旦城市的“钢筋水泥”达到巅峰，随之要求的“文化内核”就将被凸显。如果说，前工业经济时代，城市追求规模，注重产业（工业），有扩张就有收缩，那么到了后工业时代，商业、服务和体验经济将占据主导，城市重心将以人为本，经营人的欲望，不局限于空间规模，而在升级生活品质。因此，当城市越做越大，规模会碰到天花板，进而开始收敛；同样地，当城市形成CBD之时，恰恰也意味“去中心”的扁平化运动开启。说到底，城市并不是机械的，而是一个能呼吸、会成长的生命体。以此看城市收缩，也就无关好坏了，这既非等同于衰退，亦与城镇化并行不悖，中性视之，也只是城市自然演化、成长的一个阶段而已。

有些城市之所以不接受收缩，是因为它们仍拘泥于“城市必须增长”的惯性思维，自以为收缩就是死亡、消失。殊不知，前工业经济时代的收缩型城市碰到后工业经济时代，恰恰将涅槃重生为升级型城市。加之我国未来的城市化将从城市的单打独斗转向区域的一体化发展，京津冀、长三角、粤港澳大湾区和中部核心城市将成重要驱动轴，这种超级都市圈运动将迫使不少中心城市在“收缩”中“升级”。

因而换个角度看，“收缩”就不是问题，反而是城市创新转型的机会——利用减法来做加法，通过空间集聚、功能优化等挖掘潜在动力、提升区域效率、增进城市活力，以此来实现城市的高质量发展和市民的高品质生活。要么过渡成生活型城市——伴随大都市圈成型，超大城市变成“超级枢纽”，大城市变成区域枢纽，有些周边的中小城市或因环境适宜人居而成养老康养的生活中心。要么进化成体验型城市——恰似日本的动漫城市、美国的拉斯维加斯等那样，整个城市让人在吃喝玩乐中体验，仅是各种奇特的建筑就能引人入胜，成为旅游胜地。要么晋升为科研型城市，聚焦于科创——不是以知名院校为主，走斯坦福大学孵化硅谷之路，就是专注于单一领域或产业，围绕科技巨头衍生科研生态。要么打造成总部型城市——或可借鉴北欧那些“藏匿”隐形企业的城镇，虽然本身并不繁华，但在优美的风景中，往往一个大企业就主导带动了一个中小城市的发展。由此可见，收缩型城市需要精致化、个性化、专业化来重新定义，城市或将历经城市之魂的重新定位、新旧动能的转化和引擎（产业）的再造。而一旦变身为升级型城市，也就无所谓“收缩”了。与其自怨自艾于收缩之名，倒不如积极实践升级之道。

特大城市群第一梯队：内在差异度

中国经济活动向城市群集中。中国有京沪等9个国家中心城市，“十三五”规划了19个城市群。特大城市群的第一梯队成型，陆续上升为国家战略。最早是京津冀在2014年2月吹响了协同发展的号角，从规划纲要到搭建四梁八柱，前有雄安新区的“千年大计”，后有通州副中心的确立，宏伟蓝图基本清晰。2019年新年后习总书记的首次地方考察就选在京津冀，提出的6个方面的要求[1]标志着京津冀区域协同进入改革创新的新阶段。紧接着2月18日粤港澳发展规划纲要出台，对标世界一流湾区正式起航；长三角也不甘示弱，2018年1月就成立了“长三角区域合作办公室”，三省一市各展所长、深化合作举措频出，1月3日签署长三角地区市场体系一体化建设合作备忘录。2019年的政府工作报告明确长三角一体化发展上升为国家战略，3月6日全国两会上更提出在江浙沪交界处设立长三角一体化发展示范区。以上足见中央对全国区域协调的一盘大棋，那么第一梯队的内在差异度在哪？未来又将如何协同发展？

之所以先拿京津冀开刀，就在京畿重地的标志性和战略性。首都的特殊性在

[1] 京津冀协同发展的六大要求：第一，紧紧抓住“牛鼻子”不放松，积极稳妥有序疏解北京非首都功能。第二，保持历史耐心和战略定力，高质量高标准推动雄安新区规划建设。第三，以北京市级机关搬迁为契机，高质量推动北京城市副中心规划建设。第四，向改革创新要动力，发挥引领高质量发展的重要动力源作用。第五，坚持绿水青山就是金山银山的理念，强化生态环境联建联防联治。第六，坚持以人民为中心，促进基本公共服务共建共享。要着力解决百姓关心、涉及切身利益的热点难点问题，优化教育医疗资源布局。

于北京是全国的北京，影响力辐射全国，资源亦全国调配，并无地域限制，以致京津冀呈现秩序井然的等级关系，区域发展不平衡、不充分成为心头大患。京津两极“肥胖”与河北过于“瘦弱”形成显著差异，不仅北京面临大城市病、环境污染等突出问题，而且北京周边竟还出现了“环京贫困带”。2018年北京GDP增长6.6%，成为国内第二个GDP超过3万亿元的城市；但天津经济发展却陷入困境，2018年的GDP为1.92万亿元，仅增长3.6%。

因此，2014年中央就从调整北京“虹吸效应”入手，最终形成以疏解北京非首都功能为突破口，打造通州副中心和雄安新区这“两翼”来推动京津冀协同发展的战略。但参考北京3000多年建城史、860多年建都史，建设一个新的城市副中心谈何容易？为改变“北京吃不完，天津吃不饱，河北吃不着”的偏态，北京聚焦4个中心，2次修订新增产业禁限目录，自“疏解整治促提升”专项行动开展以来，已疏解一般制造企业2648家，让北京和天津的人口都出现了负增长。即便过去5年通过行政手段让北京瘦了身，天津强了身，河北健了身，河北2018年增速甚至与北京齐平，也挡不住河北去产能带来的影响。加之环境整治带来的阵痛，京津冀GDP在全国经济版图所占比重连续4年下降至2018年的9.4%。京津冀在坐享政治经济优势的同时，若想在各种压力下赶超南方两大超级都市圈，其困难就在于消解行政化过度与环保风暴的绩效坚守。

因为从三大城市群的比较看，长三角包含的城市最多（26个）、人口最多（超1.5亿人），面积最大（21.2万平方公里）、创造的GDP总量最多（超过21万亿元，占比全国23%）。长三角面向亚太，背靠长江经济带，拥有广阔的发展腹地，体量几乎相当于珠三角和京津冀之和。尽管这5年京津冀GDP由2013年的6.7万亿元增长到2018年的8.5万亿元，年均增长6.3%，但相较于粤港澳和长三角，京津冀在经济体量上仍是个头最小的——它拥有13个城市、1.1亿人口、面积12万平方公里，却仍比不过11个城市、7000万人口、面积5.6万平方公里的粤港澳（GDP 10.87万亿元）。更别提人均GDP，粤港澳大湾区在2017年就超过15

万元，远超京津冀和长三角。

其实从城市夜光图可明显看出，珠三角已连成一片，形成一团光亮；长三角虽连接成形，却是越往上海越密集、越明亮；只有京津冀还是点状分布，隔阂显著，这恰恰印证了区域一体化的程度深浅。若比较京津冀和珠三角，深圳最早开放，6年后天津等14个沿海城市随之开放，结果却有天壤之别。珠三角吸引港澳台外资效果显著，而京津冀即便离日韩很近，在吸引外资上也不如长三角。最关键的是在支柱产业上，京津冀以装备制造、钢铁石化等重工业为主，珠三角则以电子信息、家用电器等轻工业为主。前者资金密集，以国企为重；后者劳动力密集，民营经济活跃。显然，相较于京津冀重在解决内部协同发展的内向性，珠三角更外向，发展的关键是通过港澳的接口融入世界。粤港澳大湾区上升为国家战略，就意在通过一体化发挥异质性的杂交效应来促进制度融合，接轨世界。

再看长三角，有网民早年戏言：“京津冀是北京和他的仆人们，珠三角是亲密的表兄弟们，长三角则是上海和他的小伙伴们。”而今看来，“京津冀如同一朵花上的花瓣，瓣瓣不同，却瓣瓣同心”，粤港澳则以大湾区将港澳纳入珠三角的弟兄行列，只剩长三角的小伙伴们还嗷嗷待哺。因为港澳的国际化，广东又是最早改革开放的，粤港澳照理说比长三角更接近世界，长三角的市场化程度及国际化自然不如粤港澳，尤其在新经济领域，特别是体验经济、文化产业等方面尚不前卫。因为相对于深圳市场驱动的自由创新，上海这些年作为战略平衡点而相对保守，基本是在守规矩的框架中创新，自然赶不上“深圳速度”。深圳凭借最包容、最年轻、最没包袱的城市精神，居然狂甩京沪，跻身2018年全球极具竞争力的城市榜单前十。2018年深圳GDP以2.4万亿元超越香港，尚落后于上海（3.2万亿元），但7.6%的增速却已快于上海（6.6%）。照其经济活力与发展势头，迟早有一日赶超上海。深圳超越香港的意义显然不如超越上海，毕竟广东省连续30年GDP排名全国第一，即便江苏省2018年以9.26万亿元追赶，仍以0.47万亿的差距屈居第二。

港澳胜在人均GDP、地均GDP和城市化率，使得粤港澳比长三角更富有，但从面积、人口到经济体量，粤港澳都无奈甘拜下风。而且在一定意义上讲，粤港澳的劣势恰好是长三角的优势。比如，粤港澳的经济腹地远不如长三角，相较于云南、贵州等泛珠三角地带，长三角往下延伸，是绵长的长江经济带，更远则是“一带一路”走出国门更广阔的发展空间，长三角显然拥有中国最大的经济腹地。而且，粤港澳在产业结构上的完整性、纵深性亦不如长三角，因为长三角拥有最大的制造业基地及最高端的科技产业。且不说中国在国家战略层面的三大科创中心，有两个在长三角（上海和合肥），仅从长三角内部分工看，从上海的极端制造、江苏的先进制造到浙江的精致制造，既有芯片、飞机制造等高精尖，又有义乌小商品等批量生产，还有昆山制造的生态链，更有以第二产业为主的安徽志在承接制造转移，基本形成梯队发展，集群效应显著，经济结构相对最完整。只不过，区别于粤港澳的异质性，长三角同质化严重，短期在同城化、交通一体化、社会经济一体化等过程中的交易成本相对较小，但长期受制于内部重复竞争，反倒难以碰撞出创新的火花，拖累整体发展。

如此一比较，粤港澳与长三角，显然一个是激情四射的潜力股，一个是成熟稳重的蓝筹股。两者都远离政治中心，形成独树一帜的自主性商业文化氛围，只不过珠三角有港澳这个特殊插口走向世界，其关键在于如何打破内外制度壁垒。因此，粤港澳将更为积极、亢奋地拥抱世界、探索时尚、先行先试、重在突破。这就决定了粤港澳作为国际接口，将走在改革前沿。而真正的经济中坚还在长三角。毕竟，长三角的经济体量堪称全国最大，政策上不会太过冒进，增速上也不会出现大起大落，再加上其腹地又如此雄厚深广，既无粤港澳的复杂落差，内在联系又远高于京津冀，这里自然是中国经济的责任担当，未来将呈现中性化特征，重在匀兑、协调、平衡。

以此看京津冀，既不如粤港澳有冲劲，也不如长三角有韧劲，无论是人口流动、经济体量还是市场活力，都难以匹敌。但让粤港澳、长三角都望尘莫及的是，京津冀乃权力中心，这是无可替代的。北京作为首都，率先以减量倒逼更高质量发展，不管是向外疏解功能，还是内向优化核心功能，都必然是京津冀的中心，只不过是借“一核（中央政务区）两翼（雄安新区和通州副中心）”打通京津冀协同发展的奇经八脉罢了。京津冀当下谋思路、打基础、寻突破，未来将进入滚石上山、爬坡过坎、攻坚克难的关键阶段。由此，中国超级都市圈第一梯队基本定位也就一目了然了。其实说到底，京津冀、长三角、粤港澳在一定意义上从地缘、历史、人文等方面根本无法比较，但伴随中国崛起，又必须比学赶帮，因而长期看，未来这三大超级都市圈都将趋于一体化，以各自舒展的姿态参与全球竞争，真正融入世界。

全球城市的本质：超级枢纽

早在18世纪后叶，歌德就将罗马和巴黎称为全球城市，因为当时的欧洲就是世界的中心。虽然城市在农耕文明时期就已诞生，但人类现代意义上的城市化是由于工业革命的发展，在250年前才真正开始的。英国作为“日不落帝国”，一手工业革命，一手殖民统治，前所未有地开疆拓土，让伦敦成为世界中心。直到两次世界大战的硝烟重挫整个欧洲，美国偏安一隅坐收渔翁之利顺势崛起，才让世界经济中心从伦敦转到了纽约。之后，不管是日本的辉煌，还是中国的崛起，都带动了东京、上海等各自的大城市迅猛发展。于是，一边是地方城市化，一边是经济全球化，世界城市网络加速形成。

到如今，世界早已不是平的了。而且，世界经济的重心在哪里，哪里就会诞生全球城市，即在世界经济、政治、文化事务中发生全球性作用和影响的国际第一流大都市。之后，不管是弗里德曼从新国际分工角度分析全球城市特征，还是丝雅奇·沙森用生产性服务业鉴别全球城市，说到底，现代意义上的全球城市正是全球经济系统的中枢或世界城市网络体系中的组织节点。

毕竟，世界来到21世纪，早就在经济全球化、政治多极化、社会信息化和文化多元化下变成一个巨大的网络空间，人、物、资金、技术、信息等都在其中充分流动、合理配置。城市就是要素配置的节点，并根据等级高低、能量大小、联系紧密度，让世界呈现一个多极化、多层次的城市网络体系。而这个金字塔的塔尖，便是全球城市。

在西方眼中，伦敦、纽约、巴黎、东京作为全球资本主义的象征，自是“全球城市”黄袍加身。尤其是伦敦，在殖民统治时期一度成为全球资源最重要的交换、传播和控制中心，即便当下话语权下降，也依然凭借地缘和金融优势、制度话语权，处于世界城市和金融网络的核心位置。只不过，相比伦敦作为发源地，靠航运贸易自然集聚金融，纽约作为新兴地，20世纪70年代构建全球城市时正值制造业衰退、经济危机，因而它选择了向国际金融和高端服务业倾斜的策略。

如果说纽约与伦敦同属资本吸收型，以金融、制度等虚拟经济见长，那么巴黎和东京更多靠实体产业集聚（资本供给型）。前者仗着宫廷贵族的专供，以法国制造的“工匠精神+博览会”的思想碰撞，以高精尖引领时尚潮流跻身于全球城市；后者则在日本制造的精益求精中集聚大量制造业、生产型服务业和跨国公司总部，进而引领京滨工业带的崛起，也让东京在世界产业中心领域脱颖而出。

世界城市布局从欧洲到北美，如今向亚太地区倾斜，亦让新加坡、香港凭借地缘优势横空出世。两者同为自由港，以低税收、自由市场及优质的金融服务、完善的法律体制、良好的营商环境引得各路资本、人才等前赴后继。只不过，相较于新加坡仰仗马六甲海峡成为世界最大转运中心，香港背靠大陆，长期充当中国与世界的“超级联系人”。因而不止于香港名列前茅，北上广深在全球城市榜单上的暴力拉升，即是中国走向世界、融入世界的明证。

显然，不管是新加坡、香港的地理位置，还是伦敦、纽约的金融网络，抑或是巴黎、东京的产业中心，这六大城市因不同资源禀赋、国际分工、文化差异，表现出不同个性，但作为全球城市，它们与世界的联系举足轻重。参照工业经济的标准看，全球城市的两个核心就是对全球政治经济文化具有控制力和影响力。控制力不单是对全球战略性资源和产业的定价能力，更体现在占领“铁公机”和港口等特定地缘、战略性通道，进而获取使用、收益和再分配的权力。如果说控制力是“硬实力”，那么影响力就是“软实力”，既有文化、舆论之力，又含组织、制度的能量，还表现为创新和治理的贡献，更在于城市的国际交往力，包括吸引力、辐射力等。因而，即便一线城市具有雄厚的经济实力和巨大的国际交易量，若没有足够的定价权和影响力，也很难称其为全球城市。比如，阿姆斯特丹是北欧的金融中心，芝加哥、法兰克福是物流信息中心，罗马、柏林是历史文化中心，但它们均因触角太单一，缺乏与世界足够的联系，而与全球城市的称号失之交臂。这恰恰表明，并非所有一线城市都能成为全球城市。

尤其是当信息文明全面改造工业经济，曾经所谓的要素集聚已非单纯建造摩天大楼、大搞CBD与形成总部经济，反而更在于资源要素的流动性和资本的周转速度。再加上金融危机席卷全球，反让金融中心变成危机中心。东京就注意到，单纯的金融中心已不能匹配未来的全球城市，为此，《东京2020年发展计划》就要求在东京周边建设10个创新中心。纽约、伦敦等无不从拥有全球经济资源转向激活金融、科创、文化等各要素，争夺流量枢纽，展开足够多的触角与世界充分联系，进而让资源在流动中优化配置，辐射引领世界。

以此看全球城市，城市实力与资产家底固然重要，但开放、创新、融入世界、影响世界，进而改变世界，无疑更重要。一般而言，谁成为国际门户枢纽城市，谁就能占据全球城市网络体系的中心节点位置，就可能成为全球城市。不管是“纽伦港”还是“京沪”，只要荣登全球城市的地位，就无一例外指向“超级枢纽”，只不过枢纽侧重不同，节点数目不一，叠加反应有差异罢了。

理论上讲，超级枢纽在世界城市网络上应是最密集、最复杂、最核心的“超级节点”。照常理，一般节点在平面上是两条以上线的交叉，但超级节点并非一般节点，而是诸多节点的集成。它不能以单纯平面看，而要放在立体空间中，是多条线交叉，多层面交融，由此在彼此联系、融会贯通中形成不同“节点”，继而从有形的交通、产业节点到无形的信息、资金节点，产生节点的叠加、融合，乃至从化学反应质变到生物反应。超级枢纽显然在城市网络中存在复杂层次，并产生不同发展能级。就目前看，至少有四大变量：

一靠地缘交通，这由先天位置与后天密度决定。最早枢纽的形成取决于其固有的地理位置，但地缘并非一成不变，因为伴随三次工业革命，交通工具从马驴、黄包车等到蒸汽火车、汽车轮船，再到飞机、高铁，让人类不单挣脱固定的地理束缚，更颠覆了空间区域距离，加速了全球的城市相互连接成网。尤其是交通从平面发展到立体，线路越密集，形式越多样，流动速度越快，枢纽的集聚效应越强、辐射范围越广，其能级也就越高。

二看资源配置，这不止于形成要素高地，更在于系统性、生态化。正所谓“人往高处走、水往低处流”，城市亦是如此产生集聚，逐渐走出“交易中心—生产中心—贸易中心—金融中心—办公中心”的经典路线。但从单一到综合，从产业横向兼并与纵向延伸到总部经济的成型，要素集聚也并非越高端越好，反而在于形成生态系统。因为产业偏态或整体太单一，都很难“螺蛳壳里做道场”，东北城市难以大发展症结就在此。

三在链接结网，这取决于城市的创新力和组织力。相较于工业时代时城市发展注重规模、受制于分工，并一心想掌控资源成为“中心”，如今伴随信息文明改造工业经济，城市被网格化，在物联网武装下充满智慧，并能在学习中自我进化。以前城市竞争力是看内部拥有什么，如经济实力、资源禀赋等，现在这已非首位，更要看外部联系与流动性。因为超级枢纽的战略重要性由它的链接结网能力来体现，每个全球城市都将在世界流动中寻找自己的位置。因而，城市只有张开所有触角靠创新链接世界、组织世界才行，链接得越多、联系越紧密、碰撞出的能量越多，就越“聪明”，进化得也就越快。

四是界面关系，看是否勾兑与友好。超级枢纽是节点集成，节点由不同线交叉形成，而线又由不同的面交汇而成，这就涉及不同点线面之间的关系处理。仅是大虹桥的大交通枢纽，若不处理好机场、轨交、公交等运力衔接与匹配，就可能让上海的西大门瘫痪。更别提从国际到国内，从国企、民企到外企，从中央到地方乃至区域内与周边的关系，都需精心经营。比如政府与市场的界面拿捏，就很考验全球城市的管理水平，现实是要素勾兑得越融洽、界面保持得越友好，超级枢纽上的点线面就越能合力增效，超常发挥。

以此看超级枢纽，既有横向层面的叠加，又有纵向通道的交叉，还有资源集聚的磁场，更有要素流动的速度，如此方能成为一个实现联动组织、功能集成的超级节点。实际上，超级枢纽就像一个能呼吸、会成长的生命体，道路、产业等网络皆为血管，人流、物流、信息流等都在输送养料。只不过，相较于寿命有限的生命体，城市却能在加速代谢中持续发展。正如物理学家杰弗里·韦斯特所言：一座城市的经济产出、繁荣、创意和文化都根植于其居民、基础设施和环境的多重反馈机制的非线性特质。城市的产出与城市规模就呈现超线性增长，即城市人口越多，基础设施利用率越高，比如人口翻番可能只需要增加85%的加油站就能满足需求。

进一步看，城市的人口总数与其他变量间存在1.15次幂的关系（杰弗里·韦斯特《规模》）。随着城市规模扩大，城市总财富增长，人均财富的增长又吸引年轻人集聚奋斗，加速大城市的新陈代谢。由于城市代谢与其生长方程是幂律关系，所以越是超级枢纽，城市代谢越快。但通常情况下城市的维护成本与城市规模是线性关系，一旦达到临界，能量供应不足，就容易崩溃。但这却挡不住伦敦等全球城市继续狂奔，奥秘就在于科创每次都创造新生产力，重塑城市的运转规则，使城市跃到更高轨道运转。互联网的普及用了20年，移动互联网则只用了5

年，今天AI、物联网正以更快的速度侵入城市每个角落，这些都让城市挣脱自然增长，晋级几何级数增长。尤其是超级枢纽将在聚变与裂变、发散与收敛、联通与融合中进入指数级增长，并产生一种超强磁场，既能捕获各种资源，又能高效优化配置，还能对内创新繁殖，更能对外辐射引领，牵引周边围绕其同步运转，全球都能“若比邻”般“共振”。

由此，全球城市的竞争已非简单地争夺资源，而是以超级枢纽打造“朋友圈”，就看谁的磁场更强大。这让经济地理逻辑正超越行政区划，城市群内边缘区有条件转化为相邻城市产业连绵带的新中心，犹如细胞裂变般地生长出新的超大城市。如果说工业文明时代，各地通常是先发展产业再招商引资，吸引人口集聚后配套完善公共服务设施，那么到了后工业及服务体验时代，城市竞争赛道切换到了创新和质量，发展顺序从原来的“人跟着生意走”转向“生意跟着人走”，倒逼城市先做好环境，吸引人才、机构，才能衍生出创新成果和产业转化。而且一般人均GDP超过2万美元，城市发展的核心就从经济发展转向了人的发展。作为世界城市网络金字塔的塔尖，全球城市自然将从经营城市的外在，转向回归其内核本质，即经营人的欲望。

放到中国看，作为人类历史上最大规模的城市化国家，中国如今走向更高品质的城市群、都市圈发展，伴随各大城市重新寻找个性化定位，中国的全球城市将梯度化、雁阵式崛起。只不过，当下中国的城市能否上榜全球城市，很大程度上取决于其自身与国内及亚太城市的强关联性，未来，这些城市需要从中心意识转到枢纽意识（即从单向通道到多维双向通道，从固定线性思维到流动非线性思维），强化与世界的联系，并让世界为中国而改变，才能真正名副其实。以此观之，作为世界第六大城市群的龙头，未来上海若以超级枢纽的面貌直追“纽伦港”（纽约、伦敦、香港），所谓卓越的全球城市也就将在水到渠成中指日可待了。

13

地方经济变局

中国整个组织实行的都是自上而下的垂直领导，世界只看到中国特色举国体制的战绩是多么辉煌，却不知这些年，地方才是中央决策的具体实施者和推动者。改革开放之后，地方体制作用斐然，但问题也伴随发展而堆积，这些问题将倒逼举国体制与地方体制的权重再次切换。

城市竞争进入最后疯狂

城市竞争愈发白热化。经济上，改革开放40多年来，中国城市竞争可谓风云变幻，强弱格局不断洗牌。头部城市之间的实力越来越接近，这也意味着城市竞争越来越激烈。同时，基于制度安排上的城市竞争优势也在被大范围消解。2019年4月8日，国家发改委出台《2019年新型城镇化建设重点任务》，针对不同城市提出了更为细化宽松的落户要求。文件明确，城区常住人口100～300万的Ⅱ型大城市，要全面取消落户限制；城区常住人口300～500万的Ⅰ型大城市，要全面放开放宽落户条件，并全面取消重点群体落户限制。一纸改命，万般皆不同，户籍改革不仅意味着阻碍人才流动的“闸门”将逐渐松动，更将对中国城市竞争格局产生深远影响。城市竞争的游戏规则正被全面改写。

在此背景下，城市竞争不可避免地陷入了同构化的漩涡，“抢钱”、抢产业的情况全面上演。招商引资上，各地奖钱送地“下血本”，其中总部争夺尤为突出。早在2018年2月，成都就提出，“引进来”的总部企业，入驻满1年，可获最高5000万元奖励；西安紧随其后，提出新落户金融业总部企业，最高一次性奖励6000万元；作为“中部C位”的武汉，除了给予总部落户现金奖励，更是在土地支持方面祭出“王炸”——总部企业不仅可以以7折的价格拿地，而且地块中40%的建筑面积可供企业自行分割租售。

产业争夺也从过去的传统产业，升级为大数据、5G、人工智能等新技术、新产业、新业态的争夺。例如，全国已有多达8个省份设立了与大数据发展相关的全新机构，多座城市专门出台了大数据的发展规划或类似文件，制定具体的大数据产业发展目标。5G布局的竞速赛也全面打响。北京提出，到2022年，北京市运营商5G网络投资累计超过300亿元，5G产业实现收入约2000亿元；上海市计划，到2020年年底，规模部署1万个5G基站，移动网络接入能力达到1Gbps，用户感知速率达到500Mbps。高科技产业俨然成了地方招商引资的香饽饽。

事实上，城市竞争的同构化是二次城市化和区域一体化过程中相伴相生的现象，既是国策使然，更是交通变革的结果。

首先，轰轰烈烈的二次城市化必将导致城市建设的同构化。过去40多年，中国的城市化水平从1978年的17.9%提高到了2018年的59.58%，虽说速度之快令世界瞩目，但整体而言，距离发达国家80%的平均水平还有很大差距，但这同时也意味着巨大的潜力。《全国促进城镇化健康发展规划（2011～2020年）》中明确表明，要建设20多个城市群、180多个地级以上城市、1万多个城镇。当全国各地蜂拥而上时，城市定位、规划和战略难免“撞车”。

其次，在缺乏整体设计的区域一体化初级阶段，城市不可避免地会遭受同构化的煎熬。京津冀协同发展、粤港澳大湾区、长三角一体化等国家战略相继出台，城市发展越来越突出“抱团”，强调由点变线、由线变面。一体化的本质是为了去同构化，实现区域协调发展，然而在一体化的初级阶段，不同区域间的各自产业发展差异和优势还不够清晰，整体设计、协调机制还未真正建立起来，此时，政策的一腔热血会适得其反，使得区域同质化变本加厉。

再次，同构化是交通变革下区域扁平化的必然结果。相邻地区本就在资源禀赋、文化底蕴上存在相似之处，在交通不发达时代，尚有各自的辐射圈；而如今，中国已拥有世界上最现代化的铁路网，伴随着高铁成网、动车公交化，城市各自的小圈子被打破、合并，形成一个更大的竞争空间。如此一来，原本井水不犯河水的城市之间，必然“狭路相逢”。

由此来看，在二次城市化、区域一体化、交通便捷化的共同作用下，同构化发展似乎是城市竞争中难以摆脱的宿命。在未来至少10年内，城市间的同构化竞争只会被无限放大。

从更深层次来看，城市竞争疯狂、失序，实质上是由于管理者用“工业经济+市场经济”的标准来定义城市。工业经济讲求规模，市场经济讲求竞争，城市便以规模作为竞争的标准。在工业经济时代，这样的模式有其合理性，因为早期的工业化大生产需要聚集大量生产要素。城市随着生产的集中、劳动力的聚集而迅速扩张，以规模取胜的法则决定了城市竞争在一定程度上是一场零和博弈的游戏，唯有以资源争夺的方式才能获取发展优势。如今，当新经济逐渐替代工业经济，城市的衡量标准除了有形的物质，还包括了无形的精神、体验。然而，大多数城市的发展思维仍未摆脱路径依赖，陷入疯狂竞争也就在所难免。但值得警惕的是，同质化愈演愈烈，势必将透支城市的未来。盲目建设、恶性竞争，不仅增加了政府债务负担，还将造成资源的错配和浪费，如发达地区挤压、抢占欠发达地区资源的情况，可能进一步拉大区域发展差距。

物极必反，当城市竞争经历最后的疯狂，同质化走至极端，必将倒逼城市反思以往的发展路径与竞争模式，并寻找新的均衡点。如此，城市竞争将回归本源，也就是说，未来城市之间的竞争将更多由城市本身的吸引力所决定。毋庸置疑，城市是一个复杂的系统，竞争优势也受多方因素影响。

第一，中国城市发展逃不开行政规划的烙印，城市的兴衰与政策安排休戚相关。东北三省从风光无限沦为全国经济最“落后”的地区、深圳自“画圈”后从小渔村一步步发展为世界级大都会等，皆为明证。新经济时代下，城市功能逐渐向体验经济演变，地方经营城市的思维已经不能满足人类的“七情六欲”，丰富城市，给城市提供更多市场自由选择的空间，成为关键。因此，那些善于在城市建设中留白，引导市场、社会的力量去填充的城市，将在未来的发展中取得优势。

第二，文化作为一种无形的、内在的要素资源，对城市的功能地位状况及其变化同样有着重要影响。文化既可以成为城市发展的助力，例如通过文化的开发和利用带动当地旅游经济收入；又可以成为城市发展的负累，如山东的酒桌文化使当地个别政府机构“乌烟瘴气”，招商靠酒桌上的推杯换盏，引资靠餐桌上的“称兄道弟”。而未来，当精神成为第一诉求，生活方式和消费方式全面变革时，唯有挣脱固有束缚，不断以文化、创意赋予城市新内涵，方能赢得人心，提升城市吸引力。

第三，无论是过去还是现在，地缘内在地框定了城市可能的发展空间。过去，地缘的特殊性往往决定了城市职能性质的特殊性和规模的特殊性。如广州，由于毗邻香港，早年在吸引外资上得风气之先，聚集了大量外企的中国区总部，成为令“北方”钦羡的淘金热土。如今，信息通信技术和大交通的发展，不仅催生了临空经济、临港经济、枢纽经济、沿线经济走廊等新地缘经济，不同城市间的关系也更多地转化为互联互通的结构。可以说，地缘禀赋条件决定着城市对资源要素的控制力、吸引力和影响力。

第四，人口成为超出物质生产要素的第一生产要素，是支撑区域经济发展的核心动力。人不仅承担着简单的劳动者角色，而且已经作为一种特殊的资源影响着城市发展。餐饮、保洁、安保、快递等第三产业需要人口，创新领域更离不开人才。尤其是如今互联网和软件技术领域的创新往往需要多种学科的合作，人才的集聚将进一步增强城市的竞争优势。

第五，产业的网络效应和聚积效应，为城市发展持续“造血”。早期中国大城市走的都是政府主导的投资推动型经济发展之路，从发展阶段来看，这种模式有其合理性，然而，地方经营城市一定程度上挤压了市场自下而上动态互构的空间，城市变得僵化而死板。而产业才是城市内在生命力的源泉所在，如杭州新经济的繁荣完全依靠市场力量，凭借阿里巴巴的发展和投资，逐步聚集起一系列与电商、云计算、信息、软件服务有关的企业和人才。与此同时，产业升级的过程中诞生了更多的创新机会，杭州自然而然成了新兴产业发展的一个重要城市和创业的热土。

综上，当城市竞争经历最后疯狂，画地为牢、以邻为壑的篇章终将翻过，城市将逐渐找到自己的个性魅力。一些要素集中的大城市会形成一些大而全的个性，成为领袖城市，一些三四线城市则可以针对自身特点，形成小而专的个性，成为地区中有特色的节点。在此过程中，那些率先进行调整、找到自身定位的城市将会更快脱颖而出。

地方人才红利“恶化”

各地上演“抢人大战”。截至2019年4月，全国共有包含常州、海口、西安、南京、深圳、芜湖、呼和浩特在内的近30城陆续出台或者升级人才政策，从人才落户、购房补贴、生活补贴、配套保障等方面开启“抢人大战”，可谓力度空前。深圳甚至发出“政府帮你缴个税”的求贤令，百万年薪可少交30万元个税，刷新了抢人大战的姿势。网友纷纷感叹，“这些城市，正在拿命欢迎你”。

之所以如此，是因为中国面临严峻的人口与人才问题。

第一，中国未来所面对的人口形势是，人口红利这一推动中国经济崛起的关键因素加速消失。主要表现为人口自然增长率低于预期、人口老龄化程度加深、劳动力成本上涨等。从人口增长来看，人口自然增长率急剧下滑，根据国家统计局统计数据，2017年人口自然增长率为0.532%，2018年人口自然增长率仅有0.381%，创1961年来人口增长率最低。照此下去，人口负增长的时代可能比想象中到来得更快，中国人口终将在10年后迎来拐点。低迷的人口出生率也佐证了这一点，在2015年全面放开二孩生育的背景下，我国出生人口数仍义无反顾地“跳水”，2016～2018年，出生人口分别为1786万、1723万、1523万，尤其是2018年人口出生率仅为10.94‰，创下自1952年来的最低值。从劳动力成本来看，第五次全球产业转移大潮仍在进行，并呈现“双线转移”态势——低端产业链转向劳动力成本较低的东南亚，高端产业链则转向科技红利更为显著的欧美国家。

第二，未来所面对的人才问题主要是人才竞争加剧，包含世界和国内两个层面。在全球范围内，国家间打响全球人才争夺战。近代以来，国际权力的形成与转移，很大程度上是通过科技实力竞争实现的。而人才是创新发展的第一驱动力，各国之间激烈的经济竞争和科技竞争，归根到底是人才的竞争。正如任正非所言，“没有人才的支持，无论怎样宏伟的蓝图、怎样引人注目的企业战略，都无法得以真正实施，无法取得最终的成果。华为没有可以依存的自然资源，一切工业产品都是人创造的，唯有在人的头脑中‘挖掘’出‘大油田’‘大森林’‘大煤矿’”。如今，百年一遇的金融危机将国家竞争推上前台，以全球科技巨头们为载体展开激烈的人才竞争战。如德国全面实施欧盟“蓝卡计划”，法国《新移民法》正式实施，中国启动“千人计划”“万人计划”。同时，中美之间轰轰烈烈的贸易争端早已超越了贸易范畴，演变成一场全面的科技“冷战”。美国全面封堵中国高科技企业，从对华为出台禁令再到“盯防”中国人工智能技术和无人机，美国能源部甚至禁止雇员参与中国等“敌对国家”的人才招募计划，“数字铁幕”来势凶猛。在国内，则表现为城市上演“抢人大战”，以致人才红利“恶化”。毕竟，各大城市的“套路”一旦趋于同构化，就失去了吸引人才的比较优势。

尽管城市发展有其地缘、资源禀赋等内在要素，并叠加“人往高处走”的诉求，但当集聚人口和人才的竞争成为零和博弈时，就将显现出一系列恶果。其一，成功“抢人”的城市房价暴涨，不仅抵掉了房地产调控的效果，并在未来可能成为阻碍人才流入的门槛。以西安为例，2018年年末全市常住人口总量首次突破千万大关，与此相应的是西安房价从2016年2月开始连续40个月上涨。国家统计局发布的70个大中城市新建商品住宅销售价格指数数据显示，西安房价2019年6月同比涨幅居全国第一，2019年上半年房价累计涨幅达24.3%。其二，“孔雀东南飞”，人才从中西部、东北地区向东部发达地区流动，加剧区域发展的不平衡。目前全国整体形成“东部三大区域（粤港澳、长三角、京津冀）+六大中西部核心城市（重庆、郑州、武汉、成都、长沙和西安）”的人口增长格局。有流入就有流出，一些三四线城市原本已经“失血”严重，在这波“抢人大战”中，人才流失愈发严重，产业愈发空心化。其三，更为现实的是，需要的人才抢不来，抢来的人才留不住，一些地方出现“二线城市留不住985大学生”的尴尬。根据各高校《2018年高校毕业生就业质量报告》，985大学毕业生流向区域人数比例最高的地区为北京、上海、广州等一线城市。

针对各地方愈演愈烈的“抢人大战”，中央专门印发了《关于进一步弘扬科学家精神加强作风和学风建设的意见》，指出支持中西部地区稳定人才队伍，发达地区不得片面地通过高薪酬高待遇竞价抢挖人才，特别是从中西部地区、东北地区挖人才。但问题是，行政“禁令”并不能解决人才的自由流动问题。一个最根本的原因是，在市场经济条件下，人才、资源向头部城市、节点城市集中，是市场资源优化配置的必然。因此，人才流动是市场选择问题，这不是市场失灵，而是政府失灵，更何况，地方政府本身就是这波“抢人大战”的主导者。

因此，当地方均衡发展（留存人才）和人才价值最大化（人才流动）产生冲突时，中央需要做的是实现人才一体化。一个基本原则是，人才数量的变化不是地区之间的零和游戏，实现人才价值最大化才是最终目的。首先，统一政策，试行普惠制人才激励政策。像深圳针对人才的个税优惠，无异于当年地方政府各自为政，为招商引资给予企业“五免三减半”[1]等税收优惠。如果说企业所得税差异在多年后被拉平，那么个税优惠政策也暗含了这一趋势。其次，构建共享人才库，建立人才跨区域流动的体制。建立“共建、共管、共享”机制，以项目共享、租赁共享、候鸟共享为主要形式，提升人才的使用效率。最后，进行人力资源服务一体化建设，推进标准贯通、流程统一、内容协同和数据一致的服务指标体系。

举国体制与地方体制权重之变

众所周知，中国举国体制模式占大头，中央政府的组织力和控制力一直很强。这是因为基于中国人口众多、幅员辽阔、地区差异巨大的客观现实及“落后就要挨打”“分裂就要挨打”的深刻教训，中国亟须维持“大一统”局面；同时，同为社会主义阵营，无任何社会主义建设经验的新中国顺时而行，学习了苏联的计划经济模式。历史与现实原因、内外因相叠加，促使中国采取了中央高度集权的体制。

不可否认，在经济建设方面集权往往是效率的代名词。短期内，尤其是在内

[1] 五免三减半：即第1年至第5年免征、第6年至第10年减半征收企业所得税的税收优惠政策。

部系统不太复杂、相对和平的年代，集权有时间和条件引进和复制外部既有的科技和创新，也就是说可以通过外生的方式给集权政体注入活力。甚至在特定的领域，如路桥、高铁、网络基础设施等，集权的高效将能够超越民主政体权力制衡造成的互相掣肘，办成事、办大事！新中国成立后，在苏联的帮助下，中国建成了第一座实验性原子反应堆，自行设计建造秦山核电站，研制成功第一枚近程地对地导弹，试制成功第一架喷气式飞机，第一辆国产高级轿车问世，第一台万吨水压机制造成功，第一颗原子弹、第一颗氢弹爆炸成功，第一颗人造卫星飞进太空，一系列矮秆籼稻品种育成和推广……从农业到工业再到能源和通信，中国把举国体制运用得炉火纯青、出神入化，并创造出了世界奇迹。可以说，如果没有举国体制，新中国就不可能较快地形成完整的产业体系，也不可能在强敌环伺的危险环境中生存壮大。

只不过随着后来近30年工业化的发展，工业体系越来越庞大，分工和合作也越来越细化，各方交流必然要通过商品化、价值化的途径来体现，集权体制与工业经济、商品经济内在规律的对冲性逐渐显现出来；并且，因长期缺乏相对自由，科技和创新注定无法内生。集权还会加剧地方政权和民众的依附性，造成不思进取的惰性，“大锅饭”让生产增长乏力，集权体制反倒反噬经济，让社会陷入混乱。

国家治理体系濒临崩溃的边缘，不改革就没有出路，所以20世纪70年代末，中国开启了市场化改革和对外开放。搞市场化改革必然要尊重民众的首创精神，发挥中央和地方两个积极性，因此农村包产到户和乡镇企业发展了起来；在特定地区划经济特区，三资企业发展了起来；实行财政包干，分灶吃饭，地方有了更大的经济自主权。改革开放40余年时间内，地方体制作用斐然，让中国经济的活力之泉尽情喷涌，无论是从经济规模还是从经济增长速度来说，中国都是独树一帜。

然而，问题也伴随发展而堆积，体现在：第一，贫富差距持续拉大。实行特殊政策的地方能动性增大，市场经济又开启了地方精英一手靠各式手段套取体制转轨期“制度红利”，另一手靠资本增值发家致富的通道；而一无门路、二无资金、三无技术的底层民众愈来愈贫穷化，即依市场竞争来配置资源的市场经济内置“强者愈强、弱者愈弱”的马太效应。第二，产生产能过剩、环境污染、铺张浪费之扰。地方政府分权与发展市场经济相嫁接，在GDP、市场利益驱动下，接连上演过度投资、无限扩张的魔法，不顾资源破坏、环境污染、耕地被占，盲目乱上产业、房产项目，以致地方债务迅猛增长。

既然“赋予地方政府更多自主权”导致地方的“乱”，中央收权就代表着调整的方向。于是，举国体制与地方体制的权重再次向举国体制切换，这就出现了当下中央集权、出重拳矫正的局面。举国体制权重加大，似乎又回到了建国后的起点，但历史绝不是简单的“再现”与“复原”，而是对过去的优化和提升。

当下阶段的举国体制是“新型举国体制”，它具有与历史上的举国体制不同的形式，承担的使命也不同：传统举国体制依靠政府大包大揽来配置资源，偏重技术链，相对忽视价值链；而新型举国体制与“计划”截然不同，它建立在市场起资源配置决定性作用之上，既强政府也强市场，既看技术链也看价值链，更能促进科技创新和商品经济。传统举国体制下，地方被动依附；而新型举国体制横向多部门协作，纵向垂直一体化，政府还引导市场，将形成部门、地方、全社会共同参与的格局。传统举国体制中，“对上”负责明显压过“对下”负责，容易滑向个人崇拜；而新型举国体制中，权力制衡、群众监督、不忘初心等将驱除“人治”的可能，从而回归执政党为人民服务的宗旨。

正在抬头的新型举国体制焕然一新，其效果将逐渐呈现。进一步推导，举国体制与地方体制权重之变将带来何种风貌呢？首先，中央将收权，突出规则。中央集权意味着现代中国这个庞大复杂的巨型文明将由一个能从整体、宏观、全局高度出发的集体来治理，除了自然灾害、外部入侵、阶层平衡、基础设施等公共功能，经济、文化、技术研发等微观领域也将由中央定规则、出规范，并力求高效快速的执行力。如此，既能调动民间活力，避免“一收就死”，又将保障国家权威与秩序。

其次，地方被规范，将站在大局角度配合中央更好地实施战略纵深。强化中央的背景下，地方将严格落实规则、规范。地方自身虽有发展经济的要求，但更多地将被纳入“区域一体化”“国家战略”的大格局。尽管内蒙古、西藏、新疆、青海、甘肃等地方地广人稀，是经济相对落后之地，但对外将形成居高临下的优势，俨然将成为中国的防御地带，中央集权将通过平衡全国资源，维系这片“战略纵深”。更重要的是，这将在国际上展现中国竞争力。尽管在西方看来，所谓的“大国重器”比如飞机应该买哪种，理应由航空公司决定，但在中国，却是由集体决定的。“中国大单”一出手，往往将影响国际政治和国际经贸走势。不仅仅能源、航空、新材料等关键产业，中国的所有大型外贸、全球化的程度都将在国家的战略规划与政策导向之下进行，以求在探索中为世界寻找新模式。这进而也将构成中国的“软实力”。由此将缔结出一个治而非乱、发展而非滞涨、整合而非分裂的新局面。

地方经济发展逻辑之变

世界只看到中国特色举国体制的战绩是多么辉煌，却不知这些年，地方才是中央决策的具体实施者和推动者——这也决定了未来经济变局主场将最终落脚在地方。因为地方之变才能带动全局性的大变局。

那么，地方的变局究竟变在哪儿呢？其实纵然地方千变万变，但万变不离其宗，不能偏离带动地区发展这根主线。鉴于新时代、新形势、新经济等新的变化，地方之变将主要围绕以下几个方向：

第一，由于“分灶吃饭”“赋予地方政府更多自主权”导致地方出现各种乱象，未来，中央的权重又将以“收”的形式焕新登场。各个省市将整体被置于区域性发展框架中，关注区域的、整体的利益，站在大局角度，听从中央指挥安排。比如发改委《2019年新型城镇化建设重点任务》中，在明确大城市全面放开落户限制的同时，首次公开提到“收缩型城市”——要瘦身强体，改变传统上执迷于“增长”和“扩张”的规划理念和管理理念。一旦某些城市被定位为收缩型城市，就要在大局的框架下，自觉服从中央的城市定位、规则和规范，严控增量，盘活存量。

第二，地区发展从“分阶梯”转向“分板块”发展，从非均衡发展转向平衡协调发展。以往，“阶梯式发展”是中国地区经济发展态势的基本特征，实行的基本上是“先富带后富”的倾斜式发展政策，这也是中国区域经济自东向西呈现阶梯式弱化的根本原因。但现在，无论是仍在进行中的“发展19个城市群”，还是“建设武汉、上海等34个中心城市都市圈”，实际上都在强化板块、模块的概念，强调整体性，在整体性的前提下进一步形成协调机制。

第三，地方变局由注重数字型指标，转向注重效益、质量、生态等指标。就说当前轰轰烈烈的垃圾分类、生态环保行动，当前“社会主要矛盾已经转化为人民日益增长的美好生活需要和不平衡不充分的发展之间的矛盾”，化解这个矛盾的方法，必然需要分解、贯彻到地方规划中。这也就意味着，要重新调整衡量地区经济发展的指标，要加入诸如生态环境指标、文化服务指标等新的衡量指标。

地方之变即将发生，然而，世界上没有放之四海而皆准的发展模式，尤其是在非典型且复杂的中国。经济转型升级的大拐点时期，地方究竟怎么变？落脚到2020年，地方首先要把发展逻辑调整过来，再结合各个地区自身所处的形势谋划未来的发展。地方发展逻辑将具备以下几大特征：

第一，侧重于化解危机。以西南重要制造业基地重庆为例，2016年，重庆市就已经成为全国最大的汽车生产基地，但2018年其汽车制造业增加值同比下降17.3%，与上年相比，增幅回落了23.5个百分点；2019年福特位于重庆的3家装配厂，产能利用率更是不到五分之一；再有，电子产业中的笔电产品产量也在下滑，而且由于重庆几乎囊括了主要笔记本制造厂商，很再难形成新的增量。曾经拉动经济高增长的两大支柱产业（汽车产业和电子产业）双双跌落，解决危机是重庆的当务之急。其实又何止重庆遭遇危机？浙江义乌、辽宁阜新等收缩型城市面临的结构性危机、山西省很多地方面临的资源型城市危机等，皆是如此。对于这类深陷去产能、大过剩、结构性危机的省市来说，重点显然将着眼于如何化解危机。毕竟，当下的危机还未解决，谈何发展？但是换个角度来看，往往变数越大，机会也越多。在解决危机的过程中，地方极有可能迸发更大的发展能量。同样以重庆为例，虽说笔电产品下滑，但战略性新兴产业、高技术产业却表现抢眼，这也意味着重庆在去产能的同时，能释放更大的空间“腾笼换鸟”。之前积累的完善的工业产业链，也为后续新兴产业、新兴工业留足了空间。

第二，转型性或变革性逻辑。“既要青山绿水，也要金山银山”，向生态转型，意味着地方发展逻辑与以往的都不一样，重在转型。首先，经济要发展，环境要保护，落脚于地区必然得有所取舍。地方要盯着整个棋盘，而非自己的“一亩三分地”，要站在大局角度配合中央更好地实施战略纵深。比如2016年1月，习近平总书记在重庆讲话时提出长江经济带“共抓大保护，不搞大开发”。当中央将资源环境、社会效益算进经济，需要长江中上游地区用生态指标重塑GDP时，长江经济带的各省区市基于其所肩负的“生态责任”，经济发展或多或少会让步于生态保护，必然要面临经济转型，由此带来的经济停滞或衰退，就需要长江上下游共同承担，形成责任共同体和利益共同体。换言之，地方虽有发展经济的要求，但更多地将被纳入“区域一体化”和“国家战略”的大格局中。再者，各个地方由于未来发展的侧重点不同，财政自给率也会有差异。这也意味着未来中央将在转移支付上做文章，以均衡地区财政和经济发展。因此，为了统筹协调，中央也将适度收权，合理完善横向转移支付，构建纵横结合的体系，促进区域均衡发展。

第三，升级型逻辑。体验经济需要对消费进行升级，信息文明也决定了需要对工业进行升级，全球供应链、产业链都在调整，都在进行价值重组和架构升级，各国都在争夺全球产业分工的话语权。中美为什么搞贸易战？其核心矛盾就是在未来的领先性产业群中，谁执牛耳。双方在争夺产业链条的顶端，因为这不仅仅决定了全球产业分工序列，更预示着经济增长潜力大小。这就意味着，从未来型产业升级，到前端的技术换代，势必是未来经济的主要发力方向。地方自身要发展，还要落实中央的战略部署，显然也得跟着主基调走。比如，针对中国在芯片等产业中存在的断裂和短板，需要地方去发力、去补齐。

14

东北振兴拐点

如果说经济奇迹般崛起展现着中国无以伦比的先进性与正确性，那么东北当下的滞后与沦陷则代表着这个地区无法抹去的“负面”与“悲壮”。当其他省市都已走远，东三省仍然步履蹒跚地拖在后面，像个长长的“影子”，是中国“一骑绝尘”留给世人的最后“背影”。即便正面再光鲜亮丽，落寞的“背影”依然影响着国家真正的“底色”，因此，“振兴东北”已刻不容缓。

东北打响一场经济突围战

2018年之前，“唱衰东北”的论调甚嚣尘上，更有着“投资不过山海关”的顺口溜。而今，大佬们却齐聚山海关外，纷纷开启“闯关东”之旅，誓将打响一场经济突围战。若想决胜这场“突围之战”，还须从根源上探究东北是为何“沦陷”的。

毋庸置疑，历史上的东北当属全国城市的“老大哥”。原因有三：

第一，地缘及资源优势使得东北开发较早。东、北、西三面与朝鲜、俄罗斯、蒙古相邻的地缘政治优势以及丰富的土地、森林、矿产等资源优势决定了东北自古以来就是东亚、北亚各大政治势力的必争之地，顺势带动该地区的开发。如，1898年俄国建造了东北最早的两条铁路——“满洲里—绥芬河”的中东铁路、“哈尔滨—大连”的南满铁路；1905年，日本在东北建筑了两条窄轨铁路——“安东—沈阳”和“沈阳—新民”；1911年，日本又在东北边境建成鸭绿江大桥（安东—朝鲜新义州）。交通是经济发展的主动脉，交通网络形成后，东北逐步从小农社会向工业社会和城市化转变。

第二，新民主主义革命时期东北工业全面崛起。20世纪20年代中期，奉系军阀张氏父子推行“新政”，东北形成了以钢铁、煤炭为中心的重工业体系，到1931年，资源型工业总产值占工农业总产值的比重已增加至59.3%，要知道整个中国2003年工业比重才达到57.5%。1932～1945年间，由于日本幕后主持下的伪满当局苦心经营，加上“二战”后期日本害怕盟军轰炸本土，把几乎所有的工业设施迁到了东北，促使东北的重工业体系更上一层楼，东北以占中国1/9的土地、1/10的人口，生产占全中国49.4%的煤、87.7%的生铁、93%的钢材、66%的水泥、95%的机械，工业体量竟超过了日本本土，雄居亚洲第一。

第三，新中国成立后东北被塑成全国重工业中心。良好的经济基础使得东北成为新政权“集中力量办大事”的重要抓手，鞍钢、大庆油田、一汽集团等一大批国企云集，成就了新中国第一炉钢、第一吨油、第一辆汽车、第一台车床……历经20年的发展，东三省建立起涵盖钢铁、化工、飞机等重大工业项目的全面工业体系，占到中国重化工业份额的90%，“工业摇篮”“全国重工业中心”的名号实至名归。资源型产业基础及国企“长子”等“光环”缔造了东北辉煌。

然而，成也萧何败也萧何，改革开放以后，“光环”逐渐褪色，以致发展到后来重工业成为东北经济的掣肘。

第一，资源型产业单向发展，造成产业偏态。资源型重工业的历史作用赋予其“独角戏”地位，重大工业一柱擎天，产业升级未及时跟上，在经济全球化加速资源全球配置、服务业对GDP贡献上升、中国经济结构变得更为均衡的背景下，东北却向反方向发展，制造业占比由2005年的36.6%升至2008年的50%，而服务业的贡献由38.5%下降到35.2%。单一支点支撑的经济导致的最大后果就是一旦支点撤退，整个经济便轰然倒塌。东北经济两极化非常显著，重工业与农业占比极大，第三产业相对严重滞后，这种结构性“缺陷”一直被短缺经济所掩盖，当物质进入过剩年代，经济增长动力要从投资切换到内需，立马原形毕露，且积重难返。

第二，国企比重太大，市场滞后，活力耗尽。建国后，国家在东北集中力量发展工业，导致东北国企比重过大，大而全的国企制度对员工的生老病死全面负责，负重过度，疲惫不堪。20世纪90年代推行“卖国企、甩包袱”的产权改革，但由于改革不彻底，大量中小国企被卖掉，很多大型国企遗留下来，企业办社会、效率低、效益差的问题依然存在；加上均衡国策下政府“有形之手”趋于强势，2003年“振兴东北”战略出炉，大量政府投资拯救了东北国企，此时的国企改革方向也出现了改变，从之前的“卖国企、甩包袱”变成了“战略重组、做大做强”，东北经济重新回到国企煊赫的时代，而东北民营工业总产值占地区总产值的比重持续徘徊在30%以下，继而引发多米诺骨牌效应，缺少就业岗位，人口外流。

第三，东北大起大落的背后还有国家战略下的时代理由。东北在高度集中的计划经济体制下攀越一座座高峰，几乎是计划经济最坚固的堡垒。可到了改革开放，东北在从计划到市场的经济转型中极其不适。20世纪80年代初设立经济特区，就没有考虑东北，因为在当时看来，这是一个有风险的“试验”。东北是中国工业支柱，一旦失败出乱子，国家承担不起。加之，广东、福建等沿海地区计划经济的成分不高，更容易试验市场经济新模式。因此，从国家战略看，政策更多倾斜沿海，对东北求稳并拖延改革开放，这恰恰导致东北与市场失之交臂，享受不到制度切换红利，更在计划堡垒中故步自封，产生地区落差也就在所难免。

第四，理解东北还要从“胡焕庸线”开始。1935年，我国地理学者胡焕庸通过数万个数据，运用手工制图技术，发现了我国人口密度空间分布的分界线，这条线被国际学术界命名为“胡焕庸线”。一头是黑龙江黑河，一头是云南腾冲，这条45度倾斜的直线把中国版图一分为二，线的东南边是36%的国土和96%的人口，线的西北边则是64%的国土和4%的人口，两边平均人口密度比为42.6：1。神奇的是，它不仅是中国人口地理分界线，也是400毫米等降水线、二三级阶梯分界线、古代游牧与农耕文明的分界线、荒凉与繁华的经济分割线……更神奇的是，自这条线诞生以来，中国经历了无数变化，人口规模从当初的4亿多变成如今的13亿多，经济结构由低级演变为高级，国家的区域发展规划和人口移民政策更是不断调整，这条线却始终“岿然不动”。无论人口布局、经济繁荣，还是气候变化等，都沿着这条线划分的比例发展。QQ即时在线人数地图、春运期间的百度迁徙地图、阿里菜鸟的物流预警雷达这三张互联网时代的产物，都隐现出这条80多年前画下的线。

同样的，濒临“胡焕庸线”的地理区位，也让东北自认为是“胡焕庸线”锁定了东北经济的繁荣程度。以往，在计划经济制度和国策的偏重下，所有资源都向东北倾斜，推高了东北“共和国长子”的形象，使其成为中国工业经济的最大堡垒。但反过来，“共和国长子”的地位愈发固化了东北的官本位思想，政府直接干预资源配置的现象越来越明显，这种思维在市场经济时期也没有转变过来，以至于无法适应市场经济。再加上在工业经济时期，东北利用自身丰富的资源优势，过度依赖资源产业，导致第二产业占比过大，这种结构性“缺陷”一直被掩盖，直至市场经济时期才原形毕露，且积重难返。更何况与同纬度的其他国家和地区相比，东北气候独一份，以省会城市为例，哈尔滨、长春、沈阳的冬季长度均占全年一半以上，其中哈尔滨平均冬季时间最长，达207天，占全年的56.7%。这种冬季过冷且半年以上都在过冬的地方，放在其他国家基本都是无人区。这样的极端气候严重影响着东北的经济发展，转型越来越困难。

综上可见，产业偏态、市场滞后、国企强势，使曾经的“老大哥”变成了“老大难”。

全面突破“胡焕庸线”

早在2013年，围绕“胡焕庸线”，李克强总理就提出了“该不该破？能不能破？如何破？”这3个问题。如今来看，突破“胡焕庸线”的条件已出现。

第一，“胡焕庸线”逐渐被互联网信息经济所肢解。以往在“胡焕庸线”划分出的格局下，我国存在着东中西梯度，如今，互联网全面打破地缘格局，再无梯度区别。以移动支付为例，2011年，移动支付覆盖最高地区（上海）和最低地区（青海）之间的差距达50.4倍，2018年，两地区之间的差距已降至1.42倍。短短7年间，移动支付覆盖率地区间差异极值缩小了近50倍，打破了传统的“胡焕庸线”。从产业发展来看，中国的互联网经济已从以消费者为导向转变为以企业为导向，指向了产业互联网，包括农业互联网和工业互联网，一方面，东北拥有过硬的第二产业底子，是发展工业互联网的基础，东北工业基地是5G、AI、机器人、智能制造等新技术落地的首选地；另一方面，东北地广人稀特征明显，发展互联网农业具有先天优势。

第二，大交通将以往的天堑打破，是突破“胡焕庸线”、实现跨越式发展的有力支撑。如今，中国的交通网络发生了翻天覆地的变化，已成为名副其实的交通大国，高铁、高速公路、城市轨道交通运营里程和港口深水泊位数量，均居世界第1位。从“主动脉”到“毛细血管”的全面畅通、无缝对接，交通基础设施四通八达，中国变得越来越“小”，降低了出行成本，扩大了资源流向选择范围，打破了边远地区以往的地理区位劣势，所有地区机会近乎均等。

第三，从政治角度看，东北再迎重新崛起期，以国家战略支撑“胡焕庸线”的突破。这是因为，当前正处于全球大变局时代，当中国登上世界舞台中央，东北将被置于东北亚大格局中。不管是东北亚一体化、中日韩自贸区，还是朝鲜准备实行改革开放，抑或是从“一带一路”到中蒙俄经济走廊，都迫切需要东北再次振兴强大。换言之，东北因地缘、区域格局及国家战略，将迎来新一轮重新崛起的机会，未来国策调整将让东北从后队变前队。可见，不论是科技、交通，还是政治等，方方面面已然改变，全面突破“胡焕庸线”成为可能。

突破“胡焕庸线”也意味着东北迎来了振兴拐点。这对于东北政府而言，需要换“脑子”，用新“脑子”、新思维去重新定义发展问题。不是在原有产业上左右手互换，而是用信息文明格式化传统经济。这也意味着，拐点时期的东北或将需要三大抓手：

第一，新金融杠杆。具体而言，架设金融服务实体经济渠道，改变产业结构单一的现状，以金融为杠杆，撬动金融“脱虚向实”，投资新经济。从“间接金融”走向“直接金融”，引导支持那些为实体经济服务的金融，借助互联网、征信技术等新兴技术，无缝嵌入到各个场景，“飞入寻常百姓家”，并区别化服务全阶层，形成立体化普惠金融体系。

第二，新组织方式。用信息技术的力量去弱化政府的权重，平衡政府与市场关系，优化营商环境。如上海政务服务“一网通办”，以上海市大数据中心、全流程一体化在线服务平台及其节点为载体，用户、企业到政府办事像“网购”一样便捷，线上“一次登录，全网通办”，线下“只进一扇门，最多跑一次”，省时省力。

第三，新招商模式。切换招商引资模式，由政府主导转变为市场主导，让招商由政府式的运动变成市场化的理性行为。换言之，新招商模式下，政府从招商引资的前台淡出，转到地区产业规划、监督市场行为等后台上。最为典型的便是产业引导基金，“政府搭台，市场唱戏”，政府适当让利，并以信用背书、项目担保的形式来带动和引导社会投资；而市场则根据产业实际情况，以信用透支来达到杠杆之效。

东北转型，既是一场攻坚战，也是一场持久战。在三大抓手的同时，让先进生产力更快地扎根、扩张，才有可能在拐点时期以最快的速度弯道超车，实现东北的再次振兴。

东北从后队变前队

东北恰恰因地缘、区域格局及国家战略将迎来新一轮重新崛起的机会。在东北亚一体化的棋盘上，东北的位置决定了中国需要东北崛起来引领中日韩自贸区。再加上中国经历了沿海大发展、中部崛起、西部大开发，到如今进入区域一体化、城市群发展的新阶段。从京津冀到粤港澳，二次城市化的关键是在区域一体化中寻找各自定位，东三省自然概不例外。而且从国策角度看，东北之弱，已成中国发展不充分、不均衡的典型，因而国策的再调整，势必将东北的位置从后队变成前队。前所未有的城市“国家队”帮扶，已现国家之急。东北已成中国地缘战略的突破口（东北亚），也将是中国经济转型的凤凰涅槃之地。因为不管是“大庆油田打个喷嚏，黑龙江就要感冒”，还是辽宁几乎所有经济命脉都在央企手上，都让东北沉浸于老经济，在去产能中苦苦挣扎，并因缺乏创新土壤，导致新经济替代不足。加之东北产业严重偏态，只有大树（国企）却少有灌木丛（中小民企），以致没有形成生态，想“讲故事”怕吹牛过头，想玩资本却被严控金融风险，这也难怪东北的问题需要系统性、根本性、战略性的“刮骨疗伤”。虽然中央将新旧动能切换的试验田给了山东，但东三省作为一个整体，将是新旧动能切换最激烈、最颠覆的主战场。

更进一步，说白了，东北当下最缺的不是钱也不是政策，而是思想上的真正松绑与战略上的有所作为。虽说当年东北资源支持全国，现在举全国之力帮扶振兴东北也是无可非议，但帮扶只能锦上添花，关键还在东北自身。若换个角度看，东北的问题恰恰是机会，当下的“落后”，反而让东北成为一个扩大改革开放的新洼地。正因东北的计划惯性，东北不单有政府改革的现实空间，还有巨大的充分市场化空间。正如习近平主席所言，“过去40年中国经济发展是在开放条件下取得的，未来中国经济实现高质量发展也必须在更加开放条件下进行”，而东北将成为开放新高地。一旦俄罗斯开发远东，朝鲜实行改革开放，仅弥补双方板块的落差，就将让东北从产业、贸易到商业，注入外在的新动力和新发展。更何况，东北内在动力尚未完全释放。相较于北上广深等沿海城市充分享受了当初改革开放的红利，东北的计划烙印未除尽，市场化又不足，恰恰将在未来让市场起决定性作用，更好地发挥政府作用，使得东北成为大市场、大政府的第一阵地。两者勾兑的前沿突破口就在国企混合所有制改革上。相较于政府亲力亲为，未来或许激发市场力量更重要。在推进市场化上，政府就该放手，让一切创新要素竞相迸发，东北自会前行。但这并不意味着政府就撒手不管了，相反，政府的作用更重要了。因为从东北亚一体化到东北振兴，不单地方需承载和推进国家战略与布局，在都市圈、城市群发展及地方竞争上，谁能胜出，就看地方怎么出战略，谁能率先卡位。这就不难预判，东北各地将在东北亚的大格局与中国的大战略中寻找新的定位，新一轮的洗牌与升级将徐徐展开。至少工业之于东北，并非轻重之争，未来东北或以“科创+资本”进行工业4.0乃至5.0的跨越式发展。尤其是由于新经济、新技术及资本的渗透，东北也将出现服务东北亚的航运中心、金融中心等。届时，东北将不单在中国，更将在走向世界中迎来重新崛起。

15

企业N次迭代

改革开放40多年来，中国发生了具有划时代意义的形势之变。如今，经济形势“向下”与“向上”的力量相互交织，企业的命运随之跌宕起伏；同时，内外两方面的冲击也使企业始终行走在悬崖边缘，倒逼所有企业站在“二次创业”的拐点上。

企业面临时代性机缘切换

在改革开放的前40年，企业的崛起与发展得益于以下十大机缘。

一、N种红利。在改革开放的进程中，一系列市场化和对外开放举措相继实施，各种红利应接不暇。包括计划经济向市场经济转轨的“改革红利”、享受全球化进程的“开放红利”、释放资源潜能的“环境红利”、放大成本优势的“人口红利”、创造庞大需求的“城镇化红利”等，这N波推动力不仅成就了中国经济奇迹，更让诸多企业在不断增长的市场中轻松赚取第一桶金。

二、行业风口。古有“好风凭借力，送我上青云”，而互联网时代是“站在风口，猪也能飞”。产业格局的变化、商业模式的创新、消费需求的痛点造就了一个又一个风口，虽然追逐风口有巨大的风险，但如果能找对方向、借势而为，便是企业取得突破性成就的法宝。2010年成立的小米便是典型的“飞起来的猪”，由于踩中了2011年功能机向智能机转变、安卓系统优化、3G手机市场的风口，小米做到行业TOP 5。

三、利用信息不对称。在信息稀缺时代，信息沟通不但成本高，且花费时间长，几乎所有的中介服务都是依靠时间差、地域差来获益。因此可以说，任何拥有信息、数据的企业，都能做到“一手批发进，一手零售出”的空手套利。

四、资本大潮。当全球化打开国门，资本金融伴随着其独特的光环及虹吸效应横空出世，诸多企业从最初的“小作坊式生产”向“社会化大生产”转型，逐步由依托主体的“自身积累”向“资本运作”转型，发展至各种系的企业不在少数。如联想系参控股了20余家上市公司；海尔系手握银行、证券、保险、信托等牌照，其产融结合涉及数以万计的企业。

五、“互联网+”。当网络成为第二社会，一个全新的基于网络的商业帝国也由此崛起，“互联网+”渗透到社会再生产的各个环节，释放出巨大能量。仅以电子商务为例，如今的中国电商三巨头：阿里巴巴、京东、拼多多，截至2019年10月8日总市值高达5000多亿美元，大约相当于全球第26大经济体，换言之，这3家公司市值之和，超过了世界上85%的国家。

六、“+互联网”。如果说“互联网+”是一种“逆袭创新”，带来的是新模式、新产业、新经济，那么“+互联网”则是一种“顺势创新”，是传统行业利用互联网进行的自我革新。如传统制造业巨头三一重工，借助工业互联网平台，把全球超30万台重型机械设备通过互联网连接起来，机械设备在任何地点、任何时间出现故障，平台都能立即感知，建立了服务人员2小时到达现场、20小时解决问题的高效售后服务模式，成功实现从生产商到服务商的转型发展。

七、整合商业链。企业在横向上，通过整合同类产业，使得一有需求就能立刻形成生产力；在纵向上，通过上下游对接和横向的产业优势互补，对产业链进行二维空间的延伸、扩展，增强产业链生命力，由此纵横结合，减少链条传递中的额外成本，通过并购上下游企业对整个生产流程进行优化，从而在最终产品上获取更多的利润。如苏宁、国美的崛起皆是如此。

八、平台枢纽。随着数字化信息的快速流动与大规模社会化协作的推进，电商平台、行业平台等平台枢纽应运而生。平台经济的发展为产业的发展带来了巨大的价值，并对其产生了深远的影响。数据表明，全球15大互联网公司均采用平台模式运行，全球最大的100家企业中的60家，主要收入模式也来自平台模式。截至2018年年底，中国“独角兽”企业榜中，估值位于前10名的企业有7家均采用平台模式运营。

九、先发效应。在市场竞争中，早期进入的公司不仅可以通过免费、优惠等策略迅速积累大量用户，还掌握了行业标准的制定权，成为先到者抵御对手进攻最直接的壁垒。这就是淘宝不可复制的原因，即便其中假货横行；也是百度的地位不可撼动的原因，即便其竞价排名的操作屡被诟病。

十、去科学管理。曾经，诞生于工业经济时代的一些企业管理理论创造了一批伟大的企业，然而，随着社会政治、经济等方面的变化，特别是信息技术、互联网的发展，早期的管理理论出现了不适应性，反而制约了企业的创新、转型和发展。而中国企业的“不守规矩”、野蛮发展，让诸多企业打破了传统管理理论的束缚，得以在市场中游刃有余。

如今，上个阶段的十大机缘，有些因红利消退而逐渐失效，有些因与环境不适而逐渐成为鸡肋，企业正处于前所未有的动荡之中。有一个流行的缩写词能很好地刻画这个风云变幻的时代——VUCA——分别代表动荡性（Volatility）、不确定性（Uncertainty）、复杂性（Complexity）和模糊性（Ambiguity）。在这样的时代中，企业的“短命”现象越来越普遍，如创业企业的平均寿命只有3.9年。

与此同时，技术颠覆也越来越迅速，电话的普及率从10%上升到40%花费了39年，而移动电话达到同样的普及率只花费了6年，智能手机更是仅花费了3年。商业格局更替似乎也在“朝夕之间”，QQ聚拢5亿用户用了十几年时间，而微信只用了3.5年时间；携程、淘宝、京东用了十几年才形成对传统零售业的优势，而滴滴打车、Uber、Airbnb只用3年就让传统行业“岌岌可危”，更别提拼多多创办3年上市、抖音2年之内火遍全球……身处这样的时代，企业面临时代性机缘切换，其发展逻辑也将发生根本性改变。

企业面临内外冲击的双重再造

当下，企业所处的环境已经发生了根本性变化。从宏观层面来看，企业面临经济形势“向下”与“向上”并存的格局。“向下”指的是下行周期四大拐点——去产能、环保风暴、第四次金融危机、中美贸易冲突叠加，“向上”则是新经济、二次城市化、大交通、大消费、大通信、大文化、金融大发展等促使经济结构迭代升级。“向下”与“向上”的力量相互交织，企业命运也随之跌宕起伏，跌跌撞撞之中，企业面临着来自内外两方面的冲击。

从外部冲击来看，一是政策回归。改革开放之初，市场经济浪潮汹涌蔓延，“不管黑猫白猫，捉到老鼠就是好猫”，大量企业通过“低买高卖”“模仿”“山寨”等方式抢占市场，利用政策空子积累财富。而如今，市场经济不断深化，各种规则不断完善，钻制度空子、打政策擦边球的空间被全方位挤压，企业野蛮生长的土壤不复存在。

二是成本增加。加入WTO以来，人口、资源等红利使中国成为成本洼地，不仅成就了中国世界工厂的地位，也造就了一批“躺着赚钱”的中国企业，然而，随着产业的转型升级，环境压力的日益凸显，生产成本已大幅上升。波士顿咨询的报告《全球制造业的经济大挪移》显示，以美国的制造成本为基准指数

100，中国的制造成本指数已高达96。一轮又一轮的房地产膨胀、最低工资标准的飞速上扬成为诸多企业不能承受之重。

三是利润压缩。高成本已经让企业“苟延残喘”，经济进入新常态后，出口贸易等领域的税收优惠也在减少，两面夹击之下，企业利薄如纸。中小企业倒闭的新闻频频见诸报端，大企业则开始外迁，如曹德旺赴美建厂、富士康出走印度等。

四是危机连带。随着中国进一步融入全球，这头成长力惊人的巨兽让各国不得不忌惮三分，世界驶入战略碰撞期，国家竞争走向台前，外贸摩擦、工业竞赛、资本碰撞等国际竞争愈演愈烈，企业的海外发展自然被掣肘。典型如蚂蚁金服并购速汇金失败、淘宝被列入“恶名市场”黑名单、华为CFO在美国指使下被加拿大政府逮捕等，中国企业在美遭受打压似乎已成“家常便饭”。

从内部冲击来看，一是领导力的合法性。一次创业时，凭借企业家的胆识、气魄，以及对机会的准确把握，企业得以无中生有、成长壮大，可以说，企业家是一次创业的灵魂，自然具有至高无上的领导力。如今，企业家领导力遭遇前所未有的挑战，首先是传承难，后代不愿接班已是普遍现象，有接班意愿的二代不到两成；聘用“空降部队”，又会面对职业经理人与家族企业拧不到一起的矛盾。其次是管理难，企业规模的扩大让利益越来越难以平衡，大批“离经叛道”的年轻知识分子成为企业主力又让企业既有的管理规则和方式“岌岌可危”，领导力的衰落难以避免。

二是业务坚守。企业进入成长期后，若只守着自己的“一亩三分地”，便永远与外面的精彩世界无缘，更何况，创业成功后的自信，利润积累下的扩张实力等，都诱发着企业再次开疆拓土的心情。然而，即便大船也能掉头，如何掉、往哪掉也都是问题。典型如联想，联想开启手机、服务器等一系列新业务后，其主业PC业务的规模一度被大幅压缩，而在小米、OPPO、vivo和华为等厂商的挤压之下，新的手机业务市场也逐渐被蚕食，可谓“赔了夫人又折兵”。

三是竞争力迭代。在当下这个越来越动荡和“黑天鹅漫天飞舞”的时代，唯改革者进，唯创新者强。企业的兴衰周期在快速变短，以前，一个行业的变革周期是10年，现在则压缩到3～5年。尤其在新老经济交替之时，没有核心竞争力做锚，企业稍不留意便会被时代大浪拍死在沙滩上。

四是价值认同。正如任正非所说："资源是会枯竭的，唯有文化才能生生不息。"利用制度建立起一个基业长青的企业，是通向"世界级"企业的起点，而通过制度体系的建立而改变个人，实现企业价值观念的"代代相传"才是终点。中国企业发展很快，但又普遍缺"钙"，这便导致企业大发展时，人才大进大出，企业调整时，人才留不住。缺乏企业价值与企业文化这个群体奋斗的凝结剂，谈何企业优秀DNA的传承？

种种内外冲击成为悬在企业头上的达摩克利斯之剑，令其始终行走在悬崖边缘，倒逼所有企业站在"二次创业"的拐点上。

企业创业 N 次迭代

随着企业发展坐标的全面切换，旧地图难导新大陆，企业无法再因循守旧，在动荡不安的市场环境中，企业面临N次创业迭代。

"一次创业"是企业从无到有的过程，正如鲁冠球在《时代契机，我们没有理由错过》中所说："回想我们这代人的创业梦，从被当作'资本主义尾巴'东躲西藏，到在计划经济夹缝中'野蛮生长'，再到改革开放中'异军突起'，以及全球化中无知无畏闯天下，可以说是跌宕起伏。"改革开放以来的第一代企业家被称为"拓荒一代"，他们凭着敢闯敢干、甘冒天下先的勇气和胆魄，在荒蛮中披荆斩棘，又赶上了改革红利、人口红利和城市化红利的机会窗口，创造出前所未有的财富。可以说，企业的一次创业与特定的时代背景密不可分。如今，当工业经济趋于成熟，大量的机会窗口关闭，企业面临着更稳定的市场、更规范的商业制度、更激烈的竞争和更高速的迭代。没有了外界的“东风”，单凭“胆子、路子、票子”的发展模式已经走不通，企业就到了加强修炼内功的二次创业阶段。

“二次创业”是企业公司化、现代化、再组织的过程，一些大公司已深谙此道。早在2008年，阿里巴巴便创建合伙人机制，以解决规模公司的创新力问题、领导人传承问题、未来担当力问题和文化传承问题，正如马云所说：“只有建立一套制度，形成一套独特的文化，培养和锻炼出一大批人才的接班人体系，才能解开企业传承发展的难题。”这种管理机制创新，不仅能够解决领导的合法性问题，更能激发员工的文化和价值认同，使企业成为一种赋能型组织。

当下，诸多企业已经进入二次创业阶段，而在未来，当企业在前两次创业的基础上夯实了内部之后，要想在时代洪流中屹立潮头，还要进行平台化、模块化、集成化的“三次创业”。技术的风云变幻让去中心化、去边界化成为未来的关键词，当物联网连接一切，平台经济、平台商业模式随之出现，传统直线型、串联的价值链结构将变成网状分布的并联结构。企业不仅会成为一个个模块，可在产业链平台上自由组合，企业的各个职能也将被打散，变成一个个小的模块单元，外包、剥离出去。由此，未来的企业形态将呈现两极化趋势，既有大而全的平台组织，又有小而精的单元模块，如同航空母舰上搭载着各式飞机，大小企业共同组成一个集成化的企业生态系统，并且在系统内协同协作，保证企业生态的良性循环。

更进一步，当时间、空间的限制不复存在，生产和消费被完全打通，人人都可以成为一个企业，企业的“四次创业”将呈现出星云型文化特征。企业内部可以跨层级、一对一、社群化、自组织地进行协作和信息沟通，外部可以无障碍地吸纳全球化资源，企业之间既可以在碰撞中迸溅火花，又可以在互相学习中彼此进化，还可以在总结当下的基础上探索未来，更能够在碰撞、学习、探索的过程中不断创造。在这种不断的创业迭代中，企业模式也将产生动态变化，就当下趋势来看，企业将沿着生产经营——科技创新——生产型服务——资本金融——超级枢纽——模块集成——复式组织——战略产品这八大台阶拾级而上。

四大能力与八大模式

与外界的“时”“势”相比，企业发展的坐标更在于其内在机理，具体包括以下四大象限。

一是核心业务。“任何企业仅做后台支持而不创造营业额的工作都应该外包出去”。在信息经济时代，产品技术日益复杂，产品周期不断缩短，投入成本不断增加，企业不再追求大而全，而是集中兵力于若干环节，全身心地创造、维持、扩大自身的核心业务。例如“全球运动鞋大王”耐克，把运动鞋生产制造的非核心业务外包出去后，始终专心于新产品的研发和市场营销等核心业务。耐克公司每售出一双鞋，外包制造商只占售价5%的价值，其余的95%由耐克公司自有。

二是组织再造。过去“火车跑得快，全靠车头带”的组织方式已经无法适应复杂多变的信息时代。去结构化、去中心化、去KPI、柔性化、敏捷性等新名词层出不穷，都是在描述企业组织模式的变革——分工明确、等级森严的组织结构逐渐让位于自我驱动、自我管理的扁平化网络。这种具有突破性的组织再造已经成为很多大企业用来治疗“大公司病”的手段，如2015年，万科宣布其总部组织架构将以更加扁平化为目的做出大调整，海尔则在2001年就把过去直线职能式的金字塔结构转变为扁平化结构。

三是进化能力。纵观生物进化史，从最微小的生物到高智商的人，无不是优胜劣汰，演变而成。企业亦如是，从小规模的手工作坊发展到跨国经营的巨型现代企业，都是企业组织在自然环境和社会环境中长期进化的结果。能在市场大潮中游刃有余的企业，无疑是那些能够与所处的环境相得益彰的企业。如以“山顶上的变革”为理念的苏宁，从传统的线下电器零售商，到2012年的互联网转型变革，“互联网+”与“+互联网”并举，线上线下高度融合，再到如今向智慧零售商迈进，苏宁始终在随着环境的变化不断调整自己的优势，主动进化。

四是纵横通吃。如果说，过去企业生存的商业原则是分工、划界、封闭和稳定，那么现在则是融合、跨界、开放和变化，当企业发展的边界被淡化，在坚守核心业务的基础上，跨界打劫、纵横通吃成为一种常态。典型如小米，不仅横向上生态链庞大似巨人，从手机、移动电源，到手环、净水器、代步工具、智能机器人等各个领域，纵向上则有系统（MIUI）、云服务（小米云）、互联网服务（小米直播、小米游戏、小米金融）等，一纵一横相辅相成，构成了小米铁三角般的生态体系。

在下一个时期，企业的发展逻辑还遵循以下八大模式。

一是高质量发展与品牌阶段。我国社会主要矛盾已经转化，资源环境的超负荷意味着社会化大生产的不可持续，服务经济、体验经济等新经济形态成为主流，企业的发展主线也将从过去的规模至上切换至高质量发展，竞争法则从价格竞争转变为品牌竞争。中国企业在品牌建设上，还具有相当的提升空间，品牌价值咨询公司Brand Finance发布的“2019年全球品牌500强”榜单显示，中国上榜品牌总价值首次突破1万亿美元，占500强总价值的19%，虽位居全球第二，但与第一名美国（占45.4%）仍相距甚远。

二是扩大头部效应。头部有巨大的借势优势，当年“百团大战”过后，美团脱颖而出；网约车补贴大战后，滴滴硕果仅存。未来，当“烧钱”扩张的资本游戏难以持续，追风口的生存空间也被挤压，扩大头部效应就更在于差异化竞争了。尤其是随着消费形态向多元化、差异化演变，将衍生出无数长尾市场和细分领域。而再小的系统头部，都有巨大的效应，甚至推动企业成为下一个头部——“先成为鸡头是成为凤头的捷径”。

三是强化核心能力。改革开放以来的多重红利既成就了企业发展的突飞猛进，也埋下了企业脆弱、浮躁的隐疾。一些企业要么迷信原有的“一招鲜”，结果作茧自缚；要么一味贪大贪强，折戟在盲目扩张的道路上。而在今后愈发湍急的形势大潮中，剥离赘余的非核心业务，“轻装”上阵，企业方能集中精力抢占新一轮市场竞争的制高点，数字化、智能化的新生产方式也为生产的分散化、模块化提供了技术前提。如此，企业做自己最擅长的事，不仅效率将大大提高，同时也很可能因此锻造出品牌效应。

四是从“蚁族”到“蜂族”。传统企业多是蚁族，企业结构犹如蚁穴，或呈树状，大而散，或呈矩阵式，等级分明。表明看来可控性强，实则缺乏灵活度和创造力，效率低下。“蜂巢型组织”企业则具有强大的生命力与创造力。公司的价值观、资本和人才成为蜂巢的基础，众多具有分工合作关系的组织、个体高度连接，同时整个组织又在不断地裂变，形成蜂巢般的企业生态圈层。如在海尔的新组织模型中只有3个层级，就是平台主、小微主和创客，个体活力被大大激发。

五是超级枢纽。在上一阶段，大企业主要抓平台，发挥虹吸效应，成为资源、信息、要素的集聚中心。未来在此基础之上，企业更将担当超级枢纽的角色，不仅成为各类要素配置的节点，有进有出、有收有放，实现资源的自由、高速流通；更将具备强大的创造力和影响力，汇集孵化、整合、服务和引领等多项功能于一身。

六是重回科学管理。旧红利的疲态与消退渐现，相比于从外界借势，企业更需要修炼内功，向内部造势的角色转换。此时，企业将重回科学管理，通过内部的主动变革形成引领未来发展的新动能。同时，新技术、新形势也将倒逼管理模式的更新、升级。例如，当企业朝着扁平化、模块化发展时，不同于围绕“权力”与“秩序”展开的管理，未来的管理将更多围绕组织、分配和协作，以更好地顺应形势。

七是利用并突破对称性。随着市场趋向专业化、透明化，利用信息不对称性赚取收益的商业模式逐渐被淘汰，取而代之的是利用并突破对称性的发展模式。毕竟，即便信息实现了高度对称，但企业对信息的分析、运用能力不尽相同，在一级信息的基础上，如何进一步提炼出二级知识和三级智慧，才是企业参与竞争的关键。

八是竞争力的迭代与叠加。企业的竞争力从来都不是一成不变的，也不是仅仅停留在企业层面的，既有从技术竞争到产业竞争再到综合竞争的迭代，又有企业、国家、社会各层面竞争的叠加。5G便是典型代表，SA（独立组网）标准落地之前，关于5G的竞争焦点集中在各企业的5G技术实力上。而SA标准的出炉，标志着5G从技术竞争逐步走向5G商用测试、商用城市、频谱拍卖、5G终端等方面的产业竞争。而未来随着5G的全面商用，每一个领域都将迎来5G变革，产业竞争升级至综合竞争阶段。在此过程中，5G不仅会创造物联网、车联网等新的万亿市场，引得群雄逐鹿，还将改变生产方式，承载万物互联，推动社会发展进入新阶段。其巨大经济效应更会诱发大国激烈竞争。

抓组织还是非组织?

对于企业来说，组织究竟有多重要？企业战略实施、文化传承等，皆需要以组织为依托，否则都将沦为“空中楼阁”。从战略来看，战略是企业确定方向、认知彼岸、规划目标的动力源，但战略不是孤岛，它必须借助强大的组织力来循环血液，衍生使命。正如《执行：如何完成任务的学问》一书中所说，“企业经营失败往往不是因为采取了错误的战略，而是由于好的战略没有能够被准确执行”。

更为关键的是，组织能使企业力量倍增。列宁曾经指出，党应当是组织的总和，并且不是什么简单的算术式的总和，而是一个整体，之所以能成为整体，秘诀在于“组织力”，组织能使力量倍增。中国革命史中的“三湾改编”便是最佳例证。1927年，毛泽东率领湘赣边界秋收起义部队到达江西永新县三湾村，原有5000多人的部队仅剩不足1000人和48匹战马，且已经出现了以往历史上失败溃散的农民起义军的通病：士气低落、组织不健全、思想混乱等。为了巩固这支新生的革命军队，毛泽东在到达三湾的当天晚上，就主持召开前敌委员会议，决定进行整顿和改编。三湾改编大刀阔斧地建立基层党组织，把党支部建在连上，从班、排、连、营开始，建立起贯通从最高层到最基层的组织体系；还设立了士兵委员会，让士兵群众参加军队的民主管理。这次历时5天的改编，不仅在军队内部形成了全新的领导力、执行力、凝聚力和战斗力；还在社会外部建立了军队全新的社会形象和口碑，以及全新的民心团结和群众基础，从而为后续的革命事业带来了新的转机和生机。三湾改编最重要的启示是，组织上的发力彻底提升了队伍的战斗力，这不是业务上发力产生的效果。军队如此，企业更是如此。

由此来看，没有组织架构的企业将是一盘散沙，这也就不难理解为何不少企业巨头紧盯组织不放，还热衷于搞组织变革。如万科总部从“专业分工的部门科层制”转变为“中心合伙制”，小米则新设集团组织部与参谋部。然而与此同时，一种非组织、去组织趋势也开始崭露头角。

当下，企业发展已经呈现“小而美”趋势。过去规模定输赢，企业个个追求大而全，如今随着消费需求趋于个性化、差异化、定制化，诸多专注于长尾市场的小企业在这个充满不确定性的时代反而显得更有生命力。此外，随着全球化进程加快和互联网平台的搭建，企业开始将业务外包，封闭式的组织体系被不断突破。早在20世纪末，杰克·韦尔奇就提出了企业的扁平、无边界模式，互联网经济的普及，特别是链接远程工作的能力，正在肢解组织这个“中心”。正如海尔集团的“人单合一”模式打破了传统的组织架构，使得“世界就是我的人力资源部，世界就是我的研发部”。零工经济的出现也让传统的雇佣关系逐渐瓦解，一个人就可以成为一家公司。当“每个人都是自己的CEO”时，组织存在的前提势必被釜底抽薪。

一边是“组织决定成败”，另一边又是非组织趋势异军突起，企业难免如坠云雾，陷入“收”与“放”的两难。事实上，不论是企业抓组织还是当下的非组织趋势，都与特定的时代分不开，脱离具体的时代背景去解读企业组织，显然是本末倒置。要知道，自1840年开始确立的官僚组织结构是企业组织的主导形态，这是工业经济时代的必然产物。“组织理论之父”韦伯认为，一个企业为了获得效率，必须建立一个分工合作、等级森严的官僚型组织结构。毕竟，工业经济下的大规模生产与大规模销售，强调的是标准化、可度量等概念。企业必然要建立与之相匹配的组织，从而提高效率、降低成本，获得竞争优势。因此，在工业经济唱主角的时代，企业的生存力和竞争力都与组织息息相关。在组织的力量下，企业犹如一部时刻精确运转的机器。

不过，当信息经济登上历史舞台，互联网所蕴含的强大力量让一切既定的游戏规则都面临改写，组织也不例外。信息、数据、知识成为最重要的战略资源，而这些无形资源要发挥最大作用的前提便是在组织的边界内外实现快速、自由的流动、共享和增值，这显然为组织带来了巨大挑战。更为重要的是，过去人是以“经济人”的身份存在于组织中的，组织成员个个都可以成为没有私心杂念、献身于职位的“螺丝钉”；而生产力的提高和物质的极大丰富激发了人们“社会人”的一面，人们更倾向于做“自耕农”，追求自我提升，释放人性。当刻板、僵化的组织成为阻挡自由的牢笼，它自然将被时代所抛弃。可见，去组织、非组织趋势是信息时代、体验时代的必然要求。由此来看，当下的企业正处于工业经济下行，信息经济、体验经济上行的交叉点，企业陷入抓组织还是非组织的两难，也就在所难免了。

事实上，组织不是一成不变的，即便是传统的企业组织，也在随着自身变化和时代推进不断地进化、演变。正如华为，也是从成立初期的直线式组织结构和高度的集权，逐渐转变为事业部制与地区部制相结合的二维矩阵式的组织结构，再到“以代表处系统部铁三角为基础的、轻装及能力综合化的海军陆战队式”的作战队形。可以肯定的是，随着信息经济、体验经济全面登上历史舞台，企业的组织形态将脱胎换骨，既不是传统组织，也不是完全的创新型非组织，而是两者相悖又相融，呈现“科层+模块+自组织”的趋势。

信息技术本身对科层组织体系并无威胁，相反，它可以大大提高组织效率，尤其是当“企业无边界，管理无领导，供应链无尺度”成为常态时，企业更需要建立严密的科层管理体系，以保证企业无边界运营工作能够得以顺利实施。只是这种科层不再是传统的金字塔式官僚体系，而是与互联网价值生态系统相融合的扁平化、柔性化科层。由大型企业搭建的平台和在平台上有序运转的中小企业，便是这种科层的典型。

如果说科层是一种系统集成的过程，那么模块化就是将一个系统逐层拆分的过程，各个独立又相互联系的企业都可看作是不同的模块。企业内部每个个体可随机组合成不同模块，针对外部不同项目要求，对市场灵活做出反应；企业与企业模块之间亦可搭积木，以应对不同的分工协作与竞争。

此外，面对不断加大的不确定性风险和纷扰及混沌的外部商业环境，以往那种预先确定的组织秩序和规则已难以充当企业的“护身符”。未来的企业必须具备一种能自我调节、自我适应及自我修复的能力，这就要求企业不断向自组织进化。维基百科就是一个典型，它的发起人制定了一系列规则，激发外部的人不断参与这件事。它并没有严格意义上的组织边界、人员边界，却爆发出传统组织无法比拟的生命力。同时在自组织型企业内部，与其说员工是“被雇用者”，不如说他是“合伙人”。一个员工完全可以成为一个中心，调动组织资源去完成一个目标。在此基础之上，过去矩阵式或是直线式的组织结构也随之转向一种基于价值的网状结构形态。

综上，不论是科层、模块，还是自组织，都体现出未来的企业一定是具有变革力与学习力的企业。不论组织形态如何变化，不断自我变革与创新，是企业永恒的主题。